湛庐CHEERS

与最聪明的人共同进化

HERE COMES EVERYBODY

鲍勃·迪伦写不出歌儿了

Imagine

[美]乔纳·莱勒 Jonah Lehrer 著
简 学 邓雷群 译

浙江科学技术出版社·杭州

测一测

你对灵感和创造力了解多少？

扫码加入书架
领取阅读激励

扫码获取全部测试题及答案，
一起了解灵感和创造力

- 在耳朵上方的右脑表层，有一小块儿脑组织，当洞见出现前，它会变得活跃，而当人们通过分析找到智力题的答案时，它却保持安静状态。这一块脑组织是：（　）

  A. 内侧前额叶皮质

  B. 顶叶

  C. 颞前上回

  D. 背外侧前额叶皮质

- 以下哪个房子是左脑损伤而依靠右脑的患者画的？（　）

  A. 房顶朝下，房子的总体模样很离谱，窗帘的褶皱和砖的形状极为精致

  B. 房顶朝上，房子的总体模样很现实，窗帘的褶皱和砖的形状极为精致

  C. 房顶朝下，房子的总体模样很离谱，缺少窗帘和砖的细节

  D. 房顶朝上，房子的总体模样很现实，缺少窗帘和砖的细节

- 人类右脑发出的节奏舒缓的阿尔法波是一种有预测性的脑信号，以下哪个方法有助于阿尔法波的产生？（　）

  A. 洗热水澡

  B. 做“白日梦”

  C. 将房间的墙壁涂成蓝色

  D. 以上都是

扫描左侧二维码查看本书更多测试题

创造力源于想象力

段永朝

苇草智酷创始合伙人

信息社会 50 人论坛执行主席

乔纳·莱勒是一位 80 后美国作家和著名网络博主。他曾在哥伦比亚大学学习神经科学，并获得被誉为“全球青年诺贝尔奖”的罗德奖学金。湛庐引进的莱勒创造力三部曲，是莱勒从 2007 到 2021 年这 14 年间，专注科学与艺术之关联，探索与思考神经科学、心理学对创造力之孕育、培植而涌现的思想结晶。读完这三本书，的确让人由衷感慨：“80 后，真的成熟了。”

三本书的核心要旨在于从意识、心灵和身体的角度，洞察科学与艺术割裂所带来的认知遮蔽，这是过去 100 多年来，西方文化思想的内在冲突。

这三本书的顺序也值得一说。《普鲁斯特找到了记忆的秘密》，以 100 多年的历史跨度，刻画了 8 位包括诗人、作家、画家、音乐家、美食家和语言学家在内的艺术家，如沃尔特·惠特曼（Walt Whitman）、乔治·艾略特（George Eliot）、马塞尔·普鲁斯特（Marcel Proust）、保罗·塞尚（Paul Cézanne）等，通过他们特立独行的艺术作品和先锋气质，重新建构了根植于神经科学的关于大脑和身体的现代观念。《鲍勃·迪伦写不出歌儿了》专注于“想象力”这一神奇的心理特质，用最新的脑科学、神经科学研究成果，佐证了“创造力源于想象力”这一重要论断，通过鲜活的事例让大脑天生具有的创造力一览无余。《阿加莎·克里斯蒂失踪了》将那种刺激人们拥有兴奋和愉悦体验的神秘感，置于人类所编织的巨大的“意义之网”中，这是想象力、创造力水乳交融的完美呈现。

两个世纪之交

21 世纪已经步入第三个 10 年，世纪之交的巨大转换虽跌宕起伏，但曙光乍现。

1998 年 3 月 6 日，在美国华盛顿白宫东厅举行的千年晚会上，著名的剑桥大学物理学家史蒂芬·霍金发表了题为“信息与变革：下一个千年的科学”的演讲。他认为下一个千年（从 21 世纪开始）是“复杂性的千年”，或者说是由复杂性主导的千年。这种复杂性首先从生物学、智能技术中体现出来。

21 世纪究竟会展现何种令人心动的面貌，不同的人们在临近千年钟声敲响之际，都有着不同的遐想和期盼。80 后的这一代人，在世纪之交恰是朝气蓬勃的青少年，他们目睹了一场波澜壮阔的世纪之门的开启。但这一切注定并不平静。

千禧年之前，一系列“终结论”的著作非常流行。比如美国政治学家弗朗西斯·福山（Francis Fukuyama）的《历史的终结与最后的人》(*The End of History and the Last Man*)、美国著名科普作家约翰·霍根（John Horgan）的《科学的终结》(*The End of Science*)。然而，美国硅谷掀起的互联网旋风，将世纪之交的兴奋之情急速拉升。

随即，2001 年美股纳斯达克的暴跌和“9·11”纽约双子座陨落，又使得这一世纪转折更具悲剧色彩，高歌猛进的势头似乎戛然而止，新世纪的壮丽风景似乎灰飞烟灭。当 21 世纪的第三个 10 年徐徐展开的时候，“世纪之交”的巨大动荡和转换，似乎才渐渐显露出其深远的轮廓。

遥望 19 至 20 世纪的世纪之交，它与 20 至 21 世纪的世纪之交有着出奇的相似之处。马克·吐温说：“历史不会重复自己，但总是押着同样的韵脚。”

19 世纪末的世界，特别是欧洲，沉浸在凯歌高奏、繁荣进步的氛围中。1893 年举办的芝加哥世界博览会，力图超越半个世纪之前的巴黎世界博览会和伦敦世界博览会，使用数十万只灯泡，点亮整个世界博览会，展现人类征服自然、创造美好社会的前景。

学术界也不甘寂寞。1900 年，英国物理学家开尔文勋爵在英国皇家学会的演讲中宣布，整个物理学大厦即将竣工，后世物理学家的任务，只是将物理学常数测量得更精确一些。德国数学家戴维·希尔伯特（David Hilbert）在 1900 年巴黎国际数学家大会上，提出了 23 个雄心勃勃的问题。20 世纪前 30 年间，数学家们试图创建宏大而完备的数学体系，将全部数学知识纳入包罗万象的形式系统中。

世纪之交似乎总是掺杂着某种难以掩饰的躁动和激情。

上一个世纪之交的自满与两次世界大战的残酷，似乎在冥冥之中提示着人们什么。这一个世纪之交的自满与这 20 多年此起彼伏的局部战争和灾难，似乎也在提示着什么。

理解这两个世纪之交，需要颇费一番气力。令人欣慰的是，世纪之交的年轻一代迅速成长起来，他们有自己独特的视角，有自己独到的见解。

世纪之交，或许总是一个“兴奋”与“落寞”并存的时代。对进步凯歌的信仰与对传统理念的不屑交织在一起。互联网从业者认为自己已经挣脱了传统的束缚，摧毁了金字塔组织模式，碾平了生产的边际成本，极大地释放了知识的分享能量，认为新世界的曙光就在眼前，只要你把它放在网上。

这是一个充满后现代色彩的大事件，正如美国后现代建筑理论家查尔斯·詹克斯（Charles Jencks）指出的那样："资讯时代是一个后现代的典型样本。"马克思和恩格斯在《共产党宣言》中的一句话成为刻画这种变化绝佳的脚注，这句话是："一切等级的和固定的东西都烟消云散了。"

人类毫无疑问进入了完全意义上的"人造世界"。问题的焦点只是，如何为这个人造世界重新赋予价值和意义？当然，"赋予"这个词还嫌太"工业化"了，不如退一步说，这个世界的价值、意义和创造力是如何"涌现"出来的？

所以说，我们需要面对的是，这一个世纪之交到底开启了何种伟大的历史进程？这不只是简单意义上知识的堆叠、生产力的进步，也不是对工业伦理、财富观、进步主义的修修补补，而是自文艺复兴以来，科学与人文分离之后的一次重逢、一次交叠。这是"人的重启"，是"创造力的绽放"。

这注定是一次影响深远的重启，是创造力的奔涌。

重新发现身体

20 到 21 世纪的思想转向，可以用不同的线条予以概括，这里或许可以包括这样一个角度，即从“对身体的敌意”状态，转向“对身体的唤醒”。我在 2011 年给北京大学新闻与传播学院的研究生讲述“互联网前沿思想”的时候，特别用一节课的时间，细致地分析了这一重要的思想转向。

1900 年去世的尼采是一个伟大的哲学家，如果说要给 20 世纪的后现代思想家画一个谱系的话，尼采一定居于核心的位置。尼采，包括法国哲学家、思想家莫里斯·梅洛-庞蒂（Maurice Merleau-Ponty）、吉尔·德勒兹（Gilles Deleuze）、乔治·巴塔耶（Georges Bataille）等，这些人的文体惊人地相似。

这种文体不是四平八稳、娓娓道来的。它完全是跳跃式的，整个看起来就是一种梦呓的语言、游走的语言。它不着力去刻画、固化或解释一个什么概念，更不醉心于构造什么样的叙事体系。这些思想家的思想转向，恰恰在于重新发现了身体。

从柏拉图开始，西方思想史、宗教史和哲学史中的身体，要么被驱逐，要么被压抑，要么被漠视。古希腊之前，人类处于泛灵论阶段，身体是神圣的，万事万物都是神圣的，都有神性。古希腊之后，情况有了很大的变化。

古希腊哲学家开始提出“本源”的问题，即“世界是什么”“人是什么”一类所谓追根溯源的问题。他们希望找到这样一个“基本的质料”“构造”“原初推动”，来说明整个世界的起源和人的本质。这是逻各斯中心主义[①]的思想。

在古希腊哲学家寻求世界本源的过程中，关于人的问题就是灵魂与人的关系问题，这其实是身体与灵魂的关系问题。身体作为灵魂的巢穴、承载物，一旦死亡之后，灵魂会怎么样？这个问题本身，就显露出人们对永恒、纯粹问题的偏好。死亡是人最为直接的痛苦体验，也是人最大的生存恐惧。古希腊哲学家看待这个问题的方式简单、直接，就是驱逐身体、保留灵魂之不朽，以此来追寻永恒的世界本源。

从高级宗教诞生，一直到中世纪这一段大约 1 500 年的历程中，身体被裹挟、藏匿起来了。身体被认为是不洁的、肮脏的，是藏污纳垢的所在。人的一切罪孽，皆因身体而起。身体就是淫荡、贪婪、欲望的容器。救赎的过程就是惩罚身体的过程。只要看看但丁的《神曲》，你就可以了解为什么但丁花那么多的笔墨，不厌其烦地讲述拯救灵魂的故事。这些故事是以对身体的折磨为符号的。罪孽深重的人，要承受刀山火海、荆棘、毒蛇的考验，下油锅、受刀剐，历经十八层地狱、炼狱的考验，才能完成对灵魂的救赎。但丁的《神曲》充满了对身体符号的摧残，甚至是夸大其词般的摧残，让你有恐惧感，这种恐惧感的目的只有一个，就是贬损你的身体，将它忽视为零。

---

① 法国德里达对其以前的形而上学体系的称呼，从古希腊哲学的逻各斯概念引申而来。——编者注

中世纪以前，身体本身是个问题，而且是个“坏”问题，即身体本身是“带来问题的”问题，是万恶之源。文艺复兴之后，身体就不是个问题了，因为它被完全忽视掉了。

文艺复兴之后，从表面上看身体回到了正常的状态，比如文艺复兴后三杰[①]的写实主义绘画，让普通人的身体成为视觉中心。但是，这些“完满的身体视觉”“栩栩如生的身体视觉”，其实预示着身体理性主义时代的命运——身体，其实是被忽视的——忽视身体的一股强大的力量来自理性，来自“沉思”。

尼采对“沉思”深恶痛绝。他说，人为什么要沉思？为什么要如此做作，为什么要“装”？在启蒙运动、工业革命之后，身体这个话题很不幸被埋葬了。身体是什么？身体只是劳动力，是吃饭的工具。包括互联网初期，让很多知识分子兴奋的那个词“智本家”，或者说“知识就是生产力”，也不过是把“靠肌肉吃饭”转换成“靠脑子吃饭”，都是吃饭而已。

对身体的唤醒是从尼采开始的。尼采重新发现了身体。重新发现身体意味着必须对“存在”重新思考。

工业革命让沉思变得不那么重要了。工业革命首先是速度革命。速度革命的寓意就是，煮八宝粥应该需要 2 小时，高压锅可以将它简化为 20 分钟。这就叫“速度革命”。速度革命意

① 指达芬奇、米开朗琪罗和拉斐尔。——编者注

味着养猪、养鸡、养羊、母鸡下蛋，都脱离了它的天然状态。速度革命改变了世界的结构、力量的对比、生命的周期，在这种情况下人们还有时间思考吗？在机器的轰鸣下，人们听到的既是号角，催人奋进，又是追债的钟声。人们要在有限的此生证明自己，用财富、成就的获取，来证明自己存在的价值。

工业革命的确埋葬了沉思——因为来不及，没时间。但它并非对沉思的反思，大家都变成了行动主义者和实用主义者。所有人都像卓别林扮演的《摩登时代》里的工人一样，在流水线旁，拿个扳手不停地塑造自己，把自己装到机器里。实用主义哲学的基本态度就是只要结果，不问根由。实用主义支配下的科学一定是跟阿基米德时的科学大不相同的。今天的互联网思想家、创意工场、投资者和创业者等，他们践行的脚步已经汇聚成洪流——“预测未来最好的办法，就是把它造出来！”践行，已经强大到足以让人对新物种的创生，产生浓厚的兴趣和信念，对新人机共同体的喜悦和展望，已经达到了全新的高度，世界已经不再需要沉思这个东西了。

然而，人们在工业革命时代对沉思的反叛，与其说是反叛，不如说是对沉思状态的遗忘。

20 世纪中期兴盛起来的后现代主义者们，在批判现代性、批判工业社会的时候试图重新回到活生生的身体。不过，作为一种哲学思潮，后现代一直没有成为主流，也不可能成为主流。但它一定会唤醒人，到那时人们突然发现“践行”一词有了新的含义。后现代主义给20世纪后半程的赛博朋克，给21世纪的后人类主义提供了大量养分，它在施肥、浇灌，但它本身不是种子。真正的种子是互联网，是人工智能、大数据，是基因剪刀、脑机接口，是神经网络和人工合成生命等最近20年再次喧嚣的聚合科技。

21世纪异军突起的聚合科技，转而为艺术家重新理解身体、重新塑造身体提供了无限可能。这正是通过人工智能、元宇宙、大模型展现出来的。这是一个巨变前夜的狂欢，是想象力的一次绽放，也是生命激情的绽放。

创造力源于想象力

创造力三部曲的作者乔纳·莱勒，在学校里学习的恰好就是神经科学，对创造力有自己独到的理解。特别值得称道的是，这三本书的焦点，始终专注于从大脑、身体的角度，探究意识的奥秘和奔涌不息的创造力之魂。而《普鲁斯特找到了记忆的秘密》则是整个系列的奠基之作。

在《普鲁斯特找到了记忆的秘密》中，作者精心讲述了8位包括诗人、作家、画家、音乐家、美食家和语言学家在内的艺术家如何用自己的方式阐释他们对身体的精深感悟，以及这些感悟与21世纪呼啸而来的智能大爆炸之间千丝万缕的因缘。

“在汗水中萃取美感”，诗人沃尔特·惠特曼用这样一句诗来呈现身体的真实。作家乔治·艾略特，最开始信仰实证主义，认为小说“只是生活史的实验”；在理想破灭之后，她终于发现“我们是一个过程，是一次绽放”。

笛卡尔二元论学说遮蔽下的身体，渐渐被诗人的咏赞解放出来。身体就象征着自然，不再隐藏在冰冷的躯壳之下。实用主义心理学的开山鼻祖威廉·詹姆斯（William James）于 1875 年在哈佛大学创办第一个心理学实验室，他对实用主义给出了一种新的解释：科学理论只是真理的临摹版本，没有身体就没有恐惧，没有情感。当代著名神经学家安东尼奥·达马西奥（Antonio Damasio）认为，精神暗中跟踪着身体，我们从自己的身体中窃取自身情绪的情报。这正是惠特曼相信万物有灵的理论依据：灵魂是由肉体组成的。

对于 18 至 19 世纪的理性主义者来说，法国启蒙思想家拉美特利（La Mettrie）于 1747 年出版的《人是机器》（*L'Homme Machine*）极好地阐释了机械论的宇宙观、生命观；法国哲学家奥古斯特·孔德（Auguste Comte）试图将人与社会组织的内在机理，安嵌在牛顿力学的框架下予以解释。在 20 世纪科学家发现 DNA 和大脑神经元之后，这些观念曾再次唤醒了强劲的欲望，即将生物学也纳入物理学的范畴。然而事与愿违，生命最终从僵硬的紧身衣中逃脱出来。

法国哲学家亨利·柏格森（Henri Bergson）认为，现实生活

“归根结底是属于精神领域的，而不是物理学范畴的”。过去 100 多年来的研究表明，味觉与嗅觉直接与海马相连，海马是大脑记忆的核心；丘脑是语言的中枢，是通往意识的第一道大门，所有其他感官（视觉、触觉、听觉等）的运行都要首先经过丘脑。神经科学家勾画着身体内部绚烂的过程，聆听着脑海深处神经元的传导和“点亮”的瞬间，在他们眼里，身体的感觉、直觉与意识之间是奔涌的河流，是曼妙的乐曲。

美食家奥古斯特·埃斯科菲耶（Auguste Escoffier）于 1903 年出版了一本《烹饪指南》(*Guide Culinaire*)，推出经过创新的蔬菜牛肉浓汤，将鲜味列于酸甜苦咸 4 种基本味道之后。神经学家认为，90% 以上的味觉感受其实是嗅觉感受，世界上存在 1 万～ 10 万种气味，人类 3% 的基因是用来感受气味的。我们祖先在进化的过程中，曾以放弃原本灵敏的嗅觉能力为代价，换来色彩视觉感受能力的更好发展，所以大脑常常被迫依赖于非嗅觉信息来破解气味密码。这是身体退化的一个明证。今天人们的感官已经被异化得面目全非了。这里自然就出现一个问题：人的感官界面是否可以被精妙的数据洪流和虚拟幻境所解放？

法国诗人夏尔·波德莱尔（Charles Baudelaire）是第一个对现代化大都市巴黎的崛起感到忧心忡忡的人。他希望文学家能够描绘照相技术无法呈现的事物，那些过去能够被人的感官敏锐捕捉的短暂、稍纵即逝、偶然的精彩世界，恍如过眼烟云，这是工业化带来的巨大遮蔽。

然而，敏锐的艺术家在面对锋利的技术之刃时，所能做的恐怕只是“逃离”。以往喜欢居斯塔夫·库尔贝（Gustave Courbet）的法国画家塞尚，听从卡米耶·毕沙罗（Camille Pissarro）的忠告，停止对光的崇拜，并批评“莫奈只是一只眼睛”，他决心放弃与照相机争辩，而是在大脑前举起一面理性的镜子。塞尚的视觉革命，只不过将外在真实转化为内在真实，努力将主观感受倾泻在画布上。

莱勒笔下的艺术家们，用自己的方式抵抗机器技术对身体的种种挤压。

俄罗斯音乐家伊戈尔·斯特拉温斯基（Igor Stravinsky）的《春之祭》（*The Rite of Spring*）在巴黎首演的时候，曾引发骇人的骚乱。在被工业化驯服的人们听来，斯特拉温斯基的音乐冒犯了传统的和弦，是“最难听的音乐”。然而，极少数前卫音乐家认为，大自然其实是噪声的组合。斯特拉温斯基认为，音乐只不过是我们自己用声音锻造出来的一件漂亮“银饰”。他认为，音乐的动力是冲突，而不是和谐。他粉碎了传统的音乐美学对秩序的期待，嘲弄了我们所有的期待。

阅读乔纳·莱勒创造力三部曲，内心总是不免生出这样一个疑问：作者为何要挖掘这些过去 100 多年来怪异、另类的艺术家和他们的艺术作品？在我看来，作者试图传递这样一种思想：人类的创造力被安置在某种和谐的秩序中已逾千年，似乎一切背离确定性、和谐秩序的世界都是令人讨厌的噪声，人类的一切努力似乎都致力于驱逐这种噪声的扰动，恢复那种优美、和谐的秩序。

听上去不错，但这或许是西方文明迄今所陷入的最大的迷思。严整的比例、和谐的声音、成型的样式，很快便会成为难以忍受的套路和死寂。这背后是一种对不协和音的深深厌恶和恐惧，甚至不惜将这种不协和音作为憎恨的对象，斥之为恶魔。

斯特拉温斯基打破了关于音乐的神话，他的交响乐是“进步无意义论”的丰碑。作家格特鲁德·斯泰因（Gertrude Stein）认为，真实的写作其实是无意识写作，写作的目的是“锤炼语法，清除声音和意义的限制”，只是阅读，而不回想。斯泰因的作品是威廉·詹姆斯的心理学观点和亨利·詹姆斯（Henry James）的文学观点的混合物。威廉认为，世界是一个混乱的大谜团，我们强加给感觉的整齐划一的观念和分类方法都是某种幻觉。亨利认为，重要的不是现实主义描写，而是作品本身的真实性。

斯泰因的洞察是，人类的语言具有无穷的可能性。爱默生说：“言语是无限思想的有限器官。”

与斯泰因相仿，弗吉尼亚·伍尔夫（Virginia Woolf）的小说是内心奔涌不息的思绪，是飘忽不定的意识，她的思想是一股股激流，她笔下的思想既不牢固也不确定。她试图寻找最本质的东西，但这种最本质的东西稍纵即逝。“我们就是文字，我们就是音乐，我们就是那些事情本身。”

过去 100 多年来，这些不安生的艺术家、文学家、诗人们，在做着一件共同指向的事，那就是努力探究真实的身体、真实的身体感受，进而触摸那个被理性光环遮蔽已久的真实的世界。他们超乎寻常的想象力是莱勒试图捕捉的生命灵光。

乔纳·莱勒创造力三部曲，以 21 世纪的敏锐和视角，解释了一个重要的法则：创造力源于想象力。在开放的未来，充满无限可能。但对于这些可能的想象，绝不能囿于干净、清爽之世界秩序的理性抽象。世界是丰富多彩、复杂多变的，这绝不是说世界一片混乱，毫无章法可言；但也绝不是指，一切都可以严丝合缝地装进一个个漂亮的公式中。

著名美国认知科学家史蒂芬·平克（Steven Pinker）一生致力于摧毁三个误解：第一个是，认为人的心灵是白纸一张，相信大脑主要由环境塑造而成；第二个是，认为人类只不过是高尚的野蛮人，相信人性本善，却为社会所玷污；第三个是，相信机器幽灵，相信意识中潜伏着某种非生物性的存在。

莱勒的洞见在于，面对科学简化主义的泛滥，冲破想象力藩篱的艺术，将是身体解放、感官重塑的重要力量。在智能科技飞速发展的今天，这一点尤为重要。

揭开创造力的神秘机制，让创造力为我所用

宝洁公司曾经碰到一个无法解决的难题：研发一款新型地板清洁剂。20 世纪 80 年代，这家公司不断推出新式消费品，既有纸尿裤，也有去头屑的洗发水，公司还研发出了护色洗涤剂，以及比其他纸巾能多吸收 85% 液体的棉纸巾。这些创新并不是说宝洁公司的运气有多好，而是得益于它在研发上的重金投入。那时，宝洁公司员工中科研人员的比例位列全球第一，全公司拥有的博士生数量比麻省理工学院、加州大学伯克利分校和哈佛大学的博士生总和还要多。

可是，尽管家庭清洁用品部的研发人员付出

了极大的努力，仍未能向市场推出新的地板清洁剂。宝洁公司仍旧在销售清一色的柠檬味清洁剂和布拖把，消费者也只能用木质扫帚和金属簸箕打扫厨房。宝洁创新失败的理由很简单：研发出一种不损害地板的强力清洁剂太难了。虽然宝洁在研发新一代清洁产品上已经花了很多钱，但是，这些产品在严格的试验阶段就被宣告失败，因为它们不仅破坏了地板的漆皮，还会伤害清洁剂使用者的皮肤。宝洁的研发人员一致认为，他们已经无计可施了。

事已至此，宝洁决定尝试新的解决办法。公司把这项创新任务外包给了 Continuum 公司，这是一家在波士顿和洛杉矶都设有办公机构的设计公司。Continuum 的时任 CEO 哈里·韦斯特（Harry West）那时还只是为宝洁研发新型清洁剂团队的负责人，他说："我认为，宝洁之所以找到我们，是因为他们的科学家没法再继续干下去了。因此，他们希望我们能打开想象的闸门，拿出一些解决连科学家都棘手问题的新成果。"[1]

但是，Continuum 的设计人员并没有从成分入手，也没有去实验室研究地板清洁剂，而是到居民家里去观察人们通常是怎样清洁地板的。对于如何给地毯吸尘和打扫厨房，设计人员做了详细的记录。当觉得这些信息仍然不够用时，他们在居民家里架起了摄像机。韦斯特说："这些影像资料枯燥至极，都是人们清洁地板的画面，但我们花了大量时间观看这些资料。"尽管内容乏味，但必不可少，因为韦斯特和他的团队想知道人们在日常生活中究竟是怎样清洁地板的，而不是想当然地去猜测。他说："关于拖把和扫帚，我想忘掉我所知道的一切，我希望自己能如同一个天外来客一般，以什么都不知道的心态来看待问题。”

在经过几个月的“人类学”观察工作之后，大家有了初步收获。当时，他们正在观看一位妇女清洁浴缸。韦斯特说：“涮拖布，就是把拖把头里的脏东西在脏水里涮出的过程，拖把头就是‘吸收’脏东西的工具。这种活儿谁都不乐意干。”实际上，当 Continuum 的设计团队在对影像资料进行分析时，他们发现，人们花在涮拖布上的时间比拖地板本身所花费的时间还多。工具反倒让事情变得更复杂了。韦斯特说：“当我意识到用拖把做清洁工作有多么不方便后，我对地板清洁这件事产生了兴趣。我坚信，我们并不是要设计一种改进的拖把，而是需要一种完全取代拖把的新东西。”

令人感到遗憾的是，Continuum 的设计人员也想不出更好的清洁方法。这就像一个无法找到答案的难题，也许，清洁地板注定是一件低效率的家务活。

答案来自也在进行家庭拜访的另外一个设计团队。一天，这个团队的成员正在观察一位老太太清理厨房地板上的咖啡污渍，只见她手拿扫把先仔细地清扫地板，并把垃圾扫到簸箕里，这时，有意思的事情发生了：在清扫完地板之后，她弄湿了一块纸巾，并用它擦拭洒在地毯上的咖啡污渍。尽管 Continuum 设计团队的每个人以前无数次地做过同样的事情，但这样一块脏纸巾却带来了一个意外发现。

设计人员从纸巾的创意发现可丢弃的清洁材料是种可行的方式。Continuum 公司当时的副总裁唐·巴克纳（Don Buchner）说："突然之间，我们就知道该做什么了，我们要研究出一种用完就可以扔掉的污渍清洁材料。使用者不再需要清洁拖把头，不再需要在清洗时弯腰，不再需要一桶又一桶的脏水。这就是我们的好主意。"几周后，第一件样品做出来了。实际上很简单，就是一根细长的塑料杆连着一个矩形尼龙搭扣，尼龙搭扣用来固定一次性静电纸巾。这种产品还具有喷水功能，这样，使用者就可以在清洁地板之前，先用温和型洗涤液把地板弄湿（通常并不需要洗涤液，但它们的味道很好闻）。韦斯特说："本来我们只要把脏东西擦掉就可以了，为什么一定要在脏水里涮来涮去呢？为什么要清洗拖布？为什么不能像扔掉用过的纸巾一样，把它一扔了之呢？"

可是，宝洁公司并没有对这个设计表现出特别的兴趣，因为仅销售拖把和洗涤液产品就能给宝洁公司带来 10 亿美元的收入。他们不想用未经试验的产品取代当前的好生意。首次召开的小组座谈会反而进一步加剧了使用者的怀疑。当宝洁公司向使用者展示新型清洁产品的草图时，绝大多数人都持反对态度。他们不想扔掉自己的拖把，对塑料杆与纸巾的简单组合也不抱有幻想。他们不喜欢一次性静电纸巾这个主意，也不明白脏东西怎么会跑到湿纸巾上。因此，这个设计被暂时搁置了。宝洁公司不会不顾丢失市场份额的风险而贸然引入一款没人要的新产品。

但是，Continuum 的设计人员并没有放弃，他们确信自己预见了拖把的未来。经过一年的苦求，他们从宝洁公司那里争取到了一个机会：在小组座谈会上展示样品。在这次座谈会上，他们不再像上次那样只是读一下产品的说明书，而是让顾客现场操作略显粗糙的“试验用”样品。人们被这个新玩意儿深深地吸引了，不断在地板上测试。结果，在小组座谈会上，这个产品的测试得分比宝洁公司测试过的任何一款产品都要高。巴克纳说：“有些人在这种产品的概念阶段还是坚决的反对者，但现在他们已经想把这个试验品带回家。”而且，这次试验表明：在清洁地板方面，新产品的表现要远远好于海绵拖把、细绳拖把以及其他任何类型的拖把。按照宝洁公司研发人员的说法，到目前为止，“装在杆上的纸巾”是最好用的地板清洁产品之一。

1997 年，也就是在韦斯特和他的设计团队开始收集影像资料的 3 年后，宝洁公司正式申请了美国专利。1999 年初春，这种新型清洁工具进入了全美国的超市，且一投入市场就大获成功：到 1999 年年底，它的销售额就超过了 5 亿美元。此后，大量仿造品和改进产品不断进入市场，但最初的产品仍在“后拖把”市场居统治地位。这种产品的名字叫速易洁拖把（Swiffer）。

速易洁拖把的发明正是诠释创造力的最好例子。几位设计师在观察某个人擦除咖啡污渍时，想到了一种全新的清洁工具。对于我们每天都在做的事情，哈里·韦斯特和他的同事努力思考，另辟蹊径。他们看到了现实原本的样子：人们干着既乏味又费力的家务。然后，他们想象世界上会有一种更好的拖把。这一洞见彻底改变了地板清洁的方式。

想象是人类最突出的智能

本书讨论的就是这样的时刻。**想象那些并不存在的事物的能力是我们人类最突出的智能，我们总觉得拥有这种能力是理所当然的，但常常事与愿违**。收音机里的流行歌曲、衣服口袋中的小玩意儿、墙上的艺术品、窗户上方的空调以及你所坐的椅子，还有你手中的这本书，无一例外都是想象的产物。

尽管我们身边到处都有想象的杰作，但创造过程究竟怎样，还颇有几分神秘。比如，为什么哈里·韦斯特在看到那位妇女用纸巾清洁地板时想到了速易洁拖把？其实，这一动作他自己不知重复做过多少遍。他说："我无法解释这个主意当时是怎么产生的。我太高兴了，以至无法问太多问题。"创造力的奥秘在于，我们很难弄明白它是如何产生的，甚至连何时产生也常常搞不清楚。因此，我们总会将重要发现与外力联系在一起。实际上，在文艺复兴时期之前，想象力跟超常能力基本就是同一个意思："有创造力"意味着与缪斯对话，为足智多谋的神灵代言。Inspiration（灵感）的字面意思就是"从外部吸入"（breathed upon）。由于人们不明白创造力是怎么回事，因此，他们会认为好点子一定来自别的什么地方。也就是说，想象力是外部赋予的。

对于创造力的高度神秘性，连科学家都感到畏惧，比如对神经反应时间或者洞见产生机制的研究常常让科学家望而却步。那么，如何对想象进行测量呢？这一难题让大多数研究人员都不敢碰触。对 1950—2000 年的心理学论文进行的调查表明，研究创造过程的论文还不到 1%，甚至连人类这种能力是怎样进化的，人们也无法给出答案。大多数认知能力都有其生物学基础，因此，它们的进化过程可以沿时间维度进行追踪。但创造力则不同，人类的想象过程毫无踪迹可寻。在人的大脑皮质里，没有扩展的独创性模块，而其他灵长类动物甚至连明显的创造冲动都没有。猴子不会画画，黑猩猩不会写诗，只有某些稀有动物，比如大洋洲新喀里多尼亚的乌鸦，才初露出解决问题的某些能力。换句话说，创造力的产生跟洞见的获得一样，不知从何而来。

但是，这并不意味着我们无法对想象进行深入研究。在弄明白产生新思想的一系列心理事件之后，我们才能明白究竟是什么让人类如此特别。因此，本书的开篇要向大家揭示想象的生理根源：约 1.4 千克重的人脑。美国实验心理学家威廉·詹姆斯把创造过程描述为“沸腾的思想大锅，其中的每样东西都在发出咝咝声响，并以我们难以理解的方式四处游动”。现在，我们总算能够看见“巨型电细胞网络”这口“大锅”的真身了，是它让我们在已有的思想之间建立新的联想。我们可以利用大脑扫描设备将思考的瞬间记录下来，并测量即将找到问题的答案时神经元的兴奋程度。想象有点像“新想法凭空出世”的魔术，而现在我们对这个魔术是怎么变的已经略知一二。

这一新视角清楚地告诉我们，对创造力的标准定义是完全错误的。自古希腊以来，人们一直假定想象与认知没有任何关系。但最新的科研成果告诉我们，这种假设是错的。实际上，“创造力”是一个涵盖众多独立的思考过程的综合术语（大脑是最终的类别破坏器）。速易洁拖把的发明就涉及众多创造性方法。最先开始的阶段是 9 个月的细心观察和录制乏味的影像资料。尽管这一阶段并没有产生任何新思想（主要作用是把僵化的旧思想放在一边），但在整个创造过程中的作用却非常大，它帮助设计团队更好地理解问题的实质。随后，当韦斯特观察那位妇女擦除咖啡污渍时，重要的新发现瞬间显现，这就是所谓的“洞见时刻”（moment of insight）。但是，灵感的出现并非创造过程的结束。工程师和设计人员仍需花费很长时间对设计进行微小改动，完善喷雾嘴和静电抹布。韦斯特说：**“想法只是创造过程的开始。当你努力让理想成为现实时，艰难的事情总是悄然而至。”**

我们该如何想象

速易洁拖把的创新过程与多种形式的创造力有关。此时，现代的科学工具是必不可少的，因为只有借助这些工具，我们才能弄清创新过程跟哪些大脑活动密切相关。通过想象，某些超自然的东西会转化为大脑皮质中的一个特定开关。这种新知识是有用的，因为通过弄明白创造力是什么，我们就可以着手对其进行分类，进而了解在哪种条件下的心智战略是完美的；以及在哪些特定的条件下进行想象活动更容易奏效。比如，有些想象活动最适合在拥挤的咖啡馆里进行，你可以一边喝着浓咖啡一边想象；而有些想象活动更适合在沙发上进行，你可以一边喝着冰镇啤酒一边想象。有时，我们也需要什么都不去想，让自己即兴发挥；也有时，我们需要借助他人的智慧。**一旦我们知道创造力是如何产生的，创造力就可以为我们所用。**

仅仅能对想象进行剖析，并不意味着我们已经揭开了它的奥秘。实际上，这正是创造力这一主题深深吸引我们的地方：它需要从多个角度来描述。不管怎么说，某个人的大脑总是被某种外部环境和文化包围着，这就需要我们结合心理学和社会学，把外部世界和内心世界整合在一起。因此，尽管想象源于神经元的活动，但大脑也会探寻外部环境对创造力的影响。为什么有些城市能成为令世人瞩目的创新中心？什么样的课堂技巧能增加孩子们的创造力？互联网让我们更富于想象力还是相反？我们将会看到，墙的颜色或者厕所的位置等看似关系不大的因素，对创造力的产生却有着重大影响。

由于“发明”这一行为往往是一个多人合作的过程，我们必须学着与他人展开适当的合作。本书的第一部分主要讨论个人创造力，第二部分则讨论当人们在一起时，比如在办公室的大厅和城市的街道上进行的互动会产生什么作用，即讨论群体创造力。一些最新的研究成果，比如对众多百老汇歌剧创作团队中的合作关系的分析，让我们明白了为什么有些团队和企业比另外一些团队和企业更具创造力。他们的成功并非偶然。

长久以来，人们一直认为想象完全是谜一样的东西，是某种我们无法理解的生物学天赋。因此，关于创造力是什么以及它来自何处，我们所坚持的观念都是错误的。这些错误的观念不仅误导了我们，还对想象起着负面作用。我们不但要针对创造力进行实验和科学研究，还要研究人们在现实世界中正体验着的创造时刻。我们将会探讨鲍勃·迪伦（Bob Dylan）的写作方法和诗人的习惯，还会花些时间研究像化学家一样思考的调酒师、发明冲浪新玩法的孤独症冲浪者。我们将去探究一个网站，它帮助很多人解决了那些看似无法解决的难题。我们还要了解皮克斯动画工作室（后文简称皮克斯）幕后的故事、马友友的即兴表演，并揭开那些持续创新企业的众多奥秘。

然而，将最终的创造性成果与神经细胞建立对应关系的分层描述方法注定要失败，成功的创意产品也无法与神经回路一一对应。当然，我们也不应该把创造力看成是超自然的。创造过程并不专属于那些艺术家、发明家或其他各类创造型人才。**人类的思维天生就具有创造性，内置于其“操作系统”中，并与其最重要的“程序代码”有着天然的联系。**大脑随时随地都在自动建立新联想，不断把某个 X 跟某个看似不可能的 Y 关联在一起。本书所讨论的就是这一切是如何发生的，“我们该如何想象”正是本书的主题。

目　录

推荐序　创造力源于想象力

段永朝
苇草智酷创始合伙人
信息社会 50 人论坛执行主席

前　言　揭开创造力的神秘机制，让创造力为我所用

第一部分　独自创造，个人创造力是如何被激发出来的

第 1 章　大脑是创意产生的生物学基础
鲍勃·迪伦是如何写歌儿的　003

左脑见“树木”，右脑见“森林”　010
“啊哈”时刻的到来，陷入困局让我们尝试新东西　015
《像一块滚石》是如何创作出来的　021

第 2 章　不期而遇的顿悟，善用发散性思维
3M 公司是如何开发出新产品的　029

洞见只有在你停止寻找它的时候才会到来　033
看起来毫不相关的思想重叠更有利于洞见的涌现　043
做“白日梦”是提高创造力的好方法　051

第 3 章　分析和专注，善用收敛性思维
杰克 · 凯鲁亚克是如何创作出《在路上》的　061

保持专注是创造力的关键所在　065
专注让我们对自己的创造性工作精雕细琢　076
化难题为想象，让事物露出本来面目　079
负面情绪让我们的注意力更集中　087
双相情感障碍患者的创造力　090
坚持不懈地思考，让知晓感变成实实在在的知识　093

第 4 章　顺其自然是最好的创作状态
马友友是如何演奏出不可能演奏的和弦的　097

半梦半醒时最有创造力　104
痴迷，让孤独症患者成为特定领域的天才　109
忘我的状态，每个人都可以即兴表演　116
做梦，让我们变成即兴表演艺术家　121

第二部分　共同创造，与更具创造力的团队一起成长

第 5 章　做局外人，创意往往发生在学科的边缘
礼来公司是如何解决药品开发问题的　133

不受约束的局外人思维　141
“局外人”心态最重要，像年轻人一样思考　146
做自己的局外人，不被已有知识束缚　157

第 6 章 混合的团队最有创造力
皮克斯工作室是如何创作出叫好又叫座的动画的 161

让不同背景的人在一起工作，创造力来自合作 168
咖啡间，公司里最重要的地方，产生新思想的绝佳之地 174
用“建设性批评”取代“头脑风暴”更能激发新创意 181
把合适的人聚在一起，创造力自然而生 195

第 7 章 城市摩擦，思想碰撞引发更多联想
硅谷是如何成为科技中心的 201

稠密的人口和碰撞的思想，让城市成为永不枯竭的创造力来源 207
城市的密度越大，创造力就越强 212
128 号公路的衰落和硅谷的兴起 220
特拉维夫，以色列的“硅谷” 227
互联网无法取代城市 234

第 8 章 “模仿”成就创新的开始
莎士比亚是如何成为天才戏剧家的 241

“莎士比亚神话”诞生于良好的文化环境 244
思想越分享越有价值 252
释放孩子们的想象力，创造力是永不过时的技能 258
造就更多天才的 4 个元思想 269

结 语 玩创造力的魔术，想象永远都有其神秘之处 281

注 释 287

译者后记 297

第一部分

独自创造，个人创造力是如何被激发出来的

IMAGINE
How Creativity Works

第 1 章

大脑是创意产生的生物学基础

鲍勃·迪伦是如何写歌儿的

IMAGINE

How Creativity Works

永远随身携带灯泡。

——鲍勃·迪伦

鲍勃·迪伦看上去情绪很糟。这是 1965 年的 5 月，迪伦斜躺在伦敦豪华酒店萨伏伊（Savoy）的椅子上，身上盖着被子。他把太阳镜拉得很低，眼睛望向远处。由于迪伦的表情看起来好像很不高兴，镜头开始转向房间的其他地方，闯入镜头的有衣冠不整的民谣歌手，还有迪伦的铁杆粉丝们。这是迪伦欧洲巡演的最后一周。[1]

在过去的 4 个月里，迪伦一直在努力应对紧张的演出计划。他乘公共汽车游遍了美国的东北部，不管是小村庄还是大城市的剧场里都留下了他演出的身影。仅在新泽西州，他就演出了 5 场。紧接着，他又直奔西海岸进行演出和宣传，这样繁忙的状态持续了好几周。他与各路媒体见面，回答各种各样无聊的问题："真实情况是怎样的？""为什么您最新的唱片封面上印着一只猫？"有时，迪伦会对着记者发一通脾气，他说："关于我的这些创作，我没什么好说的了。我就是把它们写了出来，仅此而已。"当迪伦脾气好的时候，他会多说一些，告诉记者他爱好收集活动扳手，出生在墨西哥的阿卡普尔科（Acapuloo），受混沌、西瓜和钟表的启发进行歌曲创作（最后这句话才能让他脸上露出点笑容）。

在彭尼贝克（D. A. Pennebaker）拍摄的关于迪伦 1965 年巡演的纪录片《别回头》(*Don't Look Back*) 中，有一个经典镜头。歌手迪伦回到冷清的房间，他的一位随从说："欢迎回家。我记得，这是那群疯子第一次没有出现在这间房子里。这里总算安静下来了。"几分钟后，有敲门声传来，那群"疯子"又来了。

迪伦无法甩开这群"疯子"，因此，他设法躲进自己的世界里。他的行李箱中装有一台打字机，他可以将任何东西变成一个书桌。虽然巡演的烦恼一直都在，但他仍旧可以像从前一样思索合适的歌词。当他特别不满意时，他会把创作成果撕得粉碎，扔进废纸篓里。[①] 尽管迪伦的创造力没什么变化（除了写歌，他做不了任何别的事情），但越来越多的迹象表明：他对创作音乐失去了兴趣。他的演出毫无新意，仿佛在唱别人写的歌，这样的情形还是第一次出现。

他很少向观众致谢，也不在歌与歌的表演之间停歇，好像急着离开舞台似的。在纪录片《别回头》中，当有位歌迷告诉迪伦她不喜欢他的新单曲时，迪伦的回答让人很难堪："噢，你跟那些人一样，我了解了。"然后，他转身走开。

---

① 歌手玛丽安娜·费思富尔（Marianne Faithfull）把这样的时刻称为"天才突然的发怒"。

不久之后，情况变得愈发严重。在英国巡演时，迪伦觉得自己过着一种难以忍受的生活，感到无以为继。他最看重自己的创造力，但这种能力正在被名望所毁。在葡萄牙短暂休假期间，迪伦食物中毒。之后，他的思想发生了转折。食物中毒让他不得不卧床一周，这给了这位音乐家一次难得的反思机会。迪伦后来承认："我知道自己已经被榨干了，我正在演唱我不喜欢的歌曲、不喜欢的歌词。如果连你自己都不欣赏自己，却让别人告诉你他们有多欣赏你，这很没意思。"[2]

换句话说，迪伦厌倦了自己的音乐。他厌倦了一个人站在聚光灯下弹吉他，厌倦了代言人的身份给他带来的负担，厌倦了政治与人们的期望。人们觉得他的歌总是在传达着某种内容，觉得他的艺术是真正关乎现实的。但是，迪伦并不想对所有事情都持有某种观点，他不愿意被人们定义为"在风中飘扬的答案"。但问题是，他不知道接下来该做什么，他感到受困于自己的过去，但又对未来毫无打算。他唯一确信的事情就是这种生活无法再继续下去了。只要迪伦在报纸上读到关于自己的报道，他总是进行同样的评论："上帝，那多亏不是我。"

最后的演出在伦敦的皇家阿尔伯特音乐厅举行，演出票预售一空。就是在这里，迪伦对他的经纪人说，他要退出音乐圈。他不再唱歌，也不再写歌，他将要去纽约伍德斯托克的一间小木屋隐居。尽管迪伦已成为流行乐坛的一名偶像——他那个时代的预言诗人，但他准备放弃这一切，名誉、地位他都不要。

迪伦不是在开玩笑。他信守承诺，从英国巡演归来之后，就骑上他的凯旋摩托车，从纽约出走。他不再理会乡村美景，直奔位置偏远的一处空房子。该写的歌已经写完了，他已经没有什么要说的了，甚至连吉他都没带。

每一次创新之旅都是从一个问题开始的。我们会因无法找到解决问题的方法而痛苦，且内心充满了挫败感。而这正是创造过程的起点——我们已经尽力了，却失败连连，甚至不知道接下来该做什么。

当我们讲述关于创造力的故事时，总会忽略创造过程中的这一阶段。我们不想再提起那些几乎想放弃的日子，那时，我们总觉得那些困扰我们的问题是无解的。由于这些失败的经历不适合写进传奇故事中，所以，我们就把这些细节砍掉，然后直接跳到取得突破性进展的环节。我们习惯于把令人开心的结局先说出来。

但这样讲故事是有危险的，因为挫败感是创造过程中必不可少的组成部分。在我们找到答案之前，甚至在弄清问题出在哪里之前，一定会经历因无法解决问题而感到失望的阶段。因此，当觉得自己无法按照预想进行创造时，我们会放弃、逃离到伍德斯托克。

但往往就是在这个时候，当我们不再寻找答案时，答案却悄然而至。**想象就是如此顽皮。当答案真的到来时，它并不是逐**

渐地、一点一点地显现，而是完整地出现在你面前。突然间，一个百思不得其解的问题的答案变得如此显而易见，我们为没能更早地找到这个答案而扼腕不已。

这就是所谓的“**洞见现身**”——人们已经对浴缸里的阿基米德和苹果树下的牛顿的故事耳熟能详。柯勒律治、爱因斯坦、毕加索和莫扎特都曾描述过这一心智过程。当人们获得创造性突破时，他们倾向于把这一时刻想象成耀眼的光芒，就像大脑中突然亮起的一盏灯泡。

关于灵感的故事有一些共同的基本特征，科学家将它们定义为“洞见体验”（insight experience）。第一个基本特征是陷入绝境：在取得突破之前，肯定存在障碍。迪伦在彻底完成自我提升之前，即为了写出他创作生涯中最好的歌，需要这样一种感觉：他已经没什么可说的了。

可是，如果他运气好的话，这种绝望最终会引导他产生新的洞见。这是洞见时刻的另一个基本特征：一种与新思想相伴的确定性感觉。当阿基米德头脑中的洞见显现，即意识到可以利用从物体中排出的水来测量物体的体积时，他立刻跳出浴缸，跑着去告诉国王他的解决办法。他一丝不挂、浑身湿漉漉地赶到宫殿。

创造力的新发现

"洞见体验"的两个基本特征：

1. 陷入绝境。在取得突破之前，遇到重大阻碍，有挫败感。

2. 一种与新思想相伴的确定性感觉。

乍一看，洞见时刻就好像是不可理解的密码。我们时而干得起劲，时而垂头丧气，对这一过程中所发生的事情也毫不知情，仿佛只是大脑皮质正在跟我们分享它其中的一个秘密。

当然，问题是这些洞见是如何出现的呢？是什么让一个人将心智中的障碍化解为一个突破？为什么在最不抱希望的时候答案却悄然而至？这正是迪伦的神秘之处，而理解这种神秘的唯一方法就是深入大脑内部，撬开想象的"黑盒子"。

左脑见"树木"，右脑见"森林"

美国国家卫生研究院的年轻科学家马克·比曼（Mark Beeman）有些困惑，20 世纪 90 年代初，他开始对右脑受损的患者进行研究。比曼说："医生往往会跟这些人说'噢，你太幸运了'。然后他们会说右脑为什么不重要，因为它只会在语言方面对人有影响。"[3] 这些安慰的话告诉我们，从科学的角度来看，右脑是可有可无的。美国脑神经科学家罗杰·斯佩里（Roger

Sperry）在 1981 年的诺贝尔颁奖典礼上总结说，在他刚开始研究大脑时，关于右脑的主流观点是：右脑的损伤仅会导致不会说话、不会书写、阅读困难、耳聋和运动障碍，总的来说就是缺乏更高级的认知功能。换句话说，右脑只是大脑中一个没什么价值的组织。

但比曼发现，很多右脑受到损伤的患者出现了严重的认知问题，尽管他们的左脑完全正常。他决定做一份这类患者的障碍清单，清单很长。比曼说："有些患者无法理解笑话、讽刺或者隐喻。一些患者则看不懂地图或者弄不明白绘画作品的含义。这些虽然算不上多严重的问题，但仍会让患者感到担忧，因为这些问题本是不应该出现的。医生曾经跟他们说过不要担心，因为右脑没那么重要。"

这些患者身上出现的障碍性问题促使比曼重新思考右脑的功能究竟是什么。刚开始时，他弄不明白所有这些障碍有何共同之处。幽默跟导航有什么关系？讽刺跟视觉艺术之间又会有怎样的联系？因右脑损伤而导致的智力问题，种类繁多得令人无法理解。比曼说："我找不到一个满意的解释，我无法连点成线。"

正当比曼打算放弃时，他想到了一个主意。也许，右脑的作用就是做他此时想要做的事情：在看似毫无关联的事情之间找到弱连接关系。比曼意识到，他的那些患者所经历的所有问题，归根结底都是关于如何"弄清总体的意义"。也就是说，不但要弄清楚构成整体的每一个组成部分，还要弄清楚这些组成部分是怎样联系在一起的。比曼说：**“世界太复杂了，大脑在处理问题时必须同时采用两种方式，它既要见‘树木’，也要见‘森林’。而右脑的作用就是帮助人们看见‘森林’。”**

就拿右脑损伤而导致的语言障碍来说，比曼猜测，当左脑处理“本义”（denotation，即字面意思）的同时，右脑则负责处理“转义”（connotation，即隐含意思），或者说词典上查不到的其他含义。[4] 当你读一首诗，或者因为一个笑话而开怀大笑时，你主要就是在依靠右脑建立语言关联关系。隐喻就是一个最好的例子。从大脑的视角来看，隐喻就是不同或者不相关的两种思想（至少表面上如此）之间架起的一座桥梁。当罗密欧宣称“朱丽叶是太阳”时，我们知道他并不是在说他所爱的是一个光芒四射的巨大星球。我们明白，罗密欧正在使用隐喻，意思是说朱丽叶对他的意义就如同天上的太阳。她当然不是星球，但她照亮了他的世界，就如同太阳照亮了地球一样。

大脑是如何理解“朱丽叶是太阳”的呢？左脑关注这些词汇的字面意思，但并无助益。总的来说，列出一堆描述两个实体的形容词并不能理解隐喻（在“太阳”和“朱丽叶”的例子中，所涉及的形容词并不多）。只有依靠它们重叠的关联关系探测到它们共有的特征时，我们才能理解两个名词之间的连接关系。这种理解最有可能发生在右脑，因为右脑的独特之处就在于，它能通过“拉远镜头”来看待句子，并能从更远的视角对句子进行分析。

右脑这种“看见森林”的能力并不只适用于语言。有人在20 世纪 40 年代做过一项研究，让各种脑损伤患者模仿他人画房子。有意思的是，这些患者画出的房子差别很大，而且跟一个人是左脑损伤还是右脑损伤有直接关系。那些因为右脑损伤而依靠左脑的患者所画的房子极不现实：正门浮在空中，房顶朝下。尽管这些患者所画的房子的总体模样很离谱，但他们对烟囱上砖的形状和窗帘的褶皱等细节下足了功夫（当他们画人物肖像时，这类患者可能只会画一只手或者两只眼睛，再无其他内容）。相比之下，不得不依靠右脑的患者倾向于关注建筑物的总体形状。他们的画缺少细节，但不会把基本结构搞错。他们更关注整体。

对比曼来说，关键是要找到一种研究这些更为抽象的认知技能的方法。他想弄明白右脑的作用，但不知道该问哪些问题。比曼说：“右脑的作用已被流行的心理学说法定格。右脑发达的人更有艺术才能或想象力更丰富。因此，当你说你想研究右脑的思维方式时，提供研究资金的基金委员一定会觉得你不够严谨。研究那些隐喻和整体思维似乎注定会毁了一个人的科学生涯。”

1993 年，比曼听到了乔纳森·斯库勒（Jonathan Schooler，现在是加州大学圣芭芭拉分校的心理学家）关于灵感的演讲。斯库勒讲解了一个简单的实验结果，实验是这样的，他把大学生带到一个小房间里，让他们解答一系列创造性智力题。[5] 比如有这样一个问题：

一个倒置的巨大钢铁金字塔刚好处在平衡点上，

一丝一毫的移动都会让这个金字塔倒下。金字塔下面是一张100美元的钞票，怎样把这张钞票移走而又不影响金字塔的平衡呢？

想一想，如果由你来解决这个问题，你的思考过程会是怎样的呢？几乎每个人最开始都会想象出的场景是，一个倒置在百元美钞上的金字塔，移动一点点都会让它倒下。接下来想到的可能是某类能把金字塔吊到空中的起重机（不过，这已经违背了解智力题的规则）。然后，你可能会想出一种把钞票从下面抽走而又不会把它撕坏的方法。遗憾的是，大多数人都想不出可行的方案，他们最终都陷入了绝境。被试焦虑不安，有种强烈的受挫感，因为他们只是按照惯常的思路进行思考，最后也只得放弃。斯库勒说："人们通常会怪罪这位科学家说，'为什么出这样的难题？这是一个愚蠢的问题。这个问题根本就无解！'你必须打消他们的疑虑，告诉他们这个问题真的可解。"[6]

到了实验的这个阶段，斯库勒开始给被试提供线索。他让他们"无意"间瞥到带有"火"字的某句话，或者提示被试想一想"移走"的含义。有意思的是，当这些线索出现在左视域时（左眼与右脑有连接关系），提示变得非常有效。斯库勒说："我们给这些被试戴上护目镜，这样可以让他们一次只用一只眼睛看到线索。向右视域（右眼与左脑有连接关系）展示一个极为明显的线索时，没有收到丝毫效果。线索对左脑根本不起作用。但是，当你将同样的线索展示给右脑时，洞见就会产生。只有右脑知道怎样利用这些信息。"如果你还是感到困惑不解，那我就告诉你答案吧：将这张百元钞票用火点着。实际上，洞见的实质在于，只需“移开”这张钞票，而不是完好地收回它。

对比曼来说，斯库勒揭开了谜底：**右脑善于解决创造性智力难题，因为右脑擅长找出难以发现的连接关系，也就是那些不同思想之间的弱关联关系**。左脑一门心思想把金字塔吊到空中，因为这是“移走”钞票的最直接方法，而右脑则忙于考虑可替代的方法。比曼说：“我突然意识到，右脑擅长的这些技能不就是‘洞见’吗？这正是研究思维神奇之处的一个好方法，我突然顿悟了‘洞见’。”

“啊哈”时刻的到来，陷入困局让我们尝试新东西

马克·比曼秃顶，有着一副长跑运动员的修长身材，笑起来有些不自然。他在 1988 年和 1992 年两次获得参加奥运会 1 500 米中长跑比赛的资格，成绩是 3 分 41 秒，但最终放弃了比赛。他解释说自己的“下半身都不怎么听使唤了”。不过，他现在仍坚持长走。当比曼谈到某件让他感到很兴奋的事时，无论是锥体神经元的细胞特性还是他的新跑步机，他的语速都会加快，然后，他会在近旁随便找张纸开始画起来。

20 世纪 90 年代中期，比曼开始研究洞见的产生过程，研究方法是这样的：给被试出一些智力测验题，然后询问他们是如何解决这些问题的。比曼说：“这种方法的问题在于，引发洞见的

任何事情都是在不经意间发生的。人们说不清洞见来自哪里，也不知道是怎样的思考过程让他们找到了答案。他们对洞见是什么毫无概念，科学也无法对洞见做出一个合理的解释。”

比曼试图通过大脑的功能探究这一现象，进一步发掘洞见的机理。他希望通过正电子发射体层成像（PET）和功能磁共振成像（fMRI）等现代神经科学的新工具，找到大脑内洞见的起源。但这种方法却带来一个重大实验难题：为了把与洞见过程相关的大脑活动分离出来，比曼需要对在洞见时刻得到的答案与通过有意识的分析所获得的答案进行对比。**在有意识分析的情况下，人们能感觉到他们所取得的进展，并能够准确地解释他们的思维过程**（如果不能清楚地表达，左脑就没什么用了）。在这种情况下，问题是通过勤奋和努力解决的，因此找到答案是情理之中的事。

实际上，科学家用来研究洞见所设置的智力难题，都需要洞见才能解决。被试要么在突然的“啊哈”之时找到答案，要么就毫无进展。下面是其中一个经典问题：

> 玛莎和玛乔丽同年同月同日生，玛莎的父母也是玛乔丽的父母，但他们却不是双胞胎。这怎么可能呢？[①]

还有一个问题：

---

① 他们是三胞胎。

对字母 n-e-w-d-o-o-r 进行重新组合，并形成“一个词”。①

这项任务对比曼的考验在于，他要想出许许多多通常（但并不总是如此）要靠洞见才能解决的智力难题。这样从理论上来讲，他就可以将与洞见相对应的独特的神经模式分离出来，通过把被试产生洞见的大脑活动与依靠分析解决问题的大脑活动进行对比研究解决这一问题。但是，想出这些智力难题却不容易。比曼说：“想出适合于实验用的智力难题挺折磨人的。这些智力难题不能太难，也不能太容易，数量还不能太少。”最终，他想出了一系列词语类智力难题，并将之称为“复合远距离联想问题”（compound remote associate problem，简称 CRAP），笑话也由此传开。比曼说：“是，没错，我是在研究‘胡扯’（crap）。”后来，在他的科学论文和演讲所用的幻灯片上，比曼把最后的字母“P”去掉了。

智力难题也可能是这样的：告诉被试几个不同的词，比如 age、mile 和 sand，让他们再想出一个词，跟上面每个词都能构成一个复合词或短语（在本例中，答案是 stone，可以构成 stone age、milestone、sandstone）。对于每一道智力难题，被试都有 15 秒的解题时间。如果想出了答案，就按一下键盘上的空格键，并说明答案是来自洞见还是经过分析得到的。在比曼的实验室里参加实验时，我发现区分解决问题的这两种方式非常容易。当我通

① 答案就是“one word”（意为“一个词”）。

过分析来解决智力难题时，我会尝试每一个可能的组合，先看看新词跟 age 组合在一起的结果如何，如果没问题的话，再分别看看跟 mile 和 sand 的组合。每想出一个答案，我总会在按空格键之前进行仔细检查。相比之下，洞见是瞬间发生的事：这个词突然就冒了出来。

比曼可以开始探寻洞见的脑神经根源了。他让被试在 fMRI 的监测下解答智力难题，大脑扫描仪同时检测血液流动的变化，以此作为对神经活动变化的近似度量。更活跃的脑细胞消耗的能量和氧气也更多，这将导致血液流动的加快。尽管 fMRI 能为研究人员提供精细的大脑立体图像，但血液流经大脑皮质也需要时间，因此，这种技术给出的结果仍有几秒钟的延迟。比曼说："我很快意识到，相对于 fMRI 的监测来说，洞见发生得太快了。因此，数据呈现的结果不够清晰。"

这时，比曼跟美国德雷克赛尔大学的心理学家约翰·库尼奥斯（John Kounios）开展了合作研究。库尼奥斯的主要实验工具是脑电图，它的作用是测量大脑产生的电波。被试会戴上一顶塑料帽子，帽子上连接了很多涂抹过油膏的电极，帽子看起来就像顶大浴帽。每个电极负责检测特定频率的神经活动。库尼奥斯意识到，由于脑电图不存在时间延迟的问题，因此，它可能是即时有效识别洞见的技术。遗憾的是，这种即时性是以空间分辨为代价的，即我们无法确定电波的准确源头。

在这项研究中，通过结合使用 fMRI 和脑电图两种技术，比曼和库尼奥斯彻底弄明白了洞见是怎么一回事。[7] 他们的第一个发现是，尽管难题的答案看起来像是凭空而生的，但大脑实际上已经做好了基础工作。① 开始时，大脑非常活跃，左脑会在所有可能的地方寻找答案。由于比曼和库尼奥斯给被试出的是词语类智力难题，他们因此发现，与说话和语言相关的大脑区域出现了额外的激活现象。可是，左脑的思维过程很快就停滞了，仅过了几秒钟，被试就说他已陷入绝境而无法想出答案。比曼说："你的大脑所能想出的几乎所有答案都将是错的，因为能加以考虑的各类连接关系也就那么多。你也许会选择继续搜寻答案，但若是可能的话，你应该改变策略并转到其他地方寻找。"

接下来就进入创造力的阶段。不出所料，这一阶段并不那么有趣。例如，在进行"复合远距离联想"测验时，由于被试无法想出合适的词，他们很快就进入死胡同。他们会向研究人员抱怨题目太难，并威胁要退出实验。但实际上，**负面情绪是这一过程不可或缺的组成部分，因为它的出现意味着尝试新的思考策略的时候到了。大脑不再依赖左脑那些显而易见的联想，而是改弦更张，寻找那些偶然出现的联想。陷入困局让我们不得不去尝试某些新的东西**。

令人意想不到的是，转换思路往往很奏效。正因为我们遇到了麻烦，所以才开始从新的视角看问题。比曼实验室里执

① 在演讲时，比曼喜欢引用法国科学家路易斯 · 巴斯德（Louis Pasteur）的名言："机遇只偏爱那些有准备的头脑。"

行“复合远距离联想”测验的研究生埃兹拉·韦格布莱特（Ezra Wegbreit）说：“你会发现，他们坐在椅子上一动不动，眼睛睁得大大的。有时，他们甚至会在说出答案之前喊出一声‘啊哈’。”在洞见出现之前，大脑会出现一阵突然的活跃，比如答案出现在意识里的 30 毫秒之前，大脑会突然出现伽马波节律，这是大脑产生的最高频率的电波。伽马波节律来自神经元的连接，大脑皮质上的细胞自发形成新网络，这个网络随后才被意识所觉察。

突然爆发的伽马波来自何处？为了回答这个问题，比曼和库尼奥斯对从 fMRI 实验中获得的数据重新进行了分析。通过分析，他们发现了“洞见的神经相关物”：颞前上回。这一小块褶皱组织位于右脑的表层，恰好在耳朵的上方。当洞见出现之前，它会变得活跃起来。（当人们通过分析找到智力题的答案时，它却保持安静状态。）皮质环路的激活突然而又强烈，强大的电波导致血液快速流动（见图 1-1）。尽管对颞前上回的确切功能仍知之甚少，但比曼对于它与洞见过程的紧密联系并不感到意外。以前进行的一些研究结果就表明，颞前上回与语言理解有直接关系，比如对文学主题的探寻、对隐喻的解释或对笑话的理解等。比曼认为，这些语言技能与洞见底色相同，都是大脑经过一系列远距离且独特联想后的产物。虽然大多数人可能都没有在同一个句子中用到 age、mile 和 sand 三个词，但颞前上回仍然能够找到另外一个与这三个词都搭配的词语（stone）。于是，正当我们打算放弃时，答案便悄然进入我们的意识。比曼说：“洞见就如同在干草堆中找针。大脑中有 1 万亿种可能的联想，而我们要从中找到最合适的那一种。所以，成功的概率是多么微乎其微啊！”

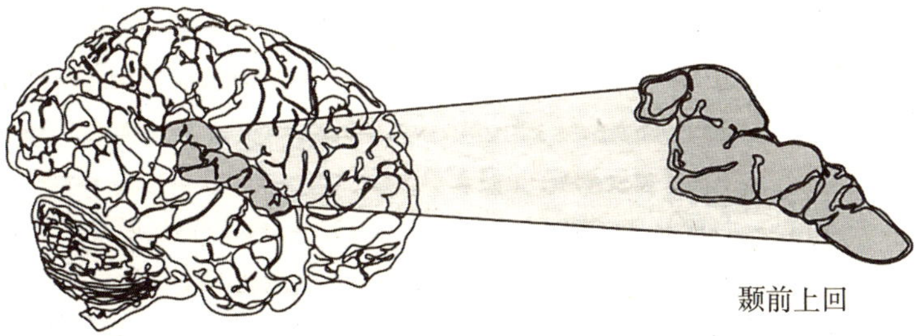

图 1-1　洞见的产生与颞前上回

注：在洞见到来之前的瞬间，大脑这一区域显得异常活跃。

当然，我们仍会取得小概率的成功。身陷绝境后的我们终于找对了地方，开始在右脑混乱的“文件柜”中进行翻找。如果运气好的话，答案很快就会出现，此时，大脑中将产生一阵电波：洞见真的来了。

《像一块滚石》是如何创作出来的

过了好几天，喧闹的伍德斯托克才重归平静。疯狂的摇滚巡演一结束，鲍勃 · 迪伦就直奔那间偏僻的乡间小木屋。他突然觉得自己孤独至极，除空无一字的笔记本外一无所有。但现在，他不再需要在笔记本上写东西了。迪伦已经卸下了创作的包袱，他不必再为下一首歌操心了，许多年来，他第一次有了这样的感觉。迪伦跟经纪人说，他要开始写小说了。

但正当迪伦决意停止音乐创作时，一种奇怪的感觉包围了他。此时他所感受到的，正是灵感即将来临前的一种冲动，一种必须把歌词写下来的冲动。因此，迪伦唯一要做的事情就是，拿起笔把闪现在头脑中的歌词匆匆记下来。他一旦开始创作，就要写上好几小时："我不由自主地写这首歌、这个故事，这是长达 20 多页的不吐不快的东西。以前我从未写过类似的东西。我想做的事情，就这样突然让我完成了。"[8]

这里的"不吐不快"是个关键词。迪伦绘声绘色地描述着创作灵感汹涌而出、不可控制的状态，接二连三的联想挡都挡不住。他说："我不知道歌词来自哪里，就像有个'幽灵'在写歌。它送给你这首歌，然后飘然离去。你甚至不知道这首歌有怎样的含义。"一旦"幽灵"驾到，迪伦要做的就是给它让道。

迪伦在伍德斯托克创作的那首歌，开头就像是个儿童故事——"有那么个时候"，但它不是个童话。迪伦不知道这个故事将向哪个方向发展，也不知道它会如何结束。所以，他决定完全跟随自己的想象，仿佛是这个"幽灵"带着他去巡视一般：

有那么个时候，你曾经衣着光鲜，
你扔了个钢镚儿给那些要饭的人，带着优越感，有那么回事儿吧？
人家跟你说："嘿，小妞儿，你早晚会栽跟头的。"
你以为他们都是在跟你开玩笑。

这些文字是什么意思呢？迪伦想告诉我们什么？这首歌是愤怒的，诗歌评论家克里斯托弗·里克斯（Christopher Ricks）

称之为“怨恨歌”（unlove song）。但迪伦是在向谁怒吼呢？当然，这些问题的答案无法轻易获得。正是这种令人震惊的发现拯救了迪伦的创作生涯：他可以写出栩栩如生、变化万千的歌词，尽管他并不知道这些歌词的含义。他也不需要知道，他只需按“幽灵”的指引前行。

创造力的新发现

写歌的 3 种方法：

1. 试图逃离时的迪伦所采用的方法：选择严肃的主题来创作严肃的歌词。

2. 不沉溺于忧伤和复杂的情绪，而是模仿。采用这种方法创作出的歌，我们只要听到前两句，就什么都知道了。

3. 迪伦创作《像一块滚石》所采用的方法：避免可预知性，尝试音乐的各种可能。

这是流行音乐极为奇特的一种创作方法。那个时候，写歌基本上只有两种方法。第一种是试图逃离时的迪伦所采用的：选择严肃的主题来创作严肃的歌词。人们要唱出某种不公正或一颗受伤的心，并用极为简单的旋律唱出一段又一段歌词，且只需要一把原音吉他和一只口琴就足够了。

第二种则完全相反：不沉溺于忧伤和复杂的情绪，而是模仿那些叮砰巷（Tin Pan Alley）的愤世天才，创作充满大三和弦的类似作品。就拿当时公告牌（Billboard）排行榜上名列第一、1965 年创作的《我无能为力》（*I Can' t Help Myself*）这首歌来说吧，它由“四顶尖演唱组”（Four Tops）演唱：

亲爱的宝贝，
你知道我爱你。

这些歌词的含义清晰明了，只听最前面的两句就能知道这是首怎样的歌。（从这个意义上来说，它与那些忧伤的民谣没什么两样。）但这种可预知性恰恰是迪伦想要避免的。他无法忍受已长期存在的对流行音乐的限制，这就是“呕吐”写作如此重要的原因。迪伦突然认识到，可以写得模棱两可，也可以写那些未必合情合理的歌词，即调频广播所播放的音乐中不存在的那种歌词。

迪伦在之后的报道中说这是他第一首“全然自由创作的歌……这首歌向我揭示了它自己”。但它揭示了些什么？回头来看，我们能够看到的是，这部作品第一次让迪伦充分地表达了他具有多样性的影响力。后来，这部作品成为专辑《重返 61 号公路》的首支单曲。听着这些含义不清的歌词，仿佛能听到他头脑中正在工作的混音器。它轻松地把诗人亚瑟·兰波（Arthur Rimbaud）、导演费里尼（Fellini）、戏剧家贝尔托·布莱希特（Bertolt Brecht）和歌手罗伯特·约翰逊（Robert Johnson）的碎片混合在一起，成分既有三角洲蓝调、拉丁蹦吧，也有垮掉派诗歌、列得贝塔和披头士。这首歌兼具现代、后现代、先锋金属和乡村音乐的风格。

迪伦所做的就是找到将这些不同风格的声音连接起来的不同寻常的线索，这正是他最了不起的地方。从疯狂的创作状态开始，他的右脑就能从众多不协调的影响因素中创造出新东西，并将它们整合在一起，从而形成一首朗朗上口的歌。他不知道自己正在做什么（仿佛被那个“幽灵”控制着），但是，他能感受到因灵感的出现而产生的一丝兴奋、一种难以觉察的快感。迪伦坚持说：“我不认为《像一块滚石》这样的歌还能以其他方式创作出来。”当迪伦开始写副歌部分的时候，他知道只要在纸上写下来的就是副歌。结果，歌词的震撼力尽显无余：

你觉得怎么样，
没家的滋味？
像个彻底无人问津的人，
像一块滚石。

在 1965 年 6 月 15 日那一周里，迪伦把他的歌带到了纽约哥伦比亚唱片公司狭小的 A 录音棚。仅试唱 4 次，《像一块滚石》就被灌成唱片。这 6 分钟的音乐将掀起一场摇滚乐革命。歌手布鲁斯 · 斯普林斯汀（Bruce Springsteen）后来把在广播里听到这首歌的经历描述为他生命中最重要的时刻之一，连约翰 · 列侬也认为这是了不起的成就。

人们对灵感持续不断的渴求很大程度上塑造了创造这一过程。实际上，鉴于那些根本性突破带来的巨大价值，我们已经创造了各种传统和仪式，以便更有可能接受那些来自右脑的远距离联想，从而增加产生灵感的可能性。就拿诗人来说，他们通常要按照严格的文学形式进行创作，比如俳句和十四行诗。乍一看，这种写作方法毫无意义，因为它让创作行为变得极为艰难：诗人不是在自由创作，而是用形式上的约束自我折磨。

但是，这恰恰是关键所在。如果诗人没有被形式所束缚，如果他们不必去寻找并不明显的关联，那么，他们就写不出新的诗句。他们所做的不过是稀松平常的事情，所用的要么是谁都能想得到的形容词，要么就是单调乏味的动词。这就是诗的形式如此重要的原因。当诗人需要找一个三音节押韵词或者符合抑扬格诗所要求的形容词时，他就会去搜寻所有意料之外的关联关系，任务的困难模式加速了灵感产生的过程。我们来看一下迪伦在《像一块滚石》这首歌中第二节的动词选择吧，歌中有一行词令人难忘：

没错，孤傲的小姐，你上的是世间最好的学校，
但你知道吗，那段时间你只是在享受。[①]

“get juiced in it”（在享受）是一个特别生动的短语，即便听众不知道它确切的含义。只有听到接下来的两行词之后，你才能明白为什么要用“juiced”（享受）这个词。

却没人教你真正的东西，怎么在社会上混，

① 原文是 You’ve gone to the finest school all right, Miss Lonely / But you know you only used to get juiced in it.

可是你现在明白了，你得自己学着应付了。①

迪伦之所以用“juiced”，是因为它与“used”押韵。不管怎么说，“juice”在这里被创造性地用作动词，是这个句子的亮点之一，它让《像一块滚石》这首歌丝毫不落俗套。这是关于约束如何释放想象力最好的例子：戴着脚镣，却冲出了牢笼。

创作《像一块滚石》这首歌的故事就是对创造性洞见的最好解读。这首歌被瞬间创作出来，之后就红遍全球。将心智难题变为艺术作品，仅用了几秒钟的时间。创作上的那阵绝望为迪伦的音乐生涯开辟了一条新的创造之路。迪伦在 1966 年接受《花花公子》采访时评价了自己在音乐上取得突破所带来的影响。他说：“去年春天，我想要退出歌坛。尽管一切都在有条不紊地进行着，但前景不妙。不过，《像一块滚石》彻底改变了这一切，我不再关心写书、写诗或者诸如此类的事情。我的意思是说，我自己可以‘挖掘’出新东西。”[9]

迪伦所“挖掘”的就是歌的独特性，这样的歌让人听起来与收音机里播放的任何歌都不一样。在那个安静的小木屋里，他找到了一种完整表达自我的方法，将头脑中的艺术碎片转化成为一首新歌。他不只是在写一首流行歌曲，而是在尝试音乐的各种可能性。

---

① 原文是 And nobody has ever taught you how to live on the street / And now you find out you’re gonna have to get used to it.

第 2 章

不期而遇的顿悟，善用发散性思维

3M 公司是如何开发出新产品的

IMAGINE

How Creativity Works

创造力就是在浪费掉的时间之外
留下的东西。

——

阿尔伯特 · 爱因斯坦

这是一个有关胶带的故事。1925 年夏天，迪克·德鲁（Dick Drew）还是美国明尼苏达矿业及制造公司（Minnesota Mining and Manufacturing Company）一名年轻的砂纸销售员。他去过很多汽车修理店展示他们公司生产的砂纸，并说服修理工采购他们的品牌。有时，完成任务的他会坐在汽车修理店的后面看修理工干活。很快，他就发现一个所有修理工都无法回避的难题。问题就发生在修理工喷双色漆的时候，一开始要把整个区域喷成黑色，然后用几张牛皮纸把新喷好的漆面保护起来，再小心翼翼地喷上第二种颜色——通常是一条装饰性的白色或红色。等漆干了，工人再把贴上去的纸撕下来。问题恰恰就出在这里。在通常情况下，纸是用强力黏合剂贴到金属板上的，因此，把纸取下来往往会带掉一些刚喷上去的黑漆。所以，工人们不得不返工，重新去喷掉漆的那块区域，这就耗费了他们不少工时。

在看到这样的事情多次发生后，德鲁意识到问题出在胶黏剂上：胶黏剂的黏性太大。修理工的目的只是想让纸张把金属板盖住，他们并不需要黏性太大的胶带。就是在这个时候，德鲁第一次意识到，也许砂纸有助于解决汽车修理店的问题，因为砂纸恰恰是黏合剂与磨料的简单组合（硬纸后面抹上胶水，再粘上矿物质颗粒）。如果去掉磨料，那就剩下一张黏性适中的纸，而修理工们需要的正是这种东西。

德鲁带着这个念头回到公司后，就开始检验它是否可行。他发现的第一个问题是，砂纸所用的胶水还是黏性太强——取下纸胶带时会弄坏未干的漆层。因此，他开始试验胶黏剂配方，试图降低橡胶树脂胶黏剂黏性的尝试花费了他几个月的时间。接下来，他需要找到合适的背衬。大多数胶黏剂都是涂抹在纺织材料上的，德鲁砂纸销售员的经历让他更倾向于用纸张。但怎样存放这些有黏性的纸却让他很伤脑筋，如果它们粘在一起的话，就会变成皱皱巴巴的一堆。经过两个月的冥思苦想后，德鲁的老板威廉·麦克奈特（William McKnight）让他不要再浪费时间了。公司卖砂纸，德鲁应该本本分分地销售工业用磨料。

但是，德鲁仍不愿就此放手。虽然难题一个接着一个，他仍然在下班后执着地实验各种背衬材料和胶水配方。有一天，他在办公室工作到很晚，事情就在这时出现了转机。就在他即将想出解决办法的时刻——他的右脑突然喷发出了伽马波，德鲁找到了解决黏性问题的答案。这个答案并不难：不把胶黏剂涂抹在一张张平放的纸张上，而是涂抹在一条狭长的纸条上，然后将其卷起来。修理工可以根据需要从上面撕下一些有黏性的纸，直接将其贴到汽车上，这样他们在喷漆时就不再需要固定物或胶水。德鲁将之称为“纸胶带”（masking tape）。

没人知道这个好主意究竟来自何处。有人说，德鲁是受到汽车修理店中汽车车轮的启发；还有人说，他的想法可能来源于运到砂纸厂的大轴纸。德鲁自己也说不清这个点子是怎么冒出来的。可不管怎么说，洞见确实出现了。德鲁想象着大卷大卷的贴纸，它们所用的压敏黏合剂使得这种贴纸可以贴到金属表面，且在撕下时也不会破坏金属漆层。

回想一下，想出卷纸这个主意似乎也不难，但是，想象出一个完整的解决方案就不那么简单了。这个产品一经问世，就广受市场欢迎，且不仅仅用于汽车修理领域。到 1928 年，德鲁所在公司的纸胶带销量远远超过了其砂纸的销量。

洞见只有在你停止寻找它的时候才会到来

现在，明尼苏达矿业及制造公司已改名为“3M 公司”（以下简称 3M）。3M 的总部坐落在圣保罗市郊外，环境优美，颇有大学校园的味道。风景如画的 2 000 多平方米的区域内，坐落着实验楼、绿地和停车场。尽管 3M 仍在销售砂纸和纸胶带，但它现在可销售的产品种类已经数不胜数（公司目前销售 55 000 种不同种类的产品，产品种类与员工数量之比接近 1 : 1）。3M 的产品包括计算机触摸屏、厨房清洁海绵、净水器、路灯、耐脏布、锂电池、假牙、医用口罩和药膏等。

这些产品都有哪些共同的地方呢？实际上，根本没有任何共同的地方，只不过它们都是由 3M 率先研发出来的。负责公司研发业务的副总裁拉里·温德林（Larry Wendling）说：“我们是一家特殊的公司，没有什么特别专注的领域。从根本上来说，我们要做的就是研究出新东西，至于这些新东西究竟是什么，实际上并不重要。”[1] 因此，公司几乎将总收入的 8% 都投到了基础研究上，这使得 3M 成为《财富》500 强企业中研发投入占比最高的公司。大多数创新型公司都只研发生命周期较短的单一创新产品，就像网景（Netscape）、美国在线（AOL）或雅达利（Atari）那样，但 3M 在 75 年间一直源源不断地推出新产品。根据行业对高管的调查，3M 在全球创新型企业中排名第 3，位列第 1 和第 2 的分别是苹果和谷歌。而且，在 3M，寿命不到 5 年的新产品的销售占比为 30% 左右，这说明 3M 确实是一家不断推陈出新的公司。温德林说：“我们公司的研究领域极为广泛。我想，既研发新一代纸胶带，又研发下一代低能耗电视机屏和新一代疫苗的公司，你找不出第二家了。我们在每个科学领域都开展研究工作。”

自从迪克·德鲁发明了纸胶带以来，强调创新已成为 3M 的突出特征。尽管该公司当时的 CEO 威廉·麦克奈特开始并不同意德鲁不切实际的做法，但他很快就注意到这种新产品的巨大潜力。实际上，黏合剂的利润要比磨料高得多。3M 的一位员工就曾对我说：“销售纸胶带是个大生意：按千米生产却按米销售。”于是，麦克奈特对公司进行了大幅改组，成立了一个新的实验室，并投入资金对纸胶带进行深入开发。公司聘用了很多研究人员，并给予他们很大的自由空间，让他们想研究什么就研究什么。不管怎么说，德鲁的例子生动地告诉我们：即便只是一个销售，也能发明出重要的新产品。

因此，我决定在隆冬时节到 3M 实验室去看个究竟，我想知道这家公司的创新文化是怎样形成的。许多年来，这家公司已经掌握了一些产生创造力的方法，且这些方法已经深深地扎根于其科研活动中。温德林说："只要你跟我们一样去做，你也能发现一些重要的创新技巧。"他用手指了指办公用品展示墙："我们可能不是最新潮的公司，但是，我们的方法经过了时间的检验。我们知道怎样做有效。"

3M 创新的第一个基本特征就是灵活的关注策略。不是强调持久的全神贯注，不要求每个员工一天 8 小时专注于自己的工作，而是允许每位研究人员可以将其 15% 的工作时间用于琢磨新奇的想法，这就是 3M 发明的"15% 规则"。3M 创新的第二个基本特征就是将同样的概念移植到其他领域，这就是所谓的"横向共享"。

创造力的新发现

3M 创新的两个基本特征：

1. 灵活的关注策略。
2. 将同样的概念移植到其他领域，即"横向共享"。

温德林随后告诉我，3M 鼓励员工投身于乍看起来似乎不太可能收到成效的活动。你是不是碰到技术难题了？到外面散散步吧。我在深冬访问 3M 时，看到很多鹿在吃草，员工们则穿着厚重的冬衣在室外随意走动。你是否正沉迷于某件看起来不太可能的事？借着温暖的阳光，在窗边的沙发上躺下休息一会儿。有人会做白日梦，有人去玩弹球游戏，想干什么就干什么。尽管 3M 要求较高的生产率——晚上 8 点的停车场还停满了汽车，但是，它也鼓励员工适当地休息。

这种方法的一个重要发现就是“15% 规则”，即允许每位研究人员可以将他 15% 的工作时间用于琢磨新奇的想法，3M 的人将这部分时间称为“自由支配时间”。公司唯一的要求是，研究人员要将自己的想法与同事们分享。从那时起，其他一些创新型公司也开始仿照 3M 的做法，给研究人员留出自由支配时间。比如，谷歌的软件工程师就拥有同样的自由①，但这一概念的实际推行却始于 3M。

对产生洞见的相关研究支持着 3M 的关注策略。伦敦大学戈德史密斯学院的心理学家乔伊迪普·巴塔查里亚（Joydeep Bhattacharya）借助于脑电图解释了为什么打断一个人的专注，也许是去室外散步或是打一会儿乒乓球，会有助于洞见的诞生。[2] 有意思的是，巴塔查里亚发现，在创新想法实际出现的“8 秒

---

① 谷歌这一计划的正式名称叫“创新休息时间”（Innovation Time Off）。这个计划直接产生了谷歌电子邮件系统 Gmail 的开发和一个“每年 90 亿美元”的 AdSense 平台的开发，有了后者，互联网发布者可以在他们的网站上放上谷歌广告。谷歌公司搜索产品和用户体验部副总裁玛丽莎·梅尔（Marissa Mayer）估计，谷歌至少有 50% 的新产品来自“创新休息时间”的思考。

钟”之前，人们能够预见某个人即将解决一个创新难题。巴塔查里亚说：“我从没指望会发现这一先兆。我甚至能在他们找到答案之前预见他人的领悟时刻，这真是不可思议。但是，实际情况确实如此。”

创造力的新发现

在创新想法实际出现的 8 秒钟前，人们就能够预见某个人即将解决某个创新难题。这个具有预测性的脑信号就是由右脑发出的、节奏舒缓的阿尔法波。

这个颇具预测性的脑信号是什么呢？主要是由右脑发出、节奏舒缓的阿尔法波（alpha waves）。尽管阿尔法波的确切功能仍是待解之谜，但毫无疑问的是，它与放松活动（比如洗个热水澡）密切相关。实际上，阿尔法波对于产生洞见极为重要。按照巴塔查里亚的说法，未发出足够强烈的阿尔法波的被试，不懂得利用现场研究人员的暗示。巴塔查里亚最常用的一个智力测验是这样的：在一个小镇上，一个男人与 20 个妇女举行了婚礼（married）。所有这些妇女都活得好好的，没有一个妇女跟这个男人离婚，这个男人也没有犯法。这个男人是谁？巴塔查里亚在开始提供线索之前，会让被试自己先考虑 3 分钟。他会提示句子中可能存在歧义的词汇，并暗示这些句子多多少少跟宗教有关。可是，除非被试的思考方向正确——脑电图监视器会显示阿尔法波的存在，否则，他们永远都无法获得答案：这个男人是位牧师。[①]

① “married”一词亦有主持婚礼的意思。——译者注

为什么放松的心理状态对于创造性洞见如此重要？**当我们内心平静时，阿尔法波在大脑中飘来荡去，我们的注意力就更可能是“向内的”，所关注的是右脑发出的一系列关联之间的关系。相反，当我们对某件事情全神贯注时，我们的注意力是“向外的”，所关注的是要解决的问题的细枝末节。**在利用分析方法解决问题时，这种注意力模式非常必要，但实际上，这种模式会妨碍我们搜寻引发洞见的那些连接关系。这就很好地解释了为什么很多洞见都产生于洗热水澡之时。只有沐浴在温水里，把电子邮件里的事放在一边，我们才能够听到大脑后部传来的轻声细语——关于洞见的一切。其实，答案一直都在那里，只是我们没有去倾听。

这同样解释了积极情绪的神奇力量。德国研究人员发现，如果人们是快乐的，在猜测不同词汇之间是否存在远距离联想（remote associate）时，他们的表现会更好。[3] 在德国这项研究项目中，被试在注视这些单词不到 2 秒钟之后就必须进行猜测，即便他们没有找到答案，拥有积极情绪的人也能够凭直觉猜测出一个“可能的”答案。相反，对于情绪低落的人来说，他们的表现比随机选择答案的结果还要稍差一点儿。

不久前，比曼的研究结果表明：相对于恼怒或心绪不佳的人来说，在一项标准的“快乐”测试上得高分的人，解决的洞见测试题的数量也会多出 25%。实际上，即便是一闪而过的快乐情绪，也能激发出很强的创造力。在观看一小段幽默视频之后，被试顿悟明显增多，至少跟那些观看恐怖或乏味视频的被试相比是这样的。由于积极的情绪让人放松，因此，我们会降低对令人烦恼的现实世界的关注程度，转而更专注于那些远距离联想。按照比曼和库尼奥斯的说法，另外一个产生洞见的理想时刻是早晨刚刚醒来的时候。半睡半醒的大脑，既不紧张，也不是很有条理，它会对所有不同寻常的想法持包容态度，右脑也处于异常活跃的状态。库尼奥斯说："早上的问题在于我们总是有很多事要做。我们要送孩子上学，因此会匆忙地从床上爬起来，咕嘟咕嘟地喝着咖啡，从不给自己留一丁点儿思考的时间。"如果你碰到一个难题，库尼奥斯给出的建议是：将闹铃响起的时间设定提前几分钟，这样，你就有多出的时间躺在床上。实际上，我们一些最好的主意就是在半梦半醒之间想出来的。[①]

这项研究得出的一个最惊人的结论是：**急于获得洞见的努力实际上会阻碍洞见的产生。**尽管我们总是认为，解决难题的最好方式就是专注再专注，但这种紧绷的心理状态却带来一个不易被发现的巨大代价：它会抑制创造性连接关系的产生。正是这些连接关系引出重要的新发现，而我们抑制的恰恰是应该被鼓励的大脑活动。例如，很多用于提高注意力的兴奋剂，如咖啡因、阿德拉（Adderall）、利他林（Ritalin）等，能让人产生顿悟的可能

---

① 还有另外一种皮质信号可以预示洞见的到来。在进行数据观察时，比曼和库尼奥斯发现，恰好在洞见出现前的那一刻，视觉皮质的活动急剧下降，就好像这一感觉区域自我关闭了似的。刚开始时，科学家们对此困惑不解。但当比曼和库尼奥斯努力分析这些数据时，比曼看见库尼奥斯用手捂住了自己的眼睛。他这样做的目的是要让视觉皮质安静下来，这样大脑才能更好地将关注点放在不易想到的联想上。比曼说："皮质之所以这样做，跟我们在努力思考时捂上眼睛是同样的道理。"当外部世界分散我们的注意力时，大脑会自动把干扰屏蔽掉。

性反而更小。根据《自然》最新进行的网上调查，差不多有 20% 的科研人员为了提高心智能力而定期服用处方药，他们说这样做的最主要原因是“为了提高专注力”。这些兴奋剂把人们的注意力从右脑转移了，这导致人们忽视那些可能提供解决方法的神经信号。宾夕法尼亚大学的神经学家玛莎·法拉（Martha Farah）说：“人们总以为提高专注力是有好处的。但是，大家没有想到的是，过度的专注往往也是有代价的。你也许能（通过这些兴奋剂）连续工作 8 小时，但你可能不会产生很多有价值的洞见。”

我们可以通过一个实验，对患有严重注意缺陷的患者进行问题解决能力的测试。[4] 这些患者中的大多数人大脑前额叶皮质（大脑中额头正后方的部位）都受到了损伤。由于脑部损伤，他们无时无刻不处于心烦意乱之中，也无法集中注意力。下面就是给脑损伤患者出的一道测试题：

Ⅳ = Ⅲ + Ⅲ

测试要求是：仅移动一条线就能让这个错误的算式成立。在本例中，你需要将第一个 I 移到 V 的右边，这样，“Ⅵ = Ⅲ + Ⅲ”就成立了。几乎 90% 的脑损伤患者都不能正确地解决这个问题，因为这需要一个最显而易见的解决方法：改变答案。在一组没有任何注意缺陷的被试当中，找到正确答案的成功率高达 92%。但是，下面这个需要更正的等式就难得多：

Ⅲ = Ⅲ + Ⅲ

对于这个测试题，仅有 43% 的正常被试能够找到正确答案。大多数人都是盯着这些罗马数字看了几分钟后，就放弃了尝试。可是，无法集中注意力的脑损伤患者却实现了 82% 的成功率。这一不可思议的结果，即脑损伤导致表现极为出色，肯定与答案不寻常的特性有关：旋转加号的竖线 90 度，将加号转化为等号。等式现在变成一个简单的重复：Ⅲ = Ⅲ = Ⅲ。这个测试题之所以难度大，与数学题的标准约束有关，至少对没有脑损伤的人来说是这样。人们不习惯将运算符号考虑为等式的一个组成部分，因此，大多数人很快会将注意力集中在罗马数字上，但这却让他们走进了死胡同。相对而言，患有严重认知缺陷的患者在寻找答案的过程中就没有这种限制。大脑的损伤迫使他们在更广的范围寻找答案，正是这个原因，其产生洞见的成功率差不多达到了正常人的 2 倍。

我们还可以看看美国孟菲斯大学心理学家霍利·怀特（Holly White）进行的最新研究。怀特先对抽样选出的一群大学生进行各种有难度的创造力测试。不可思议的是，被诊断患有“注意缺陷多动障碍”（ADHD）[①] 的学生的得分出奇地高。然后，怀特为了调查这些学生在现实世界里的创造力，询问他们是否曾在艺术展览方面获过奖，或者在科学展览会上取得过荣誉。调查结果

① 如今大多数人已经都听说过注意缺陷多动障碍，并且认识可能患有注意缺陷多动障碍的人，却在诊断注意缺陷多动障碍的讨论中感到迷茫。注意障碍领域权威专家、儿童和成人精神病学家爱德华·哈洛韦尔在其著作《分心的优势》《分心的孩子这样教》《写给分心者的生活指南》中借鉴最新科学研究，为患有注意缺陷多动障碍的儿童和成年人提供了革命性新疗法。这套书中文简体字版已由湛庐引进、浙江教育出版社出版。——编者注

显示，无论是在戏剧还是工程领域，患有注意缺陷多动障碍的学生都成就显著。实际上，正是他们在注意力上的缺陷让他们“因祸得福”。[5]

这种无法集中精力所带来的意外之喜揭示了有关创造力的某些重要机理。尽管我们生活在一个推崇注意力的时代——工作时，我们强迫自己全神贯注，但是，注意力也会阻碍我们的想象力。专注有时会让你思考不相干的事，捕捉大脑网络中更远的连接关系上的信息。偶尔，专注也会事与愿违，将我们引向错误的方向。**只有放松下来，任思绪随意飘荡，你才能找到答案，洞见也只有在你停止寻找它的时候才会到来。**

库尼奥斯讲述的一个禅宗冥想者的故事很好地说明了阿尔法波的重要作用。刚开始时，这位冥想的人无法解决研究人员给出的任何测试题。库尼奥斯说：“这家伙看了 30 个左右的字谜，却一个也答不出来。他认为解决问题的方法就是一门心思想着纸面上的这些单词，实实在在地全神贯注。”可是，正当这位冥想者准备放弃时，他却开始接二连三地破解谜题。在实验结束时，他把所有的谜题都解决了。按照库尼奥斯的说法，这位冥想者所取得的显著进步取决于他执着于“空”的能力，一旦具有这样的能力，被试最终就能关注到右脑中所有任意飘荡的连接关系。库尼奥斯说：“他一天冥想 10 小时，所以，他具有立刻放松下来的能力。而且，他还能够随意增强阿尔法波，由此他不再密切关注纸上的词语。只有在这个时候，他才能成为一台洞见机器。”

看起来毫不相关的思想重叠更有利于洞见的涌现

尽管 3M 的灵活关注策略是其创新文化的重要基石，但这家公司并不仅仅依靠放松和分散注意力产生洞见。就像拉里·温德林所说的那样："有时，你必须以更加积极的态度对待。我们确实想给研究人员自由，但也要确认他们正苦苦思索的想法确实是新的、有价值的。"这就引出了 3M 研发工作的第二个基本特征：横向共享（horizontal sharing）。这种理念起源于 3M 在发明新产品方面的传统：将同样的概念移植到不同的领域。就拿纸胶带的例子来说吧，德鲁的基本想法是，即便像砂纸（只不过是涂了一层胶水的硬纸）这样简单的产品也能有多种用途。他意识到，这些成分也可以变成一卷黏合剂。因此，威廉·麦克奈特极力主张将研究人员中的知识共享作为 3M 文化的核心原则，并将 3M 打造成为一个工业巨人。不久之后，"技术论坛"建立起来了。这是一年一度的盛典，所有研究人员都要亲自介绍他们正在进行的最新研究工作。这种做法同样被其他很多公司模仿。比如，谷歌就主办了一个名为"疯狂搜索"（Crazy Search Ideas）的会议。

这种横向互动，即人们跨领域共享知识的好处是，它会促进各种概念的合成，而这对产生洞见非常重要。在一般情况下，大脑对思想的分类是根据这些思想的用途而进行的。如果你正在一家砂纸公司供职，那么，你可能大部分时间都会将砂纸考虑为一种磨料。毕竟，那才是这种产品的用途。人们想当然地认为，大多数心智概念仅适合于某一种特定的场合，而试图将它们应用到其他场合简直就是在浪费时间。如果你不需要用砂纸打磨什么东西，对砂纸进行思考就变得毫无意义。

在大多数情况下，这种假设都是对的。但是，若不把这些毫无关联的概念进行统一考量，也会妨碍我们产生洞见。因为往往当我们把旧的解决方案应用到新场合时，才会有重要的新发现。例如，当一个人需要某种有黏性的东西时，他可能会想到砂纸。我们不再让这些观念处于分离状态，而是将它们混合在一起，打破思想上的标准界限。

理解概念合成（conceptual blending）的最好办法就是去看一下那本经典儿童书《阿罗有支彩色笔》（*Harold and the Purple Crayon*）。这本书的故事很简单：阿罗有一支魔笔，当他用这支紫色的魔笔画画时，画出的东西就会变成真的，尽管这些东西仍保留了儿童涂鸦的特征。如果阿罗想去散步，他只须用紫色魔笔画一条小路就行了。然后这幅虚构的儿童画就会变成一条真实的人行小道，阿罗可以在上面走。这支魔笔似乎可以解决一切问题。

但是，真正让这本童书引人入胜的是：它将世界上完全不同的两个概念结合在了一起。尽管魔笔纯粹是凭空想象出来的——一个永远都不存在的奇思妙想，但阿罗在使用它时仍然必须遵从现实世界的规则。因此，当阿罗画了一座山并随后爬上去时，他还必须想办法不让自己从山上滑落下来。当他真的从山上往下滑落时（即便在蜡笔的世界里，也存在着重力），阿罗必须画一个气球才能救自己的命。换句话说，这本书是现实和幻想的绝妙结合。阿罗有一个超现实的工具——魔笔，但它也必须受制于现实世界里的限制条件。美国凯斯西储大学的认知心理学家马克·特纳（Mark Turner）告诉我们，甚至是儿童都能轻而易举地将两个完全不同的概念合成为一个单独的思想。如果他们做不到这一点，那么，阿罗的画作就没有任何意义了。[6]

“概念合成”与创造力究竟有什么关系呢？尽管人们认为这种心智能力是理所当然的，但是，让不同的思想共存心中就是最重要的创造性工具。不管怎么说，**洞见产生于表面看起来似乎毫不相关的思想重叠。**

转换概念，即将一个领域的规则转换到另一个新的领域，此时洞见就会涌现出来。18 世纪哲学家大卫·休谟（David Hume）在《人类理解研究》（*An Enquiry Concerning Human Understanding*）一书中认为，这种能力是想象的本质。

> 心智的全部创造力就是对直觉和经验提供给我们的素材进行混合、变换、扩大或减小的能力。当我们考虑一座金山时，只不过是将金子和山两个概念简单地加在一起，且以前我们对它们就很熟悉。[7]

休谟的意思是说，发明行为实际上就是一种重新组合行为。在创新的历史长河中，无数发明家都是“混合”与“转换”的行家。约翰内斯·古腾堡（Johannes Gutenberg）根据其掌握的葡萄榨汁机知识，发明了一次可印刷多份文件的印刷机。怀特兄弟（Wright brothers）利用自行车制造知识发明了飞机。在很大程度上，他们的第一个飞行器只不过是带着翅膀的自行车。在注意到爱狗身上粘满了带刺儿的苍耳后，瑞士发明家乔治·德·梅斯特拉（George de Mestral）发明了维可牢尼龙搭扣。拉里·佩奇（Larry Page）和谢尔盖·布林（Sergey Brin）将学术文章排名法应用于万维网而开发出了谷歌后台搜索算法，超链接就如同文章引注。无论是上面哪一项发明，突破性想法都不过是对一些旧想法进行新的混合而已。

迪克·德鲁就是一个精于“概念合成”的高人。在他发明纸胶带之后，一位同事给他看一种不为人熟知的新材料：玻璃纸（这个时候，德鲁已成为一名专职研究人员）。这种材料光亮且半透明，其突出特性是水和油无法渗漏其中。杜邦公司将其作为包装材料对外销售，用这种材料包装即将要运输的产品确实很经济实惠。德鲁盯着这种材料看了一眼就有了另一个想法，后来他将这个想法描述为他“人生的洞见”：玻璃纸是很好的黏合剂。他买了约 100 米玻璃纸，并开始往这种材料上涂胶水，德鲁将之称为“透明胶带”。到 1933 年，也就是透明胶带投放市场还不到两年，它就已成为全世界最受欢迎的胶带。尽管纸胶带和玻璃纸是毫不相干的两样东西，杜邦的研究人员怎么也不会想到让它们的包装材料变成有黏性的，但德鲁看到了二者之间可能存在的交叉点。

这样的创意在 3M 一次次地发生。例如，用于工业强度纸胶带的黏合剂被用在了波音飞机的消音板上（这种材料的黏性足以抵抗声波的震动）。这些黏性极强的黏合剂同样被用在高尔夫球杆上，以确保在强烈的撞击下仍能将碳素纤维和钛牢牢地粘在一起。透明胶带的概念还激励了另一位 3M 的工程师发明了用于智能手机的触摸屏技术：这次不是覆盖一层玻璃纸，而是将胶水涂在带电的玻璃表面用于显示。在 3M 的一位工程师注意到透明胶带能起到棱镜的作用后，就专门建立了一个研发团队，利用他们所掌握的胶带知识和技能，开发出了能折射光线的透明薄膜。现在，这种薄膜被广泛应用于笔记本电脑和 LCD 电视机上。这种薄膜将每个灯泡发出的光线折射出来，因此，屏幕里面只需要安装少量的灯泡，这样就能减少设备能耗达 40%。温德林说："我们的经验就是，不能仅就胶带论胶带。你可能觉得一个想法已经实现了，别的事情都跟它没关系了，但这时，你可以把这个发明跟其他领域的人说说。也许你的某个微不足道的想法启发了他们，于是，他们想出了一个全新的发明，而这个发明可能又启发到另外的人。总之，我们的模式就是这样的。"

实际上，3M 非常重视"概念合成"，公司经常会把工程师从一个部门调到另一个部门，让他们"轮岗"。研究黏合剂的人可能会被调到光学薄膜部，而研究哮喘吸入器的人最终可能去修理空调了。有时，这种轮岗可以被看作激发创新的一种临时手段。如果某个产品线缺乏新想法，3M 常常会引入一个全新的工程师团队，这些工程师来自不同的部门。温德林说："我们的目的是每 4～6 年就换一换要思考的问题，以确保新想法的不断流动。"

这种人员流动的好处是增加了“概念合成”的机会，允许人们从全新的视角审视饱受困扰的问题。不是试图发明一个新的缝合方法，而是想象一轴带有黏性的纸；不是试图改进笔记本电脑电池的性能，而是思考灯泡的耐用性。为了更好地感受这种心智过程是怎样展开的，举出一个创造性地解决难题的例子可不是一般的难。

你是医生，患者胃里长了个恶性肿瘤。做手术目前不可能，但如果不清除肿瘤，患者必死无疑。现在也可以用一种射线仪对肿瘤进行照射并将其清除。如果照射强度立刻就能达到足够高的水平，确实能杀死肿瘤。但遗憾的是，这种强度也足以杀死射线经过之处的所有健康细胞。而低强度的射线尽管对健康的细胞没有损害，但也没有杀死肿瘤的威力。怎样做才能用射线杀死肿瘤，同时又不损害健康的细胞呢？

如果你想不出解决办法，也不要太在意，因为97%的人最后得出的结论都是没法做到——患者只有一死。但有一种非常简单的方法能够大大提高解决这一智力难题的成功率，即给被试讲一个似乎与这一智力难题完全不相干的故事：

某国家中部有一处要塞，多条道路从此要塞处向四周延伸。有位将军想带领他的军队占领这一要塞，但他也不想让大部队碰到埋伏在道路上的地雷，给他的军队和相邻的村庄带来灾难。因此，这个部队无法全都集中在一条道路上向要塞发起进攻。可是，仅靠一小队人马是无法取胜的，只有整个军队发动进攻才能将要塞拿下。因此，将军将整个军队分成若干小组，把这些小组布置在不同的道路上，并且与要塞的距离完全一致。各个小组同时向要塞进发，就这样，军队占领了要塞。

当讲完这个军事故事后再让被试解决肿瘤智力难题时，差不多有 70% 的被试都想出了解决办法，因为被试能够看出这两个不同故事的相通之处。因此，他们产生了顿悟：答案在类推中显现出来。如果你仍迷惑不解，那就看一下这个问题的答案吧：在患者四周安放 10 把射线枪，将每把射线枪的辐射强度设置为所需强度的 10%。当所有这些射线枪都射向患者的胃部时，辐射强度足以将肿瘤清除，而又不让周围的健康细胞受损伤。

怎样才能在“概念合成”方面做得更好呢？按照设计“肿瘤智力题”的心理学家玛丽·吉克（Mary Gick）和基斯·霍利约克（Keith Holyoak）的说法，关键就在于你是否愿意考虑那些看似不值得的信息和想法。[8] 不是专注于问题的细节——大多数人都会迅速地将视线转向肿瘤和射线，而是放飞心绪，去搜寻那些关系不太直接的相关类推，正是这样的一些类推能够帮助我们解开谜团。有时，破解医学奥秘的最好办法也许就是回想一下军事方面的历史。

考虑不相关因素的重要性很好地解释了一项由哈佛大学和

多伦多大学的神经学家进行的最新研究。[9] 研究人员首先对 86 名哈佛大学学生进行了感知实验，实验的目的是测量被试不理会外部刺激因素的能力，外部刺激因素包括背景环境中空调机的嗡嗡声、旁边小屋里人们的谈话声。在通常情况下，不理会外部刺激的能力被看成生产效率的重要组成部分，因为这种能力能让人免受不相关信息的打扰，而他们的注意力被打断的可能性也相当小。

数据告诉我们一些有趣的东西：对于那些在做到不理会不相关信息方面有困难的大学生来说，根据他们过去的成绩，他们被评为“杰出创造性成就获得者”的可能性是另外一些人的 7 倍。对于高智商且易分心的学生来说，这种情况尤为明显。按照研究人员的说法，无法全神贯注反而有助于让知觉中混合的思想更加丰富。因为这些人难以对外部世界进行过滤，最终就让很多外面的东西进来了。他们并不是循规蹈矩地审视问题，而是考虑所有沾边或不沾边的类比。事实证明，其中的一些类比非常有用。① 多伦多大学神经学家、此研究论文的主要贡献者乔丹 · 彼

---

① 另一个激发灵感的有效方法是在描述问题的语言上做些改变。东肯塔基大学凯瑟琳 · 克莱门特（Catherine Clement）进行的一项实验表明，提高解决问题能力的一种方法是改变描述问题时使用的动词。若动词的含义极为明确，创造力将受到束缚，但同样的问题若换一个一般化的动词来表述，人们更可能突然想到答案。克莱门特发现，在某些情况下，重新表述问题这一简单行为往往会显著改善被试在实验中的表现。那些看似无解的智力难题在改变表述方法后，会有 60% 以上的智力难题可能得到答案。

得森（Jordan Peterson）①说：**“有创造力的人对于来自外部环境的源源不断的额外信息并非不理不睬，而是保持接触。普通人通常不会再理睬已被分类为‘无关’的东西。相反，具有创造力的人总是对任何新的可能性都持包容的态度。”**

做“白日梦”是提高创造力的好方法

美国华盛顿大学神经学家、放射科医生马库斯·赖希勒（Marcus Raichle）是在一次偶然的机会对“白日梦”产生兴趣的。20 世纪 90 年代初，赖希勒刚刚开始研究视知觉。他的实验并不复杂：让被试执行一项特定任务（比如数圆点的数量），同时对其大脑进行扫描。然后，让被试在 30 秒的时间里什么事也不做。赖希勒承认：“对被试来说，这样的时刻总是很无聊的，你不得不时时关注他们是不是睡着了。”尽管扫描仪在实际进行实验的间歇仍然在采集数据，但赖希勒想当然地认为这些信息是毫无价值的噪声。他说：“我们告诉被试不要想任何事情，让他们的头脑一片空白。我以为这一定会让大脑的活动停下来。但是，我错了。”[10]

---

① 多伦多大学心理学教授、临床心理学家、大五人格研究专家，所著的现象级畅销书《人生十二法则》给现代人提供了应对混乱生活的一剂良药，《人生十二法则 2》则以全新的视角提出，只有勇敢超越秩序的边界才能积蓄起抵御悲观、焦虑与痛苦的内在能量，获得自由且丰盛的人生。这两本书的中文简体字版已由湛庐引进，分别由浙江科学技术出版社和中国纺织出版社有限公司出版。——编者注

一天，赖希勒决定对被试躺在扫描仪上等待下一项任务间歇时所采集到的 fMRI 数据进行分析（他需要确立一个活动基准）。让人意想不到的是，赖希勒发现，被试的大脑并不是“平静的”或“不兴奋的”。实际上，各种各样的想法在他们的大脑中飘来荡去，其大脑皮质就像夜晚的高楼大厦一样，明亮无比。赖希勒说：“当你不使用肌肉组织的时候，肌肉组织就什么也不做。但当你觉得你的大脑什么也没做的时候，实际上它忙得正欢呢。”

任务间歇期间大脑活动的剧增让赖希勒兴奋不已。刚开始时，他想不明白这究竟是怎么一回事。一天下午，当赖希勒无所事事地在实验室里坐着时，他突然想到了答案：被试正在做白日梦！（赖希勒说：“当想到答案的时候，我可能也是在做白日梦。”）因为待在被扫描仪监视的环境下是很让人心烦的，他们不得不自娱自乐。这一洞见立刻让赖希勒提出另一个显而易见的问题：为什么做白日梦要消耗如此多的能量？他说：“大脑是一部非常高效的机器。我想，这种神经活动肯定有充足的理由，只是我不知道这理由究竟是什么。”

赖希勒开始勾勒出一个被他称为“默认网络”（default network）的心智系统，因为它就像是思维的默认模式。我们人类是忘性很大的物种，会一而再、再而三地迷失在心智的“兔子洞”中。当人们在做一些几乎不需要有意识集中注意力的事时，比如在高速上单调地开着车或者阅读一本乏味的书，这个网络是最忙的。过去人们一直认为做白日梦是一个懒惰的心智过程，但是，赖希勒的研究以及后来其他科学家所进行的众多 fMRI 研究却告诉我们，在“默认”状态下，大脑实际上也在忙碌地工作着。在大脑的前部和后部之间，似乎存在一种极其复杂的电信号，会将额前叶（恰好位于眼睛的后面）、后扣带回、内侧颞叶和楔前叶同时激活。在通常情况下，这些皮质区并不直接互动，它们的功能各不相同且处在不同的神经通路上。只有当我们做白日梦时，它们才开始密切合作。

这样的心智活动都有特别的目的。此时的大脑不再对外部世界做出反应，而是开始仔细查看它的内部信息库，以极为放松的方式搜寻可能存在的联系。当这一心智过程发生时，右脑活动也同时活跃起来。弗吉尼亚·伍尔夫的小说《到灯塔去》（*To the Lighthouse*）在展现书中角色莉莉的内心世界时，就描述了这种思维方式：

> 毫无疑问，这时她已经失去对外部事物的知觉。当失去对外部事物的知觉时，她的心智就开始把其内心深处所存储的场景、人物、言语、记忆和想法等，如突然涌出的喷泉一般全部翻腾出来。[11]

白日梦就是“喷泉汹涌”，此时，大脑将存储在不同地方的概念合成在一起。这样做就能发现它们之间的连接关系，就能看见平时视而不见的重叠部分。举个 3M 纸品部工程师亚瑟·弗赖伊（Arthur Fry）的例子，这要从 1974 年一个寒冷的周日早晨说起。那一天，在明尼苏达州圣保罗北部的一个长老会教堂的前排座位上，弗赖伊正在唱诗班唱歌。几周前，弗赖伊参加了一个技术论坛，演讲人是斯潘塞·西尔弗（Spencer Silver），他是一位研究胶黏剂的工程师。西尔弗研究出了一种黏性很弱的胶水，这种胶水甚至无法将两张纸粘在一起。跟屋内其他人一样，弗赖伊耐心地听着演讲，但是想不出这种化合物能有什么实际用途。弗赖伊说："这似乎是个毫无希望的点子，所以，我很快就将它抛在脑后了。说到底，几乎毫无黏性的胶水有什么意义吗？"

可就在那个周日，那种黏性很小的胶黏剂又在弗赖伊的大脑中显现，尽管这跟他当时所处的环境很难扯上关系。弗赖伊在 2008 年接受《连线》杂志采访时说："我正在唱诗班唱歌。每个周四晚上，我都要将小纸条夹到赞美诗集里，为我们已经唱到的地方做个记号。有时，还没到周日早上，这些小纸条就会掉出去。"这给弗赖伊带来了不少麻烦，因为这就意味着他不得不狂翻赞美诗集，才能找到正确的页码。但就在一段很乏味的布道时间里，弗赖伊做了一会儿白日梦，并开始考虑书签的事。他在想，他所需要的不就是一个能粘在纸上、揭下时又不会将纸撕破的书签吗？就是在这时，他想起了西尔弗和他的黏性很差的胶黏剂。他很快意识到，借助于西尔弗的专利配方，就是那个几乎没有黏性的胶黏剂，可以做出相当不错的书签。

于是，弗赖伊就利用他的"不务正业时间"开始研发这种可以用在赞美诗集上的新产品。经过几个月的化学实验，他的第一批书签出炉了。当然，这毁了他不少书，而且揭开书签后书页上还会残留一些胶水。但不管怎么说，弗赖伊总算拿出了样品，并为进一步实验打下了基础。尽管大家都觉得这个东西挺有用的，书签比折页脚好多了，但没人要求用完再补充。弗赖伊的同事们并没有把这些用过的书签丢弃，而是在这本书上用完了，再揭下来放到另一本书里。[12]

弗赖伊几乎快要放弃了。但几周后，他又有了第二个灵感。在读一份报告时，他对某个段落并没有完全理解。可是，他没有直接在报告纸上做记录，而是从书签上剪下一小块，将其粘在报告的那页纸上，并将问题写在了上面。他将报告送给他的主管，这位主管也在另一片有黏性的纸上写下了他的回复，将其粘在另一份文件上，并将这份文件送回。弗赖伊立刻意识到他们已经发明了一种新的沟通方式。人们可以不用再单独制作写满参考页和摘录引文的备忘录了，他们可以将问题和意见直接粘在原文所在的页面上。这些有黏性的小纸片并不仅限于在文件上使用，办公室里任何东西的表面都可以变成告示板。这一次，当弗赖伊将产品分发给同事时，他告诉他们可以在上面记一些东西。仅仅几周时间，3M 办公室就贴满了这种淡黄色的纸片。“报事贴”（Post-it）就这样诞生了。

弗赖伊在做白日梦的时候想出黏性书签的主意，并非一个偶然事件。循规蹈矩的思考过程并不会在西尔弗的弱黏性胶黏剂和纸片从赞美诗集中掉出来的烦恼之间建立关联。正是乍看起来不靠谱的白日梦让“报事贴”横空出世。

洞见研究的先行者乔纳森 · 斯库勒近年来一直致力于研究

做白日梦的好处。他通过实验证实，经常做白日梦的人在创造力测试中的成绩会出奇地高。为了评价做白日梦的好处，他让被试阅读一段乏味的《战争与和平》，然后记录下他们会在多长时间后想别的事。斯库勒说："这些实验所测量的是人们发现不明显关联的能力，而这些关联能够帮助人们解决问题。这类思考正是创造力的核心所在，事实证明，经常做白日梦的人更为擅长这类思考。"[13]

在研究人员触碰被试，他们意识到自己已经在胡思乱想时就按一下按钮，但这些人总是忘了按。这属于第一种类型的白日梦。第二种类型的白日梦是指被试清楚地知道他们何时开始做白日梦——他们是完全依靠自己意识达到这一点的。

并不是所有的白日梦在激发新思维方面都具有同样的作用。通过实验，斯库勒发现存在以上两种不同类型的白日梦。根据斯库勒的数据，没有意识到自己已经开始胡思乱想的那些被试，没有显示出创造力增加的迹象。斯库勒说："这就是说，仅仅做白日梦还不行。让你的心绪飘来荡去并不是一件难事，难的是还要保持足够的清醒。这样，尽管你已经开始做白日梦了，但仍能进行自我干预，并找到有创造力的想法。"换句话说，弗赖伊之所以成为一位优秀的发明家，除了"报事贴"，他名下还有 20 多项专利，并不仅仅是因为他擅于做白日梦，还因为他能够专注于他的白日梦，并觉察出白日梦产生洞见的每一个时刻。

这很好地解释了另一个有趣的实验。这一实验在斯库勒的实验室进行，2009 年发表的一篇名为《迷失在果汁中》（*Lost in the Sauce*）的论文对这一实验有详细的介绍。[14] 在这项研究中，斯库勒又从《战争与和平》中选出一段枯燥的内容让大学生们阅读。但在实验开始前，他先准备好伏特加和小红莓果汁混合而成的鸡尾酒让其中一些学生畅饮。不出所料，相对于没喝酒的学生来说，那些喝醉的学生很难将注意力集中在文字上，他们更有可能进入毫无意义的白日梦状态中。更为重要的是，那些喝醉的学生尽管已经无法将注意力放在托尔斯泰的小说上，但他们只有在被提醒后才能意识到这一点。斯库勒认为，这种严重的心智漂移状态是由酒精所导致的，他称之为“走神”（zoning out）。斯库勒说：“这就是为什么下班后去喝点啤酒是有好处的。此时，我们对于自己在想些什么并没有清醒的意识。但是，这种意识对于富有成效的心智漂移却是非常重要的。醉酒的时候，你会把问题解决，但你可能并不知道究竟是怎么解决的。”

这就是说，富有成效的白日梦必须实现思维上的巧妙平衡。一种情况是，将乏味转化为放松的思考模式，使思维过程中出现一些不容易想到的关联关系，如此说来，乏味的时光也可以成为千千万万洞见的源泉；另一种情况是，思维迷失在不定状态下，这种白日梦就没什么用，也就是说，即便身处有趣的白日梦中，也要在现实世界站稳。

斯库勒已经开始将他自己的生活纳入研究范围，现在，他每天都要进行一次专门的白日梦步行。他还把最喜欢的线路告诉了我，那是圣芭芭拉海岸悬崖边一条景色优美的人行小路，灌木丛和橡树随处可见，传到耳边的只有悬崖下海浪有节奏的声响。斯库勒说："这是我出来放松的地方。但是，放松并不意味着我没在工作。我觉得我在这里进行的思考非常有意义，因此，我要把这种思考方式应用到我的日常工作中。仅仅在业余时间做白日梦是不够的，比如堵车或排队的时候。我需要对我的心智漂移提出更严格的要求。"因此，斯库勒每天下午都会把他的车停在加利福尼亚州 1 号公路上，不带手机，沿着海边的悬崖峭壁散步。他说："没有哪项固定的计划或者哪些事情是需要我去思考的，实际上，我只是敞开心扉，让心绪自由飞翔。你知道吗？我的全部好主意都是这样想出来的。"

知道洞见来自何处的好处是能够让洞见更容易产生。**当我们面对看似无法解决的问题而苦苦挣扎时，最好找时间放松一下，"偷听"来自右脑的所有那些不太相关的关联关系。**不要一杯一杯地喝咖啡，而是要让自己做些白日梦。不要痴迷地总想着一个问题，你可以去洗个热水澡，或者打一会儿乒乓球，或者去海边散散步。

让我们来看一个 2009 年发表在《科学》杂志上的实验。[15]加拿大不列颠哥伦比亚大学的心理学家感兴趣的是各种各样的颜色对想象力会产生怎样的影响。他们招募了 600 名被试，其中大多数都是研究生。在红色、蓝色或者非彩色背景下，他们对这些被试进行各种各样的基本认知实验。

不同的背景颜色对想象力的影响差别巨大。当被试在红色背景下接受实验时，他们在需要精确性和专注于细节的能力上表现更为出色，比如找出拼写错误或者短时记忆随机数字。按照这些心理学家的说法，这是因为人们不知不觉就会将红色与危险联系起来，而危险让他们更加警觉和敏感。

从心理学来看，蓝色却有很多其他颜色不具备的好处。尽管在蓝色背景下，被试在短时记忆方面表现不佳，但是，他们在那些需要想象的实验里表现得极为出色，比如想出一块砖的新用途，或者利用简单的几何形状设计出一个儿童玩具。实际上，**在蓝色背景下，被试的创造性成果的数量是红色背景下的 2 倍。**[1]

我们现在才开始明白，为什么房间里的蓝色墙壁让我们更具有创造性。按照这些心理学家的说法，这种颜色会自然而然地让你联想到天空和海洋。我们会想到宽广的视野、柔和的光线和沙滩、大海以及慵懒的夏日，阿尔法波立刻增加。[2] 这种心智上的放松更容易让人做白日梦，发现洞见。我们不再关注眼前的东西，却对想象出来的各种可能性更为敏感。

这些数据确实揭示了一个惊人的信息。我们一直以为某些人就是比其他人更具有创造力，创造性是由人格特质决定的。也

---

① 有意思的是，在明亮的灯光下，被试在解决智力测验题上的表现也会得到改善。人们常会用点亮的灯泡来比喻“洞见”，这种“陈词滥调”与文化紧密相关，让人们对这些来自右脑的洞见更加敏感。

② 不仅仅是蓝色，研究人员观察到，任何开阔、充满阳光的地方都能增强人们的创造力。就我们的认知来说，所处环境确实具有实实在在的影响。

就是说，如果孩子没有从父母那里遗传聪明的大脑，他就永远也创作不出一首歌，或想出一个像“报事贴”这样有创意的点子。但是，创造力并不是心智的固有属性——这就是人们在蓝色背景下的创新成果会翻番的原因。想象力漫无边际，远非我们所能猜透。我们唯一要学的，就是如何“聆听”。

第 3 章

分析和专注，善用收敛性思维

杰克·凯鲁亚克是如何创作出《在路上》的

IMAGINE

How Creativity Works

这真是灵感闪现。
这一闪用了 30 年。

———

查尔斯·伊姆斯（Charles Eames）

英国诗人 W. H. 奥登（W. H. Auden）是个药物成瘾者。他每天的生活都是这样开始的：坐在凌乱的桌前，咕嘟咕嘟地把一杯浓浓的黑咖啡喝下去，然后开始吸烟。奥登离不开咖啡因和尼古丁，他承认这一点："我太需要它们了，有多少我要多少。"但这还不够，在开始写作前，奥登都要吃上一小片让大脑加速运转的兴奋类药物。[1] 只需吃上一片，他就能以极快的速度思考，美妙的诗歌就会跃然纸上。奥登说，这种药物就如同"一种省力装置"，把他变成一台"高效的机器"。为奥登立传的作家理查德·达文波特–海因斯（Richard Davenport-Hines）说："奥登对兴奋剂的依赖，就如同工程师在生产的过程中离不开某种化学物质一样。"唯一的差别是，奥登生产的是诗。

奥登自 1938 年开始服用兴奋剂，这是他在纽约短期休假时一位美国编辑介绍给他的，因为想去逛曼哈顿的夜店，奥登一开始是为了保持清醒而服用的，但他很快就意识到这种药物是威力强大的写作工具，能帮助他集中精力进行诗歌创作长达几小时。写诗很耗费精力，但那些药片给了他坚持下去的力量，帮助他推敲用词，直至写出完美的诗歌。他喜欢引用瓦雷里（Valéry）在这方面的论述："一个人的想象力如果被艺术中内在的困难激发出来，他就是一个诗人；而如果他的想象力因此变得迟钝，他就不是。"奥登的确被这些困难所激发，但服用一些兴奋剂也有作用。

在文学领域，奥登不是唯一的兴奋剂上瘾者。罗伯特·路易斯·史蒂文森（Robert Louis Stevenson）、格雷厄姆·格林（Graham Greene）、詹姆斯·阿吉（James Agee）和菲利普·迪克（Philip K. Dick）都是兴奋剂上瘾者。迪克说，他的作品只分为两类，"服用兴奋剂时写出的作品和未服用兴奋剂时写出的作品"。他同时承认，未服用兴奋剂时写出的作品都是关于兴奋剂的。跟奥登一样，迪克也是因为实实在在的需要才开始服用兴奋剂的，他要保持清醒的状态来写作。他说："由于稿费很低，为了维持生活，我必须多写。兴奋剂给了我能量。"对兴奋剂上瘾后，他在 5 年的时间里共创作了 16 部小说。

再来看一下杰克·凯鲁亚克（Jack Kerouac）的情况：他把自己的大脑"浸泡"在兴奋剂里，经过长达三周的"兴奋写作"，他完成了《在路上》（*On the Road*）。在这三周里，他一天工作 18 小时，在打字机上忙个不停，这部"垮掉的"小说初稿就此诞生。尽管后来杰克·凯鲁亚克在长达 30 多米的纸稿上做了密密麻麻的记号和修改，但兴奋剂的痕迹依然存在，你甚至能从滔滔不绝的句子中"听出"兴奋剂。

不仅仅作家滥用兴奋剂，20 世纪最多产的数学家保罗 · 埃尔德什（Paul Erdös）在其学术生涯里共写了 1 475 篇同行评议的文章，差不多平均每两周就能完成一篇。埃尔德什最终就是因为对兴奋剂成瘾而名声尽毁。埃尔德什身材瘦小，戴着一副夸张的大眼镜，一个手提箱就能装下他一生中的主要谋生工具。他只靠饼干和咖啡因度日，曾说："数学家就是将咖啡转化为定理的一部机器。"① 埃尔德什还服用兴奋剂来增加兴奋度。当专注于某个难度极大的问题时，他的体重会下降很多。他同为数学家的朋友罗恩 · 格雷厄姆（Ron Graham）曾跟埃尔德什打了一个赌，只要他一个月之内不服用兴奋剂，格雷厄姆就给他 500 美元。埃尔德什成功地赢得了赌注，但他抱怨自己的数学研究滞后了一个月。埃尔德什说："以前，每当看见一张白纸时，我就才思泉涌。现在，我能看见的就只是一张白纸。"

保持专注是创造力的关键所在

乍一看，这种专注的思考过程似乎不会产生什么想象力。创造力通常与顿悟联系在一起，而不是努力保持精力集中。我们总喜欢谈论思考的结果，却对思考过程中经历的辛苦视而不见。

---

① 咖啡是一种兴奋剂。贝内特 · 艾伦 · 温伯格和邦尼 · 比勒所著的《咖啡因的世界》（*The World of Caffeine*）一书认为，17 世纪的含咖啡因饮料为工业革命创造了有利条件，因为咖啡因有助于"庞大的人群协调他们的工作计划，咖啡因为人们提供了能量，使人们可以在规定的时间开始工作并工作尽可能长的时间"。在咖啡和茶流行之前，欧洲人的早餐饮品是啤酒，这种变化给人们的精神状态带来了极大的变化。

尽管人们对勇气和坚持不懈也有很高的评价，至少我们是这样说的，但我们并不欣赏这种人格特质。他们更无法与伟大天才的壮举相提并论。实际上，大多数人都把坚持不懈看成是明显缺乏创造力的举动，只有智力普通的人才依赖这种策略。因此，人们很容易把奥登看成是服用兴奋剂的文字编辑，将杰克·凯鲁亚克看成是二流作家。杜鲁门·卡波特（Truman Capote）在读完《在路上》之后评价道："那不是在写作，是在打字。"

卡波特错了。实际上，创造过程常常是需要坚持不懈的，这是一种盯住一个问题不放直到弄明白的能力。它强迫创作者全神贯注，经过整夜创作后又在第二天上午进行修改。这是对完美诗句的推敲，是对数学问题的不言放弃，是对一件衣服左修右改直至合身的坚持。答案从不会灵光一闪地突然冒出来；相反，它只会慢慢显现，就像云端后面隐现的海岸线。

更重要的是，舒服的热水澡和远距离联想并不是创造力的全部，虽然鲍勃·迪伦靠它写出了《像一块滚石》，但这不是创新的唯一方法。实际上，想象力是多姿多彩的。因此，当右脑没有新发现的时候，当胡思乱想只是胡思乱想的时候，我们要求助于其他细胞回路。不能总是等着洞见发现我们，我们必须主动寻找它们。

即便一个人很幸运地得到了某个有用的洞见，这个新思想往往也不是创造过程的结束。无情的现实常常告诉我们，只有继续努力才会有重大发现。这个新思想也就是突然发出的 30 毫秒的伽马波，仍需要进一步完善才能使右脑的草稿转化为完整的成果。这种工作并不好玩，但必不可少。一首好的诗歌从来就不是一蹴而就的，它就好像是从我们的身体里拔出的一根刺。

这跟兴奋剂有什么关系呢？要想回答这个问题，我们必须弄清大脑是如何工作的，而兴奋剂又是通过哪些特殊方式改变神经元活动的。奥登在早晨服药后，药物会迅速地扩散到血液里。大多数化学物质都无法逾越血脑的屏障，它就像是一道无法渗透的墙，保护大脑不受那些欲改变其组织物质的影响。但是，兴奋剂的小分子恰好能溜过去。所以，吃下白药片不到 5 分钟，奥登就能感受到兴奋剂对自己的影响。

药物会把诗人变成写诗机器，它也有很多危险的副作用。首先，兴奋剂大多是极度致瘾的。它还会引起失眠、精神病、战栗、便秘和心搏骤停。其次，这些兴奋剂会阻碍灵感的出现。由于药物加强了专注力，这并不利于人们探听到那些来自右脑的远距离联想。大脑不再胡思乱想，阿尔法波也不见了踪影。

虽然这些兴奋剂赶跑了我们的灵感，并让我们染上毒瘾，但它大大提高了我们在其他形式上的创造力。就拿奥登来说吧，在试用兴奋剂的最初几个月，他总是处于失眠状态，但他的很多脍炙人口的诗歌都是在那时候写成的，如《美术馆》《诗悼叶芝》等。实际上，奥登在那段时间创作的诗被誉为 20 世纪最伟大的文学成果之一。仿佛那些药片唤醒了他隐秘的才华，把一个有天赋的诗歌作者造就成那个时代最好的诗人。

但是，兴奋剂不仅让奥登创作的诗歌作品数量剧增，写作风格也因此改变。他的那些兴奋剂诗篇以清澈见长，纯粹到只剩下文字的修辞本质。诗的韵律也不再狂野，每个词都经过了仔细的斟酌。下面是奥登在第二次世界大战爆发前的几个黑夜里创作的一首诗《1939 年 9 月 1 日》的片段：

我所有的仅是一个声音，
要去破解褶皱的谎言，
凡夫俗子的颅脑里，
那罗曼蒂克的谎言，
以及摩天大楼里，
那些当权者的谎言：
所谓的国家实体并不存在，
也没有谁可以独自苟活；
饥饿让人无从选择，
无论是平民还是警察；
我们必须相爱，要么就死亡。[1]

整个创作极其自然，就像是在酒吧的餐巾纸背面写的一样。（毕竟这首诗是这样开头的：“我在一间下等酒吧坐着，就在第五十二号街。”）但是，这种轻松感是一种错觉：奥登在这些诗上花费了数月，耐心地去掉创作中的瑕疵和多余的部分。他的大部

---

① W. H. 奥登 . 某晚当我外出散步：奥登抒情诗选 [M]. 马鸣谦，蔡海燕，译 . 上海：上海译文出版社，2018。——编者注

分诗作最后都转向了一种简朴的叙述风格，所以，很多不好理解的诗句都被删掉了。最后完成的诗作跟兴奋剂助推的修改过程密不可分：奥登完全能够把精力放在写作上，精简再精简，直到适合出版为止，这样做对奥登来说还是第一次。他不再迁怒于不合适的隐喻，也不再写那些传统诗。取而代之的是，这些兴奋剂帮助他持续不断地推敲着自己的用词，不断思索着一句又一句的诗行。

但问题仍然没有解决：一个小白药片是怎么让这种专注的创造力轻易现身的呢？为什么兴奋剂更有可能让人们坚持得更久？乍一看，兴奋剂对大脑的影响似乎很小。兴奋剂主要对神经元网络起作用，而这种神经元网络以多巴胺为神经递质进行通信。（化学物质的喷射就是我们细胞的语言。）几分钟内，药物显著增加了神经元突触中（也就是细胞间）多巴胺的数量。[①] 过量的神经递质意味着神经元处于激活状态，就像一个关不上的灯泡（见图 3-1）。

多巴胺神经元相对较少，它们聚集在大脑中央的特定区域，如伏隔核和腹侧纹状体。这些皮质构成了多巴胺奖励路径，也就是由愉快事物所触发的负责产生愉快情绪的神经高速公路，至于是性生活还是吃冰激凌都无关紧要。这些事情让我们欣喜无比，因为它们逗乐了这些细胞，快乐的情绪就是从这里开始的。

① 兴奋剂会通过两种途径起到这种作用：一方面增加释放到突触里的多巴胺的数量，另一方面阻止多巴胺从突触中离开，从而让这种化学物质存在的时间更长一些。

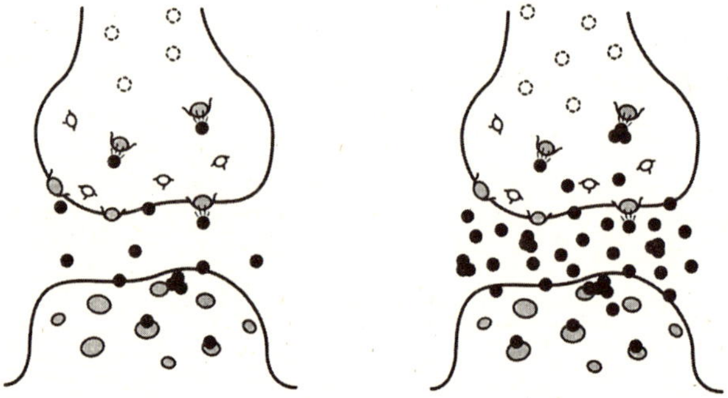

在正常情况下释放的多巴胺　　服用兴奋剂后释放的多巴胺

图 3-1　兴奋剂对多巴胺的影响

注：兴奋剂增加了突触中多巴胺的数量，使得脑细胞被连续激活。

所有这些快乐感受的目的是什么呢？快乐的现实利益就是它对注意力产生了巨大影响，这也是兴奋剂增加创造性成果的原因。产生快乐（并因兴奋剂而被激活）的神经元，在决定哪些思想进入意识知觉上也发挥着至关重要的作用。大脑通过快乐的感受告诉自己应该关注哪里。因此，多巴胺的作用就像是神经货币，也就是信息的价签，帮助我们迅速地对外部世界做出评价。这种化学物质告诉我们应该关注什么以及哪些事物和思想是值得感知的。

大脑中的网络连接正是这种渐进式创新的突出特征：高速的神经网络连接快乐中心和前额叶皮质（多巴胺奖励这种连接），也就是额头后面控制注意力的那部分组织。人们可以利用它对现实中的事物进行放大，这样，大脑所思考的全部就只是某一首诗中的某一行。由于不受胡思乱想的干扰，大脑能够更专心地做事。这种帮助人们实现专注的思维能力都依赖于前额叶皮质多巴胺的释放（见图 3-2）。①

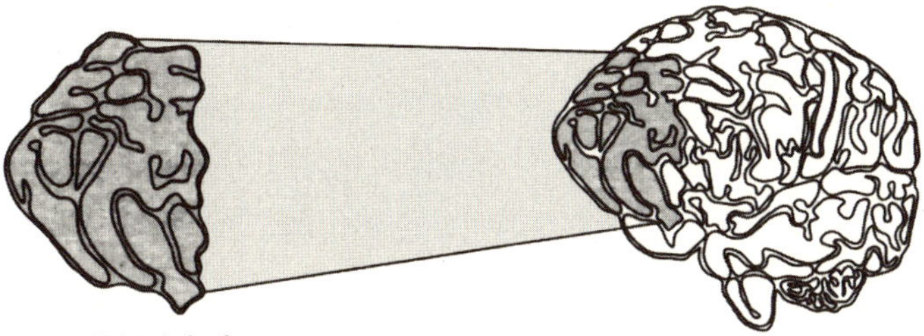

图 3-2　前额叶皮质

注：前额叶皮质指挥着注意力的方向，促使人们专注于自己正在做的事。

兴奋剂的作用非常明显，至少对容易分心的作家确实如此。这种兴奋剂是一种化学捷径。中脑中的神经元在多巴胺的刺激下兴奋异常，于是，奇思妙想瞬间泉涌而出。② 在正常情况下，注意力是容易发生偏转、飘忽不定的，它会从一种情绪切换到另一种情绪。药物诱导下的多巴胺大量释放，能让最乏味的细节也变得极为有趣，让我们无法对它们视而不见。③ 对奥登来说，药物

---

① 这也是用利他林和其他兴奋剂治疗注意缺陷多动障碍的原因，因为它们使课堂活动显得更有回报和奖励，使得儿童更容易专心。

② 丹尼尔·卡尼曼和杰克逊·贝蒂（Jackson Beatty）已经证实，任何需要集中注意力的工作，比如修改一首诗或者解代数题都会使人的瞳孔扩大。卡尼曼说："跟你房子外面的电表类似，瞳孔是一种流速指标，告诉我们大脑消耗了多少精力。"不出意料的是，兴奋剂也会导致瞳孔扩大，因为药物极大地增加了我们所需要的注意力。

③ 有些人天生就能够拥有这样的能力，研究已经把基因中微小的译码差异联系起来，这些小差异决定着多巴胺的分解，比如 COMT Val/Met 多态性、专注力的变异、拥有与更专注的能力相匹配的更多神经递质，等等。

是最重要的工具，因为他创作的所有作品都需要修改再修改。对每一行诗，他都是改了又改。他要修正音节，改变韵律，并删掉一些不必要的词语。

但是，兴奋剂的作用却不只是提高专注力，它还能促进思想的连接，将专注力转化为最美的诗篇。这是因为承担专注责任的前额叶皮质也是思想的“剧场”，是大脑中储藏所有愉快和有趣思想的地方。随着人类大脑的进化，大脑结构经历了数百万年的缓慢改变，这一区域也增大了许多。这种新结构为我们带来的好处是一种被称为“工作记忆”（working memory）的认知能力，这也是我们以前不具备的一种能力。这一术语的含义显而易见：通过短时存储信息并进行有意识的思索，我们可以通过前额叶皮质处理从大脑各处流入的全部思想。

怎么强调工作记忆的重要性都不为过。首先，工作记忆和一个人总体的智力水平存在强烈的相关性。工作记忆总大小的偏差大约会占 IQ 总分偏差的 60%。（把更多的思想存储在前额叶皮质，人们就会变得更聪明。）多亏有了工作记忆，我们才能进行抽象思维、推敲诗文，才能解决数学问题，并像对待有形事物一样处理思想问题。我们不只是体验到那些奖励的感觉，还能对它们进行思考。快乐也是可以进行思索的。

工作记忆的重要作用同样道出了诗人和数学家滥用兴奋剂的原因：寻求创造力的优势。当我们全神贯注于某件事情时，就会有更多的信息被送至前额叶皮质，意识也会变得更复杂。如果工作记忆在正常情况下是弦乐四重奏的话，药物会将其转化为管弦乐队。在思想丰富的情况下，神经元会形成以前不曾有过的连接，并将它们连接到新的网络中。但从大脑的角度来看，这些新连接只不过是旧思想的重复出现而已。

但是，这些新思想并不是灵感。在工作记忆中形成的连接并不神秘，不同于突然到来、让我们为之一震的灵感，这些创造性思想往往是不起眼的：一个人可以高效率地推敲一首诗，但不太可能创造出一种新的诗歌类型。这些差异由人脑的连接模式决定：右脑擅长远距离联想，而前额叶皮质更擅长探测相关思想之间的局部连接。我们可能没有发现整片森林，但我们可以清清楚楚地看到每一棵树。

这种由前额叶神经元的激活导致的专注性思想过程，对于解决某些创造性问题必不可少。来看一下奥登的兴奋剂诗歌吧，每一行都简洁有序，没有一个多余的字。他将自己的宏大思想化成诗歌极简化的表达本质。《诗悼叶芝》的最后部分以一系列押韵的短诗结尾，模仿了英国诗人威廉·布莱克（William Blake）的短四行诗：

在心灵的荒漠中，
让治愈的甘泉开始流涌，
在他岁月的囚笼中，
教会自由的人如何称颂。

诗歌就是为了表达诗情和诗意。奥登认为，作家就是利用语言的力量，表达对平凡世界的赞美之情。对奥登来说，兴奋剂仅仅是让这种赞美更恰如其分的手段，一种帮助他找到恰当用词的化学工具。

为了弄明白这种专注性创造力与灵感的差异，我们可以把这段简洁的诗歌与迪伦随心所欲创作出的《像一块滚石》的歌词做个对比。奥登的押韵词是简短和直白的，他献给叶芝的挽歌用了 heart/start 和 dark/bark 等押韵词。迪伦的押韵词则极不寻常，在一段情感热烈的诗文中，他用的押韵词包括 compromise、alibis、realize 和 eyes。再来看看两人诗歌的内容。奥登的抒情诗循序渐进又逻辑清晰，但是，迪伦则是顺着右脑的发散思绪“吐出”了没有多少字面含义的诗文。

创造力的新发现

尼采将创新者分为两类：酒神创新者（Dionysian innovator）和日神艺术家（Apollonoan artist）。“发散性思维”是酒神创新者的典型特征，他们相信所有自动自发的顿悟。当逻辑不再管用且工作记忆也无能为力时，他们需要这些不期而遇的思想。日神艺术家则依靠“收敛性思维”来创作，这种思维模式自始至终都离不开分析和专注。

弗里德里希·尼采在《悲剧的诞生》(*The Birth of Tragedy*)一书中指出创造力有两种，它们都是从希腊神话中借用过来的。酒神创造力帮助人们接受自己潜意识的引领，并创造出全新的艺术形式。鲍勃·迪伦曾说过："我接受混乱。我希望它也接受我。"而日神艺术家则试图给无序的现实硬加上某种秩序。就像奥登一样，这些信仰阿波罗神的创造者们不相信那些关于右脑的传说。他们认为专心最重要，会仔细玩味自己的思想，直到理解为止。奥登说得特别好："从某种意义上来说，所有真正的诗歌，都是从公共混乱中形成的私人领地。"

对于尼采的分类，现代科学又有了新叫法。酒神创新者便是"发散性思维"的典型代表，他们相信所有自动自发的顿悟。当逻辑不再管用，工作记忆也无能为力时，他需要这些不期而遇的思想。此时，右脑则有利于展开内部搜寻。这种思维方式是解决远距离联想、创作新式流行歌曲，或者弄明白弱黏性胶水有何用途等问题必不可少的。这是与热水澡、蓝色房间、范式转变（paradigm shift）和根本重建（radical restructuring）相对应的思想过程。

与酒神创新者不同，日神艺术家是依靠"收敛性思维"的，这种思维模式自始至终都离不开分析和专注。对于斟酌诗句、解代数方程或完善交响乐谱来说，这当然是理想的方法。在这种情况下，我们不需要很多零散的联想——这些想法已偏离了正轨。相反，我们要把专注力放在那些必要的信息上，从而让心智充满相互关联的思想。这样，在精雕细琢之后，信息才能慢慢"收敛"为一个理想的答案。这是努力的过程，需要长时间保持专注力，但这恰恰是关键所在。因为找到完美的诗句，确实需要倾注时间。

专注让我们对自己的创造性工作精雕细琢

厄尔·米勒（Earl Miller）一直都致力于前额叶皮质的研究，那里是存储工作记忆的地方。他总是剃个光头，留着一撮儿灰白色山羊胡。麻省理工学院皮考尔学习与记忆研究所的所在地是一幢富丽堂皇的建筑，米勒的办公室就位于这幢建筑的一角，旁边是一条老式的货运火车轨道。每天下午，米勒实验室里的宁静都要被火车通过时发出的声响打破。米勒最喜欢用的一个词是“完全”（exactly）——这是一个随处可用的修饰性副词。比如，某个假设是“完全正确的”或某个实验“完全结束了”。重视精确性，就是对他工作态度的最好说明。

米勒取得的首个重大科研进步很偶然。那是在 1995 年，米勒的实验室刚刚成立，不难想象，那时的他没什么钱。在开展研究工作时，他需要把猴子大脑中神经元的活动记录下来，在动物做各种各样的动作时，监测每个细胞内电压的变化情况。米勒说：“如果用仪器记录的话，可以同时记录 8 个或 9 个神经元，但这些机器非常昂贵。那时我还没有得到一分钱的研究经费，这样的机器一台也买不起。”[2] 于是，米勒开始利用业余时间研究他自己的装置。经过几个月的摸索，他鼓捣出了一个由电线、玻璃吸管和电极构成的装置，可以同时记录分布在猴子大脑皮质上的多个神经元的信息。米勒说：“它比市面上那种价格不菲的机器还要好。接下来，我们要做的事情就是把它做得更小些，这样，就可以记录越来越多的神经元了。”

通过这种被称为“多电极记录”的新方法，米勒就可以在电细胞（electrical cells）之间相互作用时，记录大脑附近的信息联络。但是，米勒最感兴趣的是前额叶皮质，因为大脑的这一区域是信息汇集地。米勒说：“所有信息都传到这里。这么说吧，这里是‘众生聚会’之所。”

由于米勒可以“偷听”每个神经元的反应，这允许他在最基本的层次上对不计其数的思想进行描述。他可以通过“聆听”前额叶皮质中的细胞来弄清工作记忆中的信息的含义，并搜寻相关的模式和新的连接关系。在米勒的实验中，他让猴子看一张图片，上面随意地画着一些点，仿佛是夜空中的星星一样，并以这张图片作为蓝本。然后，米勒再让猴子们看另一组图片，这些图片上的点的位置已经随意地做了改变。猴子需要通过操纵杆告诉实验人员，后来看到的各式各样的图片是否与它们一开始看到的那张作为蓝本的图片有相似之处。刚开始时，这些猴子只是毫无章法地猜测，并从试探过程中学到了很多。它们努力想弄清原型图片的本质以及如何对其进行描述。这张图片上的点是否在中央形成一个方形？或者，这些点是否聚集在偏左的位置？有趣的是，即便把最初的那张图片拿开（猴子无法看见原型图片），但专注于那张图片的前额叶皮质细胞仍处于激活状态。前额叶皮质细胞会把最初那张图上点的特定位置信息保留下来，这就是工作记忆被称为一种记忆的原因，科学家称之为“类 RAM”行为，因为这些大脑细胞的行为跟计算机中的随机存储器（RAM）完全一样。这种行为信息存储的时间极短，却足以将思想合成在一起，此时，这些看似不相关的思想交织在一起。这样，在凝视点的分布各不相同的图片几分钟后，猴子们就能够对图片进行分类，并指出哪些图片与原型图片最像。米勒说："猴子们在某个瞬间悟出了道理，它们猛然意识到点的分布存在着模式。"这个新观点——从本质上说是点的分布的抽象规则，可以用前额叶皮质中神经活动的新电路来表示。这一突破性进展实实在在地影响到了脑细胞，并被创造性的连接关系改变了。

前额叶皮质是创造性思想的源泉，但是，它并不是靠自身来生成这些新的连接关系的。米勒发现，实际上，前额叶皮质与基底神经节、多巴胺奖励回路等大脑中的其他区域密切协作。这一过程是这样进行的：奖励信息——奖励可以是任何东西，比如韵律、诗性隐喻，经过多巴胺神经元处理后，被传送到前额叶皮质。然后，思想进入工作记忆。如果这一新信息产生任何有用的结论——无论是让猴子弄明白点的分布，还是帮助诗人推敲出更美妙的诗行，那么，这种思想（也就是细胞之间持续不断的连接）就会被保留下来，而有助于解决问题的新连接关系就这样横空出世了。

但是，这一过程并没有结束。紧接着，新思想被传回它的发源地，即中脑渴求快乐的多巴胺细胞，以便这些神经元获得这个新思想。米勒说："我们称之为'递归回路'。这样，系统就能实现自我调用，一个思想就能引发另一个思想。然后在这些连接关系的基础上进行累加，以便它们引发更多的连接关系。”①

这种创造性回路很好地说明了专注的威力。**当我们专注于某件事情时，思想活动就进入了工作记忆，我们就能够对自己的创造性工作精雕细琢**。

也许，最后的发现是设计出完美的舞蹈动作，或者是知道该如何解决建筑设计上的问题。之后，这些新产生的思想会再次被传回，以便大脑对自己认为重要的事物做进一步修改。通过转换到一个略有不同的视角，我们突然就窥见了真相，仿佛这个新思想是极其自然地跟我们的感知结合到了一起。我们所看见的就不仅仅是一幅散点图，而是其中的模式。我们一直在凝视着世界，但世界本身也一直在改变。

化难题为想象，让事物露出本来面目

米尔顿·格拉泽（Milton Glaser）16 岁时，决定为母亲画一幅肖像画。他说：“一天晚上，当我刚在她面前坐下时，我想，

① 在米勒的研究成果中，一个有趣的议题是中脑在创造过程早期的重要性。尽管人们对大脑的这一区域评价不高（被认为是创作早期的奖励源，而不是灵感的中心），米勒的研究结果却告诉我们：中脑在帮助人们找出用于解决问题的相关信息方面发挥着重要作用。米勒说：“基底核和这类其他区域是众多高级认知功能的‘引擎’。它们也许更为原始，却能领会智力题中的细节。此后，这些细节一起被发送至前额叶皮质，再由前额叶皮质将这些智力题的细节整合在一起。”

为母亲画肖像画一定是件很有趣的事。于是，我拿出画纸和素描笔。你知道我意识到了什么吗？我突然意识到，关于我母亲的模样，我毫无概念。我头脑中母亲的形象还是我一两岁时记忆的样子，此后丝毫未曾改变过。我正在给一个已不存在的女人画像。”[3]

当格拉泽凝视着母亲的脸，并将所看到的与画纸上的黑色线条进行对比时，母亲的模样才逐渐清晰起来。他已经能够按母亲现在的样子，而不是他希望的样子给她画像了。他说：“为母亲画像的经历告诉我很多关于心智的东西。我们总是在‘注视’，但从未真正地用眼睛‘看到’。”尽管格拉泽每天都“注视”母亲，但只有当他想为母亲画像时才真正地去“看”她。格拉泽说：“当你画某个东西时，你心智的专注力是很投入的。正是专注行为让我们真正地捕捉到某些东西，并完全意识到它的存在。这就是我从母亲脸上学到的东西，也就是说，画像是一种真正的思考。”

米尔顿·格拉泽看上去就像是菲利普·罗斯（Philip Roth）小说中的族长，几近光秃的头上长了一圈灰白的头发，大号的眼镜架在鼻梁上。格拉泽已经 80 岁了，但他仍在曼哈顿东 32 大街的一间小型画室工作。这个画室显得有些杂乱，白色的墙壁被陈旧的艺术海报、20 世纪 80 年代摇滚音乐会的海报和艺术书籍覆盖。正门上方的玻璃上刻着画室的口号：艺术就是工作。

格拉泽下面这段话就是对其创造力哲学的最好总结，他说：

“根本就不存在‘创造型’人才这一说法，好像具有创造力的人会自动出现，开始创造什么，好像就这么简单似的。我觉得需要提醒大家记住，创造力是个‘动词’，是个非常耗费时间的动词。这个动词的含义是把某个主意装进脑子里，再把这个主意转化为实实在在的内容。一般情况下，这将是一个漫长而又困难重重的过程。如果你做得得当，感觉上就跟工作一样。”

在平面设计领域，格拉泽是个传奇人物。他在 20 世纪创作了许多标志性的图像，包括“I ♥ NY”（我爱纽约）广告宣传活动的图标和 1967 年鲍勃 · 迪伦的肖像画海报，DC 漫画公司的标识也是由格拉泽设计的。他还与他人共同创办了《纽约》杂志，并创造出多种字体。不少有名的大饭店的室内设计都由格拉泽“操刀”，超市货架上无以计数的货品标签也出自格拉泽之手。近年来，他设计的作品已被纽约现代艺术博物馆、史密森学会和库珀-休伊特国家设计博物馆（Cooper-Hewiff National Design Museum）永久收藏。

但是，格拉泽现在几乎不再做这些事了。20 世纪 50 年代末，格拉泽开始进入“麦迪逊大街”[1]，那时已有迹象表明：摄影才是未来的广告形式。过去，印制的广告都离不开训练有素的插图画家——他们把想象中的东西落实在纸面上，但这个行业已经进入照片时代了。格拉泽回忆道：“像我这样的人太老土了。在当下这个照相或拍电视广告如此便利的时代，为什么还要手工绘制

① 意指美国广告业中心。——译者注

呢?”这是“影像为王”的时代，艺术家已经落伍了。

可是，作为“图钉工作室”（Pushpin Studios）的联合创始人，格拉泽还是重新找到了绘画设计的潜在优势。他引入了明亮的霓虹色和抽象手法，找到了一条将普通的工作任务转化为概念艺术品的途径。格拉泽知道，最具震撼力的画作并非最现实的。他并不仅仅是简单地试图表现什么，而是想去“界定”它，整体的视觉效果已不只是一幅画那么简单，它是对众多关联关系的概括，是一幅思想地图，是依靠人的注意力仔细斟酌出的画作。

格拉泽的设计完美地展现了平面设计的创作潜力。1975 年，他接到了一个棘手的任务：发起一场重塑纽约城市形象的广告活动。那时的曼哈顿分崩离析，犯罪率居高不下，整座城市几乎瘫痪了。格拉泽回忆道：“一提到这座城市，人们想到的就是肮脏和危险。他们希望通过一场规模不大的广告活动改变这一切，但有一个限制条件，印刷品广告必须使用‘I love New York’（我爱纽约）这句话。”

格拉泽从实验字体开始，他用各种各样的字体设计这个简单易懂的广告语。设计工作进行几周后，他拿出一个可爱的草案，干净的白色背景映衬着“Love”的广告语。格拉泽说：“我提交了方案并通过了评选，每个人都喜欢这个设计。如果是一般设计师，就不会再去思考这个项目。但是，我做不到。我就是觉得哪里不对劲儿。”

格拉泽继续思考着这个设计，在一个早已结束了的项目上花费了大量时间。他说："我想不出问题出在哪里。在这个设计方案通过一周后，我在乘出租车时正好碰到了堵车。我经常在兜里备些纸，所以在堵车的这段时间里，我拿出纸并开始在上面画东西。就在我一边画一边想时，出现了个主意。我在头脑中看到了完整的设计稿，我看到了打字机字体和恰好位于中间位置的一个大大的、圆润的红心图案。我明白，就是它了。"

对格拉泽来说，"I ♥ NY"就是对坚持的最好诠释，因为他从未停止对这个仅包含 4 个字符的广告语的思考。堵车时，这种执着的思考收获了一个全新且更好的设计。他在那个交通高峰期所想象出的图案已成为被全世界广泛模仿的平面设计。

这就是专心和工作记忆的力量，它帮助我们不断地完善思想，让我们持续思考。格拉泽说："设计就是对有意义的秩序进行有意识的组合。这听起来不错，但这只是一个捕捉模糊思想并让其更清晰的过程。关于'I ♥ NY'这个创意，我可以瞎编一个故事，但我真不知道事实是什么。也许，我曾瞥见过一个红心；也许，我曾听到过这个词。总之，不是这样就是那样。然后，你反复对其进行修改、完善，让这一设计一步步变得更有趣、更好。所以，只要你抱定目标坚持不懈，再加上一点运气，你一定会成功的。"

格拉泽给人印象最深刻的职业操守是抓住一个问题不放，直到问题解决为止，这本身就是一种需要很多年才能练就的技能。1951年，格拉泽还是一个21岁的小伙子，那是个易受影响的年龄。这一年，他接受富布赖特奖学金（Fulbright Fellowship）的资助，前往意大利博洛尼亚向画家乔治·莫兰迪（Giorgio Morandi）学习蚀刻版画。当时，莫兰迪正在创作他的“静物画”，画作的内容基本上都是在灰色背景下散落一些空酒瓶和红陶花瓶等静物。这种艺术朴实无华，反映出莫兰迪一丝不苟的艺术追求。他在每块画布上花费的时间都长达几个月，试图更完美地表现出他想要描述的“脆弱的现实”。有时，莫兰迪沉浸在凝视这些随意摆放的瓶瓶罐罐中，甚至无法作画。格拉泽回忆说：“我见过他对于这些极微小的细节的专注，他会花几周的时间把一块灰色背景向左移动半厘米。别人是否在意对他来说并不重要，反正他是在意的，甚至达到了吹毛求疵的程度。”

莫兰迪为得到最完美的画作而全心投入的行为改变了格拉泽对创造性的认识。过去，他的艺术楷模一直是毕加索，格拉泽称毕加索是“想要吞噬世界的怪才”。但是，这位谦逊的意大利画家成了他的新偶像。格拉泽说：“是莫兰迪教会了我怎样全心投入。他用他的行动告诉我坚持的重要性，还让我懂得了‘任何美好的东西，都不是轻而易举就能得到的’道理。因为最开始的一瞥，我们是看不出什么东西的。只有真正地去思索，才能从中获得别样的感受，而我们可能从来都不知道自己能够体验到它。”

德国哲学家马丁·海德格尔（Martin Heidegger）将这一过程称为“解蔽过程”（unconcealing process）。跟格拉泽一样，他也认为事物的本真被杂乱无章的现实世界所掩盖，我们迷失在各种各样的想法和感觉中。**拨开迷雾的唯一方法就是用自觉专注的利刃剥离掉无关紧要的一切，让事物显露出“其本来面目”。**[4]

这种心理过程，即解蔽行为，已成为格拉泽创作的最重要手段。他以工作记忆为溶剂，将困难的工作任务转化为对应的想象，正是这种想象为我们提供了必不可少的联想。这也很好地解释了为什么格拉泽没有固定的风格。他既不是极简主义艺术家，也不是极多主义艺术家；既不是现实派，也不是漫画家。他说：“我不在意风格。具有某种风格，就意味着承受某种程度的束缚。”实际上，格拉泽把每项工作任务都看成是一个独一无二的问题，有着自己独特的需求和约束。他不知道答案是什么，也不知道它需要哪种想象，而这正是他需要不断思考答案的原因。

就拿布鲁克林啤酒（Brooklyn Brewery）的项目来说吧。1987年，史蒂夫 · 欣迪（Steve Hindy）和汤姆 · 波特（Tom Potter）找到了格拉泽，这两个酷爱啤酒的生意人想把布鲁克林酿酒的伟大传统发扬光大。他们想让格拉泽为其新公司设计一个品牌标志，这个标志要能够反映出这座城市的精神。格拉泽回忆道：“他们开始的想法是采用布鲁克林大桥的图案，或者将这种啤酒命名为‘布鲁克林鹰’。估计那样做效果也不错，也是个好主意。但我跟他们说，‘当你能从整个布鲁克林来考虑时，为什么只盯着小小的局部呢？’”

这样，格拉泽花了好几天时间沉思布鲁克林和精酿啤酒的特点。他把布鲁克林道奇队的棒球帽设计记错了，这反而成就了解决方案的第一部分。他画了一个弧形字母 B，因为当时他以为这是该球队的标志。（实际上，道奇队的标志是一个中规中矩的正体字母，格拉泽把他记忆中的设计进行了美化。）他说：“那个标志不准确也没有关系，只要它给人的感觉像是来源于棒球。实际上，它确实让你想到了道奇队。”

但格拉泽知道还缺少点东西，这样的标志是不完整的。他说：“我只有苦苦思索。我想让这个设计有一种欧洲的味道，感觉像是一种历史悠久的进口啤酒，而不是另外一个百威。”经过几周的市场调查，分析了他能找到的所有啤酒瓶，格拉泽设计出了一个简洁的图案：绿色背景下点缀着白点，中央是一个大大的字母 B。他说：“我说不清为什么这个标志效果肯定会好，我也说不清我是怎么想出来的。我所做的就是反复斟酌这个设计方案，直到找出我所需要的一切。”①

这就是格拉泽的基本方法：不断地思考，直到想不出其他东西或注意力无法集中，或者解决方案已解蔽为止。当然，只有当前额叶皮质的细胞能保留住想出来的点子时，人们能够专注在像啤酒标志这样抽象的概念和布鲁克林的意义上，整个过程才能

---

① 当格拉泽第一次向布鲁克林啤酒的创始人展示他建议的标志设计时，多数人是不满意的。史蒂夫·欣迪回忆说：“这个被寄予厚望的标志设计让大家很惊讶，因为没有布鲁克林大桥，也没有翱翔的鹰，只是个字母 B。但格拉泽对这些企业家说，给这个想象出来的方案一个机会，将它放在厨房的餐台上，跟它相处一段日子吧。”欣迪说，几天后，这个设计的闪光之处开始为大家所理解：“字母 B 作为布鲁克林的新符号唤起了人们的怀旧情绪，因为它看上去像是一家已经存在了几十年的公司的标志。”

进行下去。这个标志本身就是一个视觉混合体，实际上也是多种思想的叠加。字母 B 让我们想到了棒球，但蕴含世界性的背景图案又让人联想到古老的欧洲啤酒。一旦这些完全不同的视觉信息在格拉泽的工作记忆中进行“碰撞”，他就知道问题已经解决了：他想出了一幅完美的设计图，这幅图汇集了他需要表达的全部思想，而且适合放在啤酒瓶上。

负面情绪让我们的注意力更集中

奥登和格拉泽的经历告诉我们，工作记忆是想象最重要的工具。有时，我们需要做的只是专注和思考，最终一定会迎来重要的思想碰撞。这一进程很缓慢，但答案自会逐渐显现，就如同诗产生于修改中一样。尼采在他 1878 年出版的《人性的，太人性的》（*Human, All Too Human*）一书中写道：

> 艺术家天生就希望我们相信一定存在“突然出现的启示”，这就是所谓的“灵感”……就像上天赐予我们的恩典。实际上，优秀艺术家或思想家的想象会产生好的、中等的或糟糕的想法，但经过训练和磨炼，他的判断结果包括舍弃、选择和连接……所有伟大的艺术家和思想家都是伟大的劳动者，他们的不懈追求不仅在于发明创造，还包含着舍弃、筛选、改变和排序等。

为了说明这一点，尼采举了贝多芬的例子：这位作曲家的音乐笔记真实地记录了他对自己音乐作品反复进行修改的艰苦历程。对贝多芬来说，在定稿之前改个 70 多稿是家常便饭。这位作曲家曾对朋友说："我会反复修改很多遍，直到满意为止。"换句话说，即便贝多芬这样的艺术天才也需要不断完善自己的想法，只有在音乐作品上下足功夫，伟大的作品才会诞生。

尽管智力是创造过程中最重要的因素，但没有哪件事可以轻轻松松就完成。完善音乐主题、删掉喜欢的诗句或把草稿扔进废纸篓，没有哪件事情是有趣的。实际上，持续不断地专注在某个创造性问题上，确实会令我们十分痛苦。亚里士多德在公元前 4 世纪就曾说过："所有在哲学、诗歌、艺术和政治上取得了不起成就的人，甚至包括苏格拉底和柏拉图，都有忧郁倾向，有些人甚至患上了严重的抑郁症。"这种说法在文艺复兴时期再度出现。约翰·弥尔顿（John Milton）在《沉思者》（*IL Penseroso*）这首诗中发出了这样的呐喊："欢迎你，至为神圣的忧郁 / 你圣徒般的容颜过分灿烂 / 以致人类的视觉无法承受。"浪漫主义时期的诗人们将对悲伤的崇敬推向极致，并将痛苦看成是文学创作必不可少的一种体验。正如济慈所言："你难道看不出一个充满痛苦的世界有多么重要？苦难能培育智慧，赋予它灵魂。"

澳大利亚新南威尔士大学的社会心理学家约瑟夫·福加斯（Joseph Forgas）在过去的 10 年里对负面情绪与创造力之间的关系进行了调查研究。[5] 尽管人们常常对忧伤和类似的情绪评价不高，但福加斯的研究却告诉我们，一点点忧伤有助于我们更专注，让我们更有观察力且能坚持得更长久。当然，忧伤的情绪也会减少我们产生灵感的可能。他最有说服力的研究是在悉尼郊区的一家文具店里进行的。实验很简单：福加斯在文具店收款台旁放置了很多种小东西，如玩具士兵、塑料动物、车模等。当购物者离开时，福加斯会测试他们的记忆力，让他们列出能记得的小东西，越多越好。

为了控制被试的情绪，如果实验是在阴雨天进行的，他就播放威尔第的《安魂曲》来凸显天气；晴天时，他播放吉尔伯特和沙利文的欢快乐曲。结果一目了然："低情绪"条件下的购物者记住的小东西数量比"高情绪"条件下多了 3 倍。阴雨天气让人忧伤，而忧伤情绪让他们的专注力更强。

这些实现解蔽的认知技能都是一样的：负面情绪的作用就如同服用少量兴奋剂。如果一个人沉浸在忧伤情绪中，他就更容易把注意力放在某一行诗句上，或者长时间思考某种啤酒的商标。福加斯的研究结果告诉我们：忧伤状态（他用有关死亡与癌症的电影"诱使"人们情绪低落）与更好的写作成果密切相关，被试在忧伤状态下完成的文章条理更清晰，也更有说服力。因为更加专注于正在创作的东西，他们创作出来的诗文更优美，所有的词语都是用他们的痛苦情绪打磨出来的。

美国哥伦比亚大学商学院教授莫杜佩·阿基诺拉（Modupe Akinola）对这些刺激因素引发的结果进行了扩展研究。在实验中，她要求每位被试就其梦想的工作做一段简短的演讲，并按照随机原则指定正反馈或负反馈条件。[6]在正反馈条件下，对演讲的回应是微笑和点头；在负反馈条件下，对演讲的回应是皱眉和摇头。演讲结束后，为被试准备好胶水、纸和彩色毛毡，并让他们用这些材料制作一张拼贴画。然后，专业艺术家从创造力的角度对每幅拼贴画进行评估。

不出所料，反馈影响了被试的情绪：在演讲中收获微笑的被试，报告说他们的感觉比以前好；而收获皱眉的被试，他们的感觉则恰恰相反。有趣的是接下来发生的事情，在负反馈条件下的被试制作的拼贴画更加漂亮，即负反馈成就了更好的艺术。正如阿基诺拉所说，这主要是因为忧伤让他们更专注，使他们在面对创造力挑战时能坚持得更久。结果，他们一次次地完善他们的拼贴画，专注于其中的色彩设计。

双相情感障碍患者的创造力

智力在忧伤状态下的增强同样能解释创造力和抑郁症之间明显的相关性。20 世纪 80 年代初期，美国艾奥瓦大学神经学家南希·安德烈亚森（Nancy Andreasen）就心理状况问题跟几十位来自艾奥瓦作家工作坊的作家进行了交谈。尽管安德烈亚森预料艺术家比正常人患精神分裂症的可能性要大很多，她说："一直都存在关于疯狂和天才相伴而生的说法。"但是，这个假说实际上完全不成立。安德烈亚森发现，按照正常的诊断标准来看，80% 的作家都表现出某种类型的忧郁。这些成功的艺术家并不疯狂，他们只是过于忧伤罢了。约翰斯·霍普金斯大学的精神病学教授凯·雷德菲尔德·杰米森（Kay Redfield Jamison）①对英国小说家和诗人的人生经历进行研究，按照她的数据，与常人相比，著名作家患严重抑郁疾病的可能性是普通人的 8 倍。[7]

为什么极度的忧伤与创造力关系如此密切？安德烈亚森认为，抑郁与认知风格是联系在一起的，后者让人们更有可能创作出成功的艺术作品。她对此的解释简单易懂：写出好小说或者谱出一段好乐曲是很不容易的。这一过程往往需要很多年的专心倾注，艺术家会不断修改和更正差错。因此，执着于这一过程的能力（持续解蔽）非常重要。安德烈亚森说："成功的作家就像职业拳击手，即便被击打也不会倒下，他们会努力训练，直至技术娴熟。"[8] 安德烈亚森深知心理疾病带来的沉重负担，她举了诗人罗伯特·洛威尔（Robert Lowell）的例子——对他来说，抑郁不是"缪斯的礼物"，他需要依靠药物锂来摆脱痛苦。这样的病症在它比较缓和的程度上能够对很多艺术家提供帮助，长时间的专注对他们来说是可能的。（但对过于严重的抑郁来说显然没有意义——痛苦是如此强烈，以至于什么事情都做不了。）安德烈亚森说："遗憾的是，这种思考模式往往与痛苦无法分开。如果你想立于刀刃上，流血就不可避免。"

尽管解蔽过程可以帮助我们完善自己的作品，但是，并不

① 更多内容请参见其著作《天才向左，疯子向右》。该书中文简体版已由湛庐引进、浙江人民出版社出版。——编者注

是每一个问题都是从忧郁、兴奋剂和前额叶皮质中获益的。米尔顿·格拉泽懂得，对于最艰难的任务，在开始利用专注去完成之前，往往需要灵感的关照。格拉泽说："你要确定你所专注的是正确的问题。有时，那意味着你必须依赖自己无法解释的直觉启动这一过程。"

不同的创造模式（灵感的兴奋和解蔽的忧郁）之间不可避免地相互作用，可以解释为什么双相情感障碍（在极度忧伤和极度兴奋这两种极端情绪间摇摆的一种疾病）与创造力如此高度相关。安德烈亚森发现，在她调查的已成功的创造性人才中，差不多 40% 的人都患有这一疾病，大约比常人高出 20 倍。精神病专家哈古普·阿基斯卡尔（Hagop Akiskal）后来发现，在一群有影响力的欧洲艺术家中，近 2/3 患有双相情感障碍。[9] 安德烈亚森认为，产生这种高度相关性的原因是，躁狂状态常常导致人们突发奇想，他们的大脑会忙于远距离联想。"当人们处于躁狂状态时，会被强烈的自我表达情绪驱使。这可能是一种极其痛苦的疾病，常常是因为他们无法从创造状态中停下来"。而且，这些富有想象力的成果完全取决于他们激进的、有时甚至让人无法理解的天性。安德烈亚森说："躁狂时，这些人会变得对稀奇古怪的思想极为开放。往往就是在这样的时刻，他们想出了那些最具原创性的点子。"

然后，躁狂消退，患者从情绪亢奋状态一下子跌落到极度的抑郁中。尽管这种摇摆让人极为痛苦，但能产生创造力，因为躁狂期的兴奋思想在抑郁期得到进一步完善。换句话说，这种疾病的情绪极端化恰好映衬了创造过程的极端化：在兴奋的产生阶段，有千奇百怪的发散思想；在专注的完善阶段，让所有这些思想聚焦在一起。① 当然，不能说这一切都得益于心理疾病的痛苦，也不是说，人们只有在可怕的忧伤和躁狂状态中才能创造。但是，对于抑郁症和艺术成就之间反复出现的高度相关性，它确实能给出合理的解释。

坚持不懈地思考，让知晓感变成实实在在的知识

更重要的经验教训是，不同种类的创造力问题受益于不同类型的创造型思维。T. S. 艾略特是这样说的："最差的诗往往是该有意识的时候没有意识，或者在该无意识的时候有意识。"当然，问题是如何针对我们手边的任务调整我们的思考过程。人们怎样才能知道何时该听从前额叶皮质的呼唤，而不是听任右脑的操控？什么时候该做白日梦或洗热水澡？什么时候喝杯咖啡可能更好些？

令人高兴的是，人的思维天生就有诊断问题的能力，从而可以评估其所需要的创造力类型。这类评估有一个很贴切的名字：知晓感（feelings of knowing），它出现在我们怀疑仅仅通过专注思考能否找到问题答案的时刻。想一想"舌尖现象"吧，据

---

① 这导致像弗吉尼亚大学的安迪 · 汤姆森（Andy Thomson）等一些精神病专家推测：双相情感障碍患者的强大创造力可能正是这种疾病在人类进化过程中被保留下来的原因。

估计，人们平均每周都会经历一次。① 当你偶然碰到一个老相识，尽管你知道他名字的首字母是什么，但就是想不起他的全名。抑或你想不起最近看的一部电影的名字，尽管你能详细地描述出电影剧情。有趣的是，尽管你没记住那个信息，但你仍确信自己知道。这也是你不惜花费大量脑力也一定要想出忘记的那个词的原因。

但这正是神秘所在：如果你已经忘记了一个人的名字，那么，为什么你如此确信自己能想出它来呢？知道某件事情却又说不出正确答案意味着什么呢？这说明知晓感非常重要。很多研究都证实，对于那些不需要灵感的问题，大脑能够十分准确地估算出解决那个问题的可能性有多大。有些问题只要看一眼，你就知道若投入一定精力就能找到答案。因此，你会积极地专注在这个难题上。

这种知晓感的作用甚至还要更大一些，因为它让人有一种取得进展的感觉。哥伦比亚大学心理学家珍妮特·梅特卡夫（Janet Metcalfe）最先证明了这一点。[10] 她询问那些正在解创造性智力题的人，是否觉得离答案越来越近了（“热”起来了）。当被试解决的是那些需要灵感才能解决的问题，而头脑中未出现灵感时，他们会回答说没有取得进展。而一旦有了灵感，他们就会从冰冷直达“燃点”。对他们来说，并不存在知晓感。相比之

① 这一现象是很普遍的。从南非荷兰语到印地语，再到阿拉伯语的大多数语言中，都会用对舌头的隐喻来描述“舌尖现象”的出现。

下，梅特卡夫发现，解决并不需要灵感参与的问题的被试中，只有回答说“热度在逐渐增加”的被试随后找到了答案，这说明他们有“取得进展”的感觉。这项研究给人留下的深刻印象是：人们能够评估他们距离答案还有多远，尽管他们并不知道答案究竟是什么。

计算进展的能力是创造过程的重要组成部分。当你无法感到正在接近答案时，你也许需要灵感。在这种情况下，你应该依赖右脑，因为它擅长远距离联想。继续专注于问题将是对智力资源的浪费，也是对前额叶皮质的浪费，你会盯着计算机屏幕并重复你的失败。相反，**你应该试着找到一种放松的方法，并增加阿尔法波，而最有效的方法就是忘掉当下的工作**。

可是，当知晓感告诉你，你正在接近答案——感觉诗的韵律越来越好或感到平面设计正在铺展开来时，你一定要继续坚持下去。持续专注直到痛苦来临，然后让你的工作记忆装满问题。用不了多久，知晓感就会变成实实在在的知识。

这种创造力毫无浪漫可言，它由汗水、忧伤和失败组成。它是稿纸上的修改痕迹、丢掉的草图、废弃的原型和失败的初稿。它是出租车后座上的沉思，是让诗行臻于完美的兴奋剂。然而，这样一个残酷的过程，有时却是通向前方唯一的路。我们之所以坚持不懈地思考，正是因为下一个想法可能就是答案。

第 4 章

顺其自然是最好的创作状态
马友友是如何演奏出不可能演奏的和弦的

IMAGINE

How Creativity Works

所谓成熟，
就是找回孩童玩耍时的认真。

——

尼采

剧场里空无一人，灯光微暗。舞台中央孤零零地摆放着一把金属椅子，马友友正在将他的大提琴向椅子的方向拖去。乐器看起来很重，马友友迈着细碎的步子，长长的马毛琴弓露在外面。他坐到椅子上，定定神，盯着乐谱看了一会儿。这时，他抬起右臂，将手指在木质琴颈上放好，开始在琴弦上拉动琴弓。第一个音符听起来就像是一声美丽的叹息。

我挨着布鲁斯·阿道夫（Bruce Adolphe）坐下，他是马友友演奏曲目的作曲人，此时他似乎有点儿紧张。因为马友友是名人，他在过去的两个月里参加了 18 个城市的 23 场音乐会演出，但阿道夫只出席了很少的几场。阿道夫说："排练时总会有那种担心。我与这些音符相伴了那么久，可是，一到了舞台上，它们听起来总会有些不一样。"[1] 马友友开始演奏得很慢，就像看一本外文小说的头几页。有时，他会在乐曲中间停下来，然后再演奏一遍，对乐曲进行另一种不同的诠释。

在尝试性演奏几分钟后，马友友渐渐融入音乐中。首先表现在身体上，他的身体开始慢慢摇动。随后，他的右臂也大幅度动了起来，琴弓在空中划出的弧线越来越大。之后不久，马友友的肩膀松弛下来，但仍旧富有表现力，并随乐曲节奏的加快而凑拢。当重复演奏乐曲的主题部分时，他双眼微闭，好像也被自己创造出来的美妙声音所感染。我看了看阿道夫，他的表情已由紧张转为淡淡的微笑。

布鲁斯·阿道夫第一次见到马友友是在纽约市的茱莉亚音乐学院。尽管那时马友友才 15 岁，但他已经是位很有建树的演奏家了，他曾在白宫为肯尼迪总统演奏过，也曾在美国国家电视台与伦纳德·伯恩斯坦（Leonard Bernstein）合奏。阿道夫也是位杰出的年轻作曲家，那时他刚刚谱写完成第一支大提琴曲。阿道夫回忆说："遗憾的是，那首大提琴曲的细节我已经完全不记得了，以前我从没为大提琴谱过曲。"他曾向茱莉亚音乐学院的一位老师展示过乐谱草稿，这位老师告诉他：这乐谱中的一个和弦是无法演奏出来的。可是，在阿道夫还未对乐谱做出修改时，马友友便决定到琴房练习演奏这支曲子。阿道夫说："马友友把整首曲子都演奏下来了，当那个不可能的和弦出现时，他也不知道自己是怎么做到的，他的琴弓在全部 4 根琴弦上拉动。后来我问他是怎样做到的，因为老师已经告诉我那是不可能的。马友友告诉我，'没错，我也觉得做不到。'于是，我们决定再来一遍，这一次当那个和弦出现时，我喊了一声'停'，我们都在看他的左手，它已经全部扭曲在大提琴的指板上。手的那个位置是怎么找到的，他也说不清楚，但相当不舒服。他的手指以极为奇特的方式扭曲着，极不自然。马友友说，'看，你说对了，这真的无法演奏。’但是，他却演奏出来了！”

对阿道夫来说，这个故事无疑是在告诉他：马友友是个绝无仅有的天才，他有能力演奏那些无法演奏的和弦。马友友凭着精湛的技艺成为世界上最著名的古典演奏家之一，他的唱片种类繁多，从巴赫的大提琴组曲到美国蓝草摇摆乐，应有尽有。他曾临时准备与鲍比·麦克费林（Bobby McFerrin）搭档，为好莱坞大片配乐，让中亚世界的美妙旋律广为人知。阿道夫说：“有时，我会观看他的演奏，每当这个时候，我的敬畏感就会油然而生，好像我就是茱莉亚音乐学院的学生。他理解这些音符，并能设法把它们演奏得活灵活现。毫无疑问，马友友是位技艺高超的大师，但是，他之所以能成为出众的演奏家，是因为他知道什么时候应该通过技艺来表现某种感情，那种感情深度是其他任何人都无法达到的。”

但是，马友友刚出道时并不是一位激情四射的演奏家。实际上，是在一次永生难忘的失败后，他才开始注重表现他的音乐激情。1989 年，马友友对《纽约客》的戴维·布卢姆（David Blum）说：“那是我 19 岁的时候，我一直都在刻苦练习演奏，对音乐乐理也熟得不能再熟。但当我坐在音乐会现场，把所有的音符都正确无误地演奏一遍之后，我开始问自己，‘我来这里的目的是什么？最重要的事情是什么？’我答不上来。不仅观众觉得很无趣，我自己也觉得没什么意思。仅有完美的演奏技巧无法表现出音乐的巨大魅力。”[2] 毫无瑕疵的乏味演奏让马友友悟出一个道理：在完美和表现力之间，通常要进行权衡。马友友说：

“如果你仅仅在意不出错，那么，你就无法向人们传递任何东西。音乐的核心价值是让人感受到某种东西，如果你总是照本宣科地演奏，你就会走向歧途。”[3]

对情感的追求改变了马友友音乐会的演奏方式。他不会分析自己要演奏部分的细节，或看一眼小提琴是怎么演奏的。他会完整看一遍曲子，寻找更高层次上的内涵。马友友说：“我总是把一段乐曲当侦探小说来看。也许，这是一部有关谋杀的小说。那么，谁是凶手呢？他为什么要这样做呢？我的工作就是复述一遍这个故事，以便听众能感受到悬念的存在。因此，当音乐达到高潮时，听众是在和我一道聆听着我讲述的美妙的侦探故事。在整个演奏过程中，听众们一直在关心接下来会发生什么。”

马友友不同寻常的演奏方法在排练场合表现得尤为突出。此时，他在细心揣摩阿道夫的乐曲。一整个下午，他的表演带动着他的情感越来越充沛，他的身体极其放松且富于表现力。马友友在演奏上的轻微改变，如把一个弱音演奏得更弱、快速演奏一个即兴重复段或夸张一个渐强音，把一部曲调复杂的音乐作品演绎成了一个充满情感的故事。乐谱本身并不存在这些变化，然而，它们确实能很好地表达乐曲的本意。很多时候，马友友也无法解释究竟是什么促成了这些改变，但是，这并不重要。他知道，只要相信自己就好，这样，就可以在讲故事本能的指引下率性而为。

这就是他演奏时身体会不停晃动的原因。此时，他已经无法控制住自己，他正体验着他想表达的那种情感，这时的演奏已处于“顺其自然”的状态。马友友说：“实际上，那些故事讲得最好的人总会陷入自己的故事中。他们舞动着胳膊，为自己所讲的笑话而笑意满怀。在舞台上，我就想进入那样的状态……我知道，当自己对音乐感到激动和着迷的时候，最好的音乐就会悄然而至。”①

为了取得这样的演奏效果，马友友总要创造出一种轻松、随意的后台氛围。在音乐会开始的前 30 分钟，马友友会躲进某个安静的房间。当他再度出现时，我猜想他会带着几分忧郁、严肃的神情，或许还会有点紧张。但是，马友友像平时一样，亲切又顽皮，说我的领带怎么怎么不好。他吃着香蕉，不时跟阿道夫聊上几句。这种轻松不是刻意装出来的，他需要保持一种放松的状态。如果太在意音符本身，过于紧张，那么，他就会失去音乐的表现力，也捕捉不到那些指引他演奏的情感。

马友友说：“人们总在问，我是怎样在演奏之前让自己放松下来的。首先我会告诉他们，每个人在演出之前都会紧张，那是一件无法避免的事情。但在上台前，我会想象自己是一场大型晚宴的主人，每个观众都坐在我的客厅里。作为主人，你最不应该

① 应该说，正是马友友对自动自发和情感表达的情有独钟（他对完美不感兴趣），成就了他早期的演奏风格。例如，18 世纪的古典音乐充满装饰乐段，也就是乐曲中演奏者可以“随意”演奏的简短插入曲（莫扎特将这种做法发挥到极致，他的大部分作品中都写有插曲）。在这些几近疯狂和自由发挥的瞬间，演奏者可以表达他个人的感受。

做的事情就是表现出很紧张的样子。酒温是否太高了？牛排是否太生了？如果你很紧张，每个人都会觉得不舒服。我这是跟法国‘厨神’朱莉娅·蔡尔德（Julia Child）学来的。她也会把烤鸡掉在地板上，但是，她尖叫了吗？她哭了或恐慌了吗？没有，她只是平静地将烤鸡从地板上拾起来，微笑依然挂在脸上。拉大提琴也是同样的道理，在舞台上我也会出错。你知道吗？我对第一次犯错持欢迎态度。因为此后我就不会再受它的困扰，并可以表现出开心的样子。然后，我将继续我的演奏，不再试图去评判一切。我不再去想这件事，也不会因此烦恼。当我不怎么‘在意’自己在做什么的时候，当我‘深陷’音乐情感之中的时候，我的演奏效果最好。”

半梦半醒时最有创造力

随心所欲听起来还是有几分可怕的。这就是说，我们可能会把事情搞砸，甚至放弃可能的完美，也意味着我们可能会表达连我们自己都无法解释的情绪，无法控制自己在台上的表演，甚至不知道将要如何开始演奏，直到琴弓拉过琴弦。

这种自发的方式也许有几分可怕，却是极具价值的创造力来源。实际上，正是顺其自然的创作行为催生了当代文化中一些最脍炙人口的作品，如约翰·科尔特兰（John Coltrane）的萨克斯管独奏、杰克逊·波洛克（Jackson Pollock）的“滴色”画等。

这一切都跟大脑有关。约翰斯·霍普金斯大学神经科学家查尔斯·利姆（Charles Limb）对即兴行为的心理过程进行了研究。[4]利姆自称是个痴迷音乐的人，他在自己的办公室附近有一个小型录音室。对创造性演出究竟源于何处，他百思不得其解。在接受《霍普金斯医学》（*Hopkins Medicine*）杂志访谈时，利姆思忖道：科尔特兰是怎么做到的呢？“他是如何登台即兴演奏一小时甚至更长时间的呢？很多音乐家都能时不时地演奏出一首创造性的小曲，但连续不断地上演大型音乐作品，那就绝非寻常了。我想知道这究竟是怎么发生的。”①

尽管利姆的实验说起来并不难——他要在爵士乐钢琴家即兴演奏时对其大脑进行扫描，但做起来却不容易。因为 fMRI 中的超导磁铁的体积非常大，这就要求被试的身体部位不能有一丁点移动。这就意味着利姆要设计一个特殊键盘，让钢琴家躺着就能演奏。由于配备了一个带有角度的复杂镜像系统，所以被试能看见自己的手。每位钢琴家开始时都会演奏一些不需要想象的片

① 爵士乐即兴表演的兴起通常要追溯到查尔斯·巴迪·博尔登（Charles Buddy Bolden），他是 20 世纪初的短号吹奏家，也是新奥尔良最受欢迎的音乐家之一。1907 年，博尔登患上了精神病，此后，他的生命时光都在精神病院中度过。根据英国谢菲尔德大学精神病专家肖恩·斯彭斯（Sean Spence）的说法，博尔登患上的早发性痴呆（dementia praecox）后来被划入精神分裂症变种的一种。斯彭斯推测，博尔登持续不断地“发疯”（他因在大街上威胁袭击他人而被送进医院），实际上是其“疯狂”音乐即兴表演的关键。他错乱的思想，再加上他已无法理解音乐，反倒让他找到了一种编排音符的新方法。随后的研究发现，爵士乐成就与精神病之间存在着令人不安的相关性，这些名家包括吸食海洛因成瘾的查理·帕克（Charlie Parker），情绪飘忽不定的塞隆尼斯·蒙克（Thelonious Monk），还有患抑郁症和幻肢痛的科尔·波特（Cole Porter），等等。

段，比如C大调乐曲或者预先准备好的布鲁斯乐曲。当按照录制好的爵士四重奏进行演奏时，被试会被告知，现在即兴演奏一段全新的音乐。这时，创造力便悄然而至。

当被试在琴键上即兴弹奏时，扫描仪检测到其大脑活动有轻微的改变。研究人员发现，爵士乐的即兴表演与精心设计的一系列心理活动是分不开的。在这一过程的初始阶段，内侧前额叶皮质会出现一波剧烈的活动。内侧前额叶皮质是大脑前部与自我表现紧密相关的一个区域（利姆称其为大脑的“自传中心”）。就是说，这位音乐家正在进行一种类似于讲故事的活动，他在搜寻能反映其个人风格的那些音符。

与此同时，研究人员还观察到，附近另一个与背外侧前额叶皮质对应的电路同样变化强烈。背外侧前额叶皮质有很多优秀特质，不过它与控制冲动的关系更为密切。正是这些神经组织阻止我们做出令人尴尬的表白、抢夺食物，或者从商场偷东西等行为。换句话说，这是一个神经约束系统，也就是心智加在每个人身上的一系列约束条件。

自我控制与创造性的即兴演奏有什么关系呢？在即兴表演的条件下，每个钢琴家在开始演奏之前都表现出了背外侧前额叶皮质的“钝化”。此时，大脑会让回路安静下来。相比之下，当这位钢琴家演奏其熟记的曲子时，这一区域保持活跃状态。在即兴表演时，这些音乐家克制掉自我压抑，放松了这些心理约束。按照利姆的说法，在这种状态下，演奏者才能创造出新的音乐，甚至不必在意他们所创造出的究竟是什么。

但是，仅仅放空心灵还不够，人们还要具备一种非常特别的创造表现力。在解开束缚之后，大脑仍需寻找可以诉说的有趣内容，这是即将进入即兴表演过程的生成阶段。但是，创造性生产的神奇之处在于，它并不是草率或者毫无计划的。相反，自发生成的思想也有其特定的形成规则。比如，爵士乐钢琴家在即兴表演时，要以合适的速度和风格弹奏合适的琴键；而杰克逊·波洛克也必须以恰当的样式在画布上“滴色”。再拿马友友来说吧，他的情感表现总是契合于音乐的需要。他摇晃着身体，但他总是在恰当的时候摇晃。马友友说：“我认为，演奏的最佳方式就是能让你处于很深的潜意识状态，但是，你还略微有一点意识。这跟你凌晨躺在床上的感觉差不多。那个时候我总能想出好主意，因为我那时正处于半睡半醒的状态，聆听着潜意识对我的诉说。但并没有身陷狂热的梦境中，如果那样，那就仅仅是狂热而已。我觉得这是一种受控的狂热。这就是理想的表演状态。”

大脑是如何发现这个地方的呢？这是哈佛大学的神经科学家们开展 fMRI 研究时提出的问题。[5] 在这项研究中，研究人员要求 12 位训练有素的钢琴家即兴演奏美妙的音乐。这与利姆的研究不同，利姆的实验是比较即兴弹奏钢琴和弹奏已熟记的钢琴曲时的大脑活动，而这个实验是对不同的即兴表演项目的大脑活动进行比较。这样，研究人员就能发现“每一种”自发创造行为都依靠的神经基础，而不是大脑中仅与特殊音乐形态相关的部分。不出所料，各种即兴表演（不管音乐风格如何）都引发了众多神经区域的剧烈活动，包括运动前区皮质和额下回。只要进行演奏，运动前区皮质就会有活动，新的音乐形态也会转化为身体姿态的变化。但是，额下回却与语言和演讲有着极为密切的关系。那么，为什么人们在进行现场创作时它会如此活跃？研究人员认为，老练的音乐家在创作新的美妙乐曲时调动的心理肌肉与诗人创作诗句时是相同的，每个音符就如同一个词汇。哈佛大学这一研究项目的主要研究者阿伦·伯科威茨（Aaron Berkowitz）在 2009 年对《哈佛学报》（*Harvard Gazette*）说："这些演奏者演奏的音乐听起来就像是几秒钟之内蹦出 70 个音符，演奏者根本没有时间去考虑每一个音符的情况。他们的工具箱里必须备上一些音乐模板。"

当然，这些音乐形态的建立需要经过多年的实践。这就是伯科威茨把即兴表演跟学习第二语言进行比较的原因。他说，首当其冲的问题就是词汇，学生必须熟记大量的名词、形容词和动词变化。与此相似，音乐家要沉浸在艺术当中，深刻领会肖斯塔科维奇、科尔特兰或者亨德里克斯作品的复杂性。在艺术家经过若干年苦练之后，衔接过程才开始自然而然地发生——学语言的学生在讲话之前不需要想着动词表，就如同音乐家不必留意手指动作就可以演奏一样。只有在此时，也就是说，**在已掌握了专业技能之后，才能实现即兴演奏。**如果需要演奏新的音乐，这些音符就会不知不觉地冒出来，等待着音乐家去表现。这看上去很简单，但真正的原因在于，不懈的努力早已付出。

大脑中这些皮质的工作机制揭示了即兴表演的神奇所在、

创造力魔法后面的秘密：能够有选择地把那些负责“让我们安静下来”的东西关闭。于是，当我们已经建立起创造某种新事物的勇气时，大脑的完美表现会让我们震惊。这就是我们不受任何牵绊时听到的声音。

痴迷，让孤独症患者成为特定领域的天才

克莱·马索（Clay Marzo）整个早晨都在等待风浪。他拿着冲浪板，站在一块写有“不得擅自闯入”的标志牌旁，旁边就是一片菠萝园。他俯视着毛伊岛（mani）西北岸的海滩。这里没有沙滩，到处是高低不平的火山岩，只有一条私家土路。所以，游客从不到这里来。此时还没有涨潮，风浪对于冲浪毫无价值。一个多小时过去了，马索一句话也没有说。他甚至连动都没动一下，只是站在炎炎烈日下，凝视着大海。

下午 1 点钟刚过，信风开始刮起，等待结束了。马索用力搓着双手，就像一个准备点火的人，喉咙处发出了几声喊叫声。然后，他抓住冲浪板，光着脚迅速下到一个陡坡面。在岩石右侧的多变地形里只有少数冲浪者，马索冲向左边，那里的风浪更大。他从侧面滑向等浪区，警觉地观察着海面，计算着每个汹涌风浪之间的时间间隔。几分钟后，马索突然改变方向，踩着冲浪板冲向海边，他绷紧身体并开始后退。风浪虽然没有到来，但马索已在寻找最好的位置。随后，风浪出现了约 2 米高的蓝墙。海平线逐渐上升，当海水刚开始坠下时，马索突然站到冲浪板上。他提

前开始加速，突然启动的速度反而让波浪显得慢了些。然后，他猛地腾空而起，以便在浪唇上反向落下。有时，马索几乎失去了平衡，但随后他翻转冲浪板，沉着地等到它再把他带起来。一个海浪消失了，他又在寻找下一个海浪。

我刚刚看见他做了个“马索”翻转——这是他首创的动作。刚开始时，这 6 秒钟的水上舞蹈动作跟其他专业冲浪动作并没什么区别：出现一波汹涌的海浪，不顾危险地跃到空中，然后是不可思议地落回水面上。但是，这个动作最惊心动魄的地方是，马索在半空中翻转，旋转着他的冲浪板，并以面向大海的方向落回到浪的顶端。马索的经纪人米奇·瓦内斯（Mitch Varnes）说：“你无法想象这有多难。他是在用错误的方式冲浪，只能用‘疯狂’来评价。冲浪板是按一种方向设计的，但他让自己的冲浪板实现了双向冲浪。”[6]

在大海里即兴创造出新动作是马索冲浪的招牌特色。他的赞助商 Quiksilver 的冲浪团队经理斯特赖德·瓦西莱夫斯基（Strider Wasilewski）说：“毫无疑问，他做的事情都是没人做过的，他做的一些动作甚至连名字都没有。你知道让一个少年在水里做些全新的动作有多罕见吗？”

这种创造性才能使马索成为全世界最优秀的冲浪运动员之一。他已获得过一次全美冲浪比赛冠军和多次夏威夷冲浪比赛冠军。他登过《冲浪者》(*Surfer*）杂志的封面，也是 YouTube 上的红人。世界职业冲浪协会 11 次冠军获得者凯利·斯莱特

（Kelly Slater）说："他像一只猫，总能稳稳地站住。毫无疑问，他知道很多我们并不知道的事情。"当我问其他冲浪运动员如何评价马索时，他们也都提到他永不枯竭的创造力，因为他总能在水上进行即兴表演。瓦西莱夫斯基说："有时，一个优秀冲浪运动员的出现会让其他冲浪运动员看上去多少有些乏味。在你看了马索的表现之后，其他人的冲浪就像是一遍遍简单地重复着相同的动作。"

让人们对马索的创新型冲浪更加区别对待的是，他天生就是个有缺陷的人。他患有阿斯佩格综合征，这是一种高功能孤独症。这种综合征主要体现在社交缺陷方面，也就是说，马索很容易在他人面前表现出不知所措，且常常为表达自我而苦苦挣扎。近年来，人们还将孤独症与缺乏想象力联系在一起。他们认为，患上这种病的人严重缺乏想象力。实际上，886 页的《精神疾病诊断与统计手册（第 4 版）》将"缺乏正常的创造力"列为孤独症谱系障碍（autism-spectrum disorder）的 9 个典型特征之一。

剑桥大学研究人员西蒙·巴伦-科恩（Simon Baron-Cohen）对孤独症患者的创造力缺陷进行了深入研究。在其中一个研究项目中，他发给孤独症儿童一个小册子，每页纸上都是一些不完整的图形。然后，巴伦-科恩指导这些孤独症儿童通过添加新的线条把每页纸补充完整。他对这些孩子说："我要你们做不同的事情，你们要尽力展现出自己的创造力。"[7]

这种创造型任务的实验结果明白无误地告诉我们：孤独症儿童的得分远低于正常的孩子。与控制组相比，他们完成的图形少了 75%。（普遍的答复是："这根本就不是一幅画！"）于是，巴伦–科恩得出结论：孤独症儿童深受"想象缺陷"之苦，正是这种"想象缺陷"让他们形成了更加"基于现实的世界观"。他们如此紧抓表面含义不放（歪七扭八的图形），以至于无法想到各种各样的可能性。

马索的例子明确地告诉我们，创造力有多种不同的形式，孤独症并没有损害到任何一种创造力。实际上，马索在冲浪方面的创新能力正是来源于他心理障碍上的一个典型特征。

汉斯·阿斯佩格（Hans Asperger）是奥地利维也纳的一名儿科医生，第一个发现了这种病症，他认为阿斯佩格综合征儿童通常对"狭窄的领域极为痴迷……这个嗜好在他们一生中的分量很重"。有些患这种综合征的儿童迷上了 19 世纪的火车或滴漏式咖啡机，又或者《价格竞猜》（*The Price Is Right*）电视节目。其他患病儿童则会记忆照相机的序列号，即使他们对照相没有丝毫兴趣。阿斯佩格认为，这种着迷通常是取得重要成就的前提条件，即便要为此付出极大的社会性成本。阿斯佩格写道："这就是说，为了获得科学和艺术上的成功，轻度孤独症似乎是有益的。也许，逃离现实世界的能力是成功的一个重要保障……然后，把所有的能力都应用到一种特长上。"

马索的独特之处在于，他着迷的是一项运动，而不是某种抽象的知识。他才刚刚 22 岁，但没有哪一天不执迷于管浪、短板和潮汐报告。有时候，马索在海里甚至会忘记了时间，连续冲浪 8 小时之久。他的女朋友必须给他送淡水，否则他会因脱水而头晕。当我问他，要是不能冲浪他想做什么，他表现出一脸迷茫，仿佛根本就不存在这种可怕的可能性。他说："我不知道。我猜，我只想冲浪。"[8]

马索打小就有些与众不同，他甚至没经过爬就直接学会了走：在 7 个月零 1 周时，他站了起来并开始走路。尽管马索的妈妈吉尔是个热情、随和的人——她是一位脸上总是挂着笑容的职业按摩师，但是，马索从未喜欢过吉尔的抚摸。仅仅几个月后，马索就不再吃母乳了。打这以后，马索和水之间建立了奇特的联系。让马索入睡的唯一办法，就是给他洗热水澡。吉尔说："我们一天要给他洗 3 次。我用手托着他的背，打开出热水的水龙头，让他在浴缸里漂浮。于是，他很快就睡着了。"

1 岁时，马索开始骑在爸爸的冲浪板前面。6 个月之后，马索就能在大人休息时自己玩冲浪板了。2 岁时，马索开始玩趴板冲浪，一年后，他就能站上冲浪板了。5 岁时，马索已能在自己的小冲浪板上冲浪。之后不久，大海成了他的最爱。吉尔说："只有在吃东西的时候，他才走出大海。他狼吞虎咽地把东西吃完，然后又回到大海里去了。"到了深夜，吉尔经常能听到马索房间里传出声响。她曾看见他在睡梦中站了起来，手臂张开，就好像正在冲浪。

既然对冲浪如此痴迷，马索也许可以在运动方面有所作为。由于他已经完全摸透了大海的脾气，因此，他可以尝试很多奇特的新动作。马索的创造力来源于他对海水冲向岸边这一动作的深刻理解。换句话说，他仅对一件事情的痴迷已成为一种认知上的优势。马索曾对他的孤独症状（这些让他在学校遭受嘲笑的社交缺陷）痛恨不已，但他现在觉得沉重的负担也让他因祸得福。他说："如果我没有患阿斯佩格综合征，那么，我就不会如此喜欢待在大海里。因为喜欢冲浪，我可以把兴趣完全放在这件事上，所以我在大海里所做的事情也许是别人无法做到的。"

没人知道为什么马索在海水里的感觉如此与众不同。有些人猜测，可能是负离子的作用，也可能是可预期的海浪起伏，或者是海水裹住身体的方式。马索自己则把大海比作一种心理度假，只有在大海里，他才能够真正地放松下来，他才是真实的自己。他说："一旦到了海里，我就不需要想那么多了。我无须担心什么，只要待在那里就可以了。"

水的影响是立竿见影的：一旦马索带着他的冲浪板进入水里，他自闭的烦恼就全不见了。他的身体会很放松，就好像他的背外侧前额叶皮质（大脑中起抑制作用的褶皱）被不停的风浪冲击所平息。在陆地上的自闭小伙子一到水里就摇身变成"爵士乐音乐家"，并将他对冲浪的理解转化为运动创造力。他不再考虑那些他无法理解的一切，或者可能会犯什么错，或者岸边的人会说些什么。他只关注当下的各种可能，看看从一片玻璃纤维板和一面水墙中，还能琢磨出哪些新花样。

马索说：“人们总是问我，‘你怎么玩得那么好？’‘你为什么要玩这个？’说实话，我也不知道是怎么回事儿。一进入水里，我就能做到那样，连想都不用想。这就是我喜爱冲浪的原因。”

大海能够缓解马索的压抑，这种神秘的力量在我与他的交谈中显露无遗。当我在夏威夷毛伊岛跟他相处时，我观察到他在访谈中总是非常卖力地搜索用于表达的字眼儿，而且他会避免与他人的目光接触，只盯着自己的脚。即使是最简单的问题，也会让马索沉思，要么就是回答得结结巴巴，就好像他非常害怕说错话。可是，当我泡在夏威夷温暖的海水里访问他时，他的口才却出奇的好，句子充满了生动的比喻。在陆地上连一个完整的句子都说不清楚的少年，到了水里就变成了了不起的诗人。

有一天，我和马索趴在冲浪板上，在毛伊岛一处偏远的海湾漂流。我问他：“在管浪内冲浪的感觉是怎样的？”他说：“那就好像在喉咙里，然后某个人把你‘咳’出来。”我接着问他，海浪的可爱之处在哪里？为什么他总想到海里去？马索变得很平静，并望向正在涌来的巨浪。我以为他不会理睬我的问话，但随后，他给我一句招牌式的回答：“海浪就像是上帝赐予我的玩具。来到这里，我只是在玩耍。”

忘我的状态，每个人都可以即兴表演

洛杉矶的“第二城剧场和培训中心”[①]（全球最大的即兴表演学校，以下简称“第二城市”）位于好莱坞大道延长线上的一个脏乱差地区，周围不是迷路的游客，就是低廉的纪念品商店和三级片电影院。“星光大道”就在人行道上，而大多数名人的星形奖章都已被嚼过的口香糖覆盖。但一走进这所学校，情况就完全不同了。走廊里回荡着笑声和嗓门很大的说话声，爵士音乐迷像孩子般在操场上跑来跑去。

“第二城市”于 1959 年初创时是美国第一家专门从事喜剧即兴表演的剧院。在当时，这一理念似乎很可笑：谁会想看演员在舞台上瞎编呢？按说，演员应该照着剧本说台词，而不是自己想说什么就说什么。“第二城市”的演法是从剧场游戏里借用过来的，这些游戏是由社会工作者维奥拉·斯普林（Viola Spolin）给孩子们设计的。但是，“孩子气”确实是关键所在：“第二城市”认为，孩子不应该是唯一享受玩乐的人，三年级学生参加的自由活动对于职业演员同样有很大的帮助。因此，斯普林在其 1963 年出版的教科书《剧院即兴创作》（*Improvisation for the Theater*）的开篇这样写道：“任何人都可以表演。任何人都可以即兴表演。任何一个想表演的人都可以到剧院里进行实践。”这几句话已成了“第二城市”的信条，只不过，接下来的事情就是要学习怎么进行表演。

① 第二城剧团前执行副总裁凯利·伦纳德和第二城工程首席执行官汤姆·约顿在《向即兴表演学商业》一书中将第二城多年实践的原则、技巧总结成了 7 大秘诀，加上生动的案例解说和 17 个即兴小游戏，为读者提供一套实用的即兴训练工具包。该书中文简体字版已由湛庐引进、中国财政经济出版社出版。——编者注

在此后的几十年里，“第二城市”成了喜剧人才的工厂。美国戏剧界很多非常有影响力的人物都出自这所学校：约翰·贝鲁西（John Belushi）、丹·艾克罗伊德（Dan Aykroyd）、约翰·坎迪（John Candy）、琼·里弗斯（Joan Rivers）、哈罗德·拉米斯（Harold Ramis）、迈克·迈尔斯（Mike Myers）、克里斯·法利（Chris Farley）、史蒂夫·卡雷尔（Steve Carell）、史蒂文·科尔伯特（Stephen Colbert）、亚当·麦凯（Adam McKay）和蒂娜·费（Tina Fey）。这些演员在《周六夜现场》（*Saturday Night Live*）节目中领衔主演了网络情景喜剧和他们首创的经典滑稽短剧。

近几年，他们将关注点转向了即兴表演，即“第二城市”擅长的自发的幽默，这让美国的喜剧界焕然一新。如果说过去的搞笑电影是《空前绝后满天飞》（*Airplane!*）或者《白头神探》（*The Naked Gun*），即剧本里充满了俏皮话和逗乐的故事，那么，今天最成功的喜剧则出现在即兴表演的场面中。就拿《科尔伯特报告》（*The Colbert Report*）或者情景喜剧《办公室》（*The Office*），又或者贾德·阿帕图（Judd Apatow）的电影来说吧，那些最好笑的情节很少是预先写好的。[①] 因此，这些逗人发笑的

①《王牌大贱谍》（*Austin Powers*）系列是我最喜欢的即兴表演电影。迈克·迈尔斯在影片中扮演一个邪恶的博士，他会一次次让他已长成大人的儿子斯科特闭嘴。在做过几次标准的“别出声”动作之后，迈尔斯开始即兴表演，搞笑的戏剧效果立马就出来了。迈尔斯说：“我来给你们讲个关于一个名叫‘别出声’的男人的故事。”斯科特看上去迷惑不解，然后开始张嘴。迈尔斯继续禁止儿子说话：“在你开始说话之前让你闭嘴，那是一个先发制人的‘别出声’！”然后又用这段话结束了这个镜头：“我有一整包的‘别出声’，你的名字也在上面。”“别出声”是这个电影中最好的一个镜头，这是迈尔斯即兴表演出来的。

人或事给人的感觉是发自内心的，毫不做作，它们就是现实生活中的幽默。阿帕图说，即兴表演有助于“摆脱想象中的打字员的影响”。比尔·默里（Bill Murray）也是“第二城市”的毕业生，他在解释为什么每个演员都应该学习即兴表演时说道：“我认为，即便你已足够好，好的演员就是要超越剧本。没办法，那就是你的工作。剧本是这么写的？好，那我就试着换个演法。试着大声喊一嗓子，然后看看我们究竟能喊多大声。”①

这就是我访问“第二城市”的原因。喜剧人才好像都是天生的——有些人就是比另外一些人更搞笑。但是，“第二城市”的课程告诉我们：幽默是可以习得的。当然，这并不是说，这个过程总是那么顺顺当当，或者说，随便哪个人上了几节课以后就会成为像史蒂文·科尔伯特那样的人。好莱坞“第二城市”的艺术总监乔舒亚·芬克（Joshua Funk）说：“教会人们即兴表演喜剧最难的地方就在于人们认为这太容易了。他们仅仅看到有些人说起话来很搞笑，就觉得自己也行，‘我知道该怎样搞笑！上一周我说的话就很搞笑！我能做到这一点！’但是，他们做不到。在能够很熟练地进行即兴表演之前，他们要下很多年的功夫。这跟学音乐的情况类似，不是说你拿起萨克斯管就会成为像克特兰那样的人，你必须把全部心思都放在这件事情上。”[9]

① 即兴表演在好莱坞戏剧中的兴起从电影长度上的变化就可以看出来。大多数有剧本的喜剧片的胶片拍摄长度不超过 12 万米，制作完成的影片胶片长度为 2 400 ～ 3 100 米，而依靠即兴表演的喜剧片胶片则需要约 30 万米。当阿帕图让演员即兴表演时，一个电影镜头的长度可能就要拍摄 300 米的胶片。

不在意他人想法的能力是“第二城市”传授的基本技能之一。通常，一堂课从一系列热身练习开始。一开始时，表演者会先玩一些儿童游戏。接着，这些演员开始绕着房间卖弄一番，让身体发出一些不合时宜的声响，比如很特别的打嗝声。然后，他们又开始“大喊大叫”，有多大的肺活量，就喊多大声，以表达对某件事的愤怒。最后，他们摆上一圈折叠椅，开始进行“5 分钟疗法”的活动。目的是尽快开始倾诉心声，分享不为人知的想法和压抑的情绪。一个学生会说他在男女交往方面不太顺利，而另一个学生则在诉说她最近与妈妈之间的矛盾。这些短小的故事给人一种最原始的感觉，没有经过任何的筛选和过滤，而这恰好是关键所在。“第二城市”里一位经验丰富的教师安迪·科布（Andy Cobb）说：**“所有的热身活动都是为了消除‘审查机制’，以便人们进入这样一种心理状态，他们会把头脑中最初显现的事情讲出来，即便它看上去很可笑或很愚蠢。因为正是内心里告诉你‘不要’做什么的那个声音，会扼杀你的即兴表演。”**

科布所说的那种声音来自背外侧前额叶皮质，大脑的这部分组织负责控制冲动。学生们会学习怎样将其关闭，怎样平息他们的抑制力，就像我们在大脑扫描仪中看到的爵士乐音乐家们做的那样。科布说：“演出时，如果某个人的内心还在进行着斗争，而他们的表演也不到位时，我们就会认为问题在于‘你的头脑’。观众能够嗅出‘害怕’的味道，即便是极其轻微的犹豫，观众也能感受到。这就是我们花那么多时间教人们在台上表演时如何不去理会台下观众的原因。”基斯·约翰斯通（Keith Johnstone）是最具影响力的即兴表演指导教师，他是这样说的：**“在生活**

中，很多人都擅长抑制自己的行为。而所有即兴表演教师都必须做的一件事情，就是反其道而行之，改‘抑制’为‘鼓励’，只有这样，他才能培养出非常‘有天赋’的即兴表演者。”按照科布的说法，最优秀的即兴表演艺术家非常擅于关闭他们的过滤器——他称之为“忘我”，以至于在演出结束后，他们会对刚刚发生的事情没有任何记忆。他说：“这确实很奇怪。你在‘忘我’期间是如此投入，当人们对你的表演开怀大笑时，好像那个给大家带来欢笑的人并不是你。”

当然，并不是说不再进行自我控制就万事大吉了。即便即兴表演的演员能够抑制他们的背外侧前额叶皮质，他们仍必须密切关注舞台上发生的每一件事。不管怎么说，喜剧即兴表演是一种强调整体效果的演出：每个笑话都离不开上一个环节的铺垫。

这就是在“第二城市”的学生要练习一种被称为“是的，而且……”的技巧的原因，其根本原则非常简单：当一起演出时，即兴表演者绝不能再提已发生过的事。他们需要立刻表示同意——这就是“是的”部分，然后就开始准备下一个笑话。

在“第二城市”的某个夜场演出中，我亲眼见到了这样处理的效果。在这场演出中，6个演员正在表演一出素描喜剧。对于这个素描喜剧，观众会给出两个有难度的主题，演员要把这两个主题糅进一个喜剧当中，这两个主题是：肥胖和宗教。在最初的几秒钟里，这些演员看上去有几分茫然，他们不知道该做什么。这时，有个人把椅子搬到了舞台中央并开始表演吃饭。另一个人也搬了一把椅子上来，并悲叹道："耶稣，我饿！"这引发又一个演员说："牵好你的马，耶稣正在往这里赶。"这时，一个叫贾米森的演员迈着缓慢的步子进场："好，我来了，我们都有吃的了。而且，我带了些酒来，这些酒是我刚刚用水做成的。"经过几番交流，故事清晰了：总体效果是在表演"最后的晚餐"。对话有一搭无一搭地进行着，充满着智慧的线索（"为什么犹大总是迟到？"）和几个亵渎神明的段子（"耶稣，这些苏打饼的颜色竟然跟你的肉色一样！也太奇怪了吧？"）。这时，耶稣看见抹大拉的马利亚慢悠悠地进场，并对一些人做着粗俗的评论，观众"轰"的一下笑了起来。当然，并不是所有的台词都有那样的效果。有时，观众只是友善地轻笑。但是，素描喜剧往往是极为搞笑的，它所引发的捧腹大笑只有通过那些自发表演出来的笑话才能做到。后来，安迪·科布对他们的评价颇高：他们是用心在表演。

做梦，让我们变成即兴表演艺术家

"顺其自然"的好处是让我们懂得我们限制了自己的创造力。因过于担心弹错音符或说错话，导致我们创造不出新的东西，担惊受怕的想象力因而默默无闻。尽管最棒的表演者知道怎样选择性地约束他们的抑制力，但是，让背外侧前额叶皮质安静下来也可能使个人完全失去抑制力。这样的结果总是悲剧性的，但这种悲剧成就了艺术。安妮·亚当斯（Anne Adams）第一次无法控制作画欲望时是 46 岁，那时她是英属哥伦比亚大学的细胞生物学家。她没有接受过艺术上的专业培训，也毫无经验可言，只是突然产生了创作的欲望。因此，她买了画布，并将一间闲置的卧室改造成了画室。没过多长时间，亚当斯每天的作画时间就长达 10 小时，画的东西也包罗万象，有当地的街景，也有对 π 的抽象表达。几年后，她的艺术品就成了众多画廊和展览会的专题展作品。在随后的 15 年里，她一直在进行艺术创作，直到因患上难以治愈的脑疾去世。

在妻子去世后不久，约翰·卡特（John Carter）就决定成为画家。那一年，他 52 岁，是位成功的投资经纪人。他的朋友们对他改变职业一事深感震惊，因为此前卡特从未表现出任何对艺术的兴趣，甚至连当地的博物馆他都没去过。但卡特说他别无选择：他突然被梦想“俘获”了。因此，他搬进了一间破旧的阁楼，不再吃肉，并开始穿亮紫色的衬衫。开始时，他的画作很难看，全是一些散乱的彩色线条。但是，经过几个月的努力，卡特的画布开始呈现出一种朦胧美。神经科医生布鲁斯·L. 米勒（Bruce L. Miller）这样描述他的改变：

> 没人确切地记得卡特的画作是从何时开始被人关注的，但与他记不住词汇含义的时间差不多。让人意想不到的是，当卡特的语言能力退化时，他的视觉却更加敏锐。卡特将这些新的视觉技能全部应用到他的绘画事业中。他大部分时间都与画布为伴，精雕细琢画布上的每一个线条。他通常用紫色和黄色作画，他穿的衣服也是他喜欢的这两种颜色。

卡特开始频频赢得当地的艺术大奖，他的作品也在纽约市的画廊里展出。尽管在艺术上很成功，卡特的健康却每况愈下。他丧失了短期记忆，容易暴怒，生活也不能自理。卡特服用了很多精神类药物，但都不见效。到 68 岁濒临死亡时，他既不能说话，也不能开车，甚至连饭都吃不了。但是，他仍旧每天作画。亚当和卡特二人所患的是同一种致命性疾病：额颞痴呆（frontotemporal dementia）。没人知道这种疾病的病因是什么，但是，它造成的损害是无可挽回的。当前额叶皮质内的纤弱神经元开始萎缩时，就是这种疾病的开始。用不了多长时间，大脑里就会遍布小洞。虽然额颞痴呆有很多可怕的症状，比如记忆丧失、中风等，但其中一个最重要的共性后果是：对创造的无限渴望。

布鲁斯·L. 米勒是治疗额颞痴呆的专家，他的病例报告中很多患者都是刚展现出艺术才能就开始失忆了。[10] 中年家庭主妇琼不再洗碗做饭，而是整天画素描，她所画的都是儿时的景色；家财万贯的企业家马克制作复杂的蜡像；清洁工米格尔创作了油画《新墨西哥美国土著的宗教仪式》。每个故事的细节都不相同，但是情节却是相同的：这些患者突然迷上了油画、素描或雕塑，他们对其他事情丝毫没有兴趣。而后，在经历几年宝贵的艺术丰收期之后，这种点燃他们艺术之火的疾病彻底地损伤了他们的大脑。

为什么这样一种置人于死地的疾病却会带来一波汹涌的创造力呢？问题的答案还是要在前额叶皮质上找，因为前额叶皮质是抑制我们想象力的地方。对于患上额颞痴呆的人来说，大脑的这一区域将以惊人的速度遭到破坏。结果，任何事情都不再受到抑制：在大脑右额叶皮质，即专门负责多感觉整合的区域，经过处理的原始感知突然释放出来，形成意识流。艺术创造就是表达这种新现实的一种尝试。

这听起来像是一种超现实状态——思维已偏离正常轨道，但实际上，这是我们每天晚上都会经历的状态。一旦我们入睡，前额叶皮质就会关闭，审查功能也完全停止。与此同时，大脑中所有的神经元都开始向外喷射乙酰胆碱。但是，这并不是现实生活中的那种普通的兴奋。这种行为是半随机的，什么时候发生根本无法预测，就好像内心想通过即兴表演进行自娱自乐，将晚间的叙述用随手捡到的碎片填满。

人们常会问：我们为什么会做梦？大脑为什么要在这些没什么意义的事情上花费如此多的能量？尽管做梦的确切含义还不得而知，但是，越来越多的科学证据表明：做梦有助于提高我们的创造力。通过做梦，我们可以建立各种各样、千奇百怪的联想。2004 年，神经科学家乌尔里克·瓦格纳（Ullrich Wagner）和让·博恩（Jan Born）在《自然》杂志上发表了一篇文章，阐述了他们的研究结论。[11] 研究人员给一组学生分配了一项乏味的任务：把多个数字串转化为一组新的数字串。瓦格纳和博恩之所以设计这个任务，是因为完成这项任务存在一个巧妙的捷径，不过，只有在被试很好地理解了问题后，才能发现这个捷径。如果直接让被试去想，发现这一捷径的被试只有不到 20%，即便让他们花上几小时的时间苦苦思索，结果也是如此。可是，做梦却改变了这一切：如果让被试进入快速眼动睡眠阶段的话，接近 60% 的人能够发现这个窍门。克尔恺郭尔说得对：睡眠可以帮助人们成为天才。

再来看一下加州大学圣迭戈分校的神经科学家萨拉·梅德尼克（Sara Mednick）发表的文章吧。[12] 她让被试做各种各样的远距离联想智力题，然后指导他们小睡一会儿。有意思的是，这些在小睡期间开始做梦的被试做出来的智力测试题比他们小睡前多了 40%。（没有睡觉而只是安静休息的被试在表现上也略有进步。）按照梅德尼克的说法，**做梦是创造力最重要来源的原因是：一旦高度紧张的前额叶皮质关闭，我们就会产生千奇百怪的联想和种种不同寻常的想法。**当然，大多数新想法都是没什么价值的，只不过是做梦的大脑在超现实环境下的胡言乱语。但有时，如果走运的话，我们会在夜晚的梦境里找到答案。

滚石乐队首席吉他手基斯·理查兹（Keith Richards）就碰到过这样的事。1965 年 5 月的一个夜晚，理查兹早早就睡了，酒店的床上还有他的一把吉他和一台录音机。理查兹在 2010 年的一次访谈中对特里·格罗斯（Terry Gross）说："当我第二天早上醒来的时候，我看到（录音机里的）磁带已转到结尾了。我记得我昨天夜里什么事都没做，也许是我睡着的时候碰到了录音键。所以，我就把磁带倒回开头，并摁下播放键，这时，录音机里传出的是一首歌曲的开头，有几分幽灵的味道。整个歌曲都被录下来了，之后录下来的是长达 50 分钟的我的呼噜声。"理查兹那天晚上"想象"出来的那首歌，就是《我一点也不满意》

（*I Can't Get No Satisfaction*），这是滚石乐队最具影响力的歌曲之一。

睡眠神经科学告诉我们，每天晚上，我们都会暂时变成即兴表演艺术家。一旦开始做梦，我们就不会再关心真理、逻辑或常识。我们不再排斥离奇的想法，而是给联想以充分的自由。因此，我们在梦中以编造故事和美妙的音乐为乐，并在混乱中发现新的连接关系。

额颞痴呆患者的不幸就在于他们的疾病无法治愈。用不了多长时间，他们的高级认知能力就会减弱，直至完全丧失。但不管怎么说，这种可怕的灾难却有积极的教育意义：任何人都有一个未开发的创造力储藏间。创造美好、表达自己强烈感受的愿望是极好的驱动力，这并不只适用于经过专业艺术培训的人。同样的愿望也会发生在心理学家、股票经纪人和家庭主妇身上，他们之所以没有注意到这种需要，是因为这种需要被抑制住了。此外，前额叶皮质的恐惧回路会阻止我们冒险的自我表达。

悉尼大学神经科学家艾伦·斯奈德（Allan Snyder）近几年一直在致力于证实这种未得到利用的创造力的存在。[13] 他使用的是经颅磁刺激（transcranial magnetic stimulation，简称 TMS），即利用突然释放的磁能暂时把大脑中的一个特殊神经回路平息下来。斯奈德最感兴趣的是，关闭大脑的某些区域是否有可能增强人的创造力，就像某个爵士乐钢琴家抑制他的背外侧前额叶皮质一样（他将 TMS 称为“创造力放大器”）。近几年，斯奈德一直在采用这种方法选择性地一次性关闭左额叶和颞叶几分钟。然后，他让被试做一些事情，比如画个动物或者解答智力测试题。当被试与这个仪器连接起来时，接近 40% 的被试展现出了奇特的新才能。例如，在绘画实验中，斯奈德给被试 1 分钟时间，让他们凭记忆画出一个动物或者头像。在进行 TMS 之前，大多数画作都是一些简单的线形画，看起来什么都不像。可在经过“创造力处理”之后，他们的画作通常会变化很大，仿佛这些画作突然就散发出了艺术气息。一位被试坦率地说，他“几乎不相信这些画作是他创作出来的”，尽管他亲眼看见“自己把这些画作交上去了”。按照斯奈德的说法，为了对这种异乎寻常的影响做出解释，我们必须把目光转向大脑的抑制机理，正是它们不断地抑制着我们的潜能。[14]

毕加索曾这样精辟地总结道：“每个人小的时候都是艺术家。问题是长大后，我们怎样还能继续做个艺术家。”毫无疑问，从大脑的角度来看，毕加索说得没错，**因为背外侧前额叶皮质是大脑内最晚发育成熟的部位。这就是小孩子毫不费劲儿就富于创造力的原因：“审查他们的人”还没有出现**。但是，我们的大脑会逐渐发育成熟，过于强烈的自我意识会抑制我们进行即兴表演，因为我们担心的事情太多：说错话，弹错音符，从冲浪板上掉下来……因此，在创造力方面会出现“四年级低谷”（fourth-grade slump）的现象，即学生们到了四年级的时候，在课堂上会突然丧失艺术表现力。[15]

当然，这并不是说我们要是没有额叶就好了——实际上，我们需要这些神经回路发挥它们的作用。不管怎么说，**每种智能的形成都是利弊共存的。当我们抑制自己的冲动时，我们即兴表演的能力也会受到抑制。因此，通过训练实现“顺其自然”非常重要。**

让我们来看一个由心理学家迈克尔·鲁宾逊（Michael Robinson）和达里娅·扎贝丽娜（Darya Zabelina）主持设计的实验[16]：将几百名大学生随机分成两组。第一组接到的指令是“你们只有7岁，今天不用去上学。一整天时间都归你，你想干什么就干什么，想去哪里就去哪里，想见谁就见谁”。第二组接到的指令与第一组接到的指令基本相同，只不过把第一句话删去了。结果，第二组学生不会把自己想象成7岁的儿童。在写写画画了10分钟后，让两组被试进行各种各样的创造力实验，比如，想出旧汽车轮胎的其他用途，或者详细列出一块砖的用途。有意思的是，把自己想象成小孩子的那组学生在创造性任务上得分奇高，他们想出的点子数是另一组学生的2倍。事实证明，我们可以重新获得随时间流逝而不断丧失的创造力，要做的只是假装我们是小孩子罢了。

马友友也赞同这一观点，他说：“当人们问我怎样才能创造性地表演时，我总是告诉他们，职业音乐家应该千方百计地找回初学时的状态。为了成为职业音乐家，你需要经过多年的训练。所有的老师都点评过你，而你对这些点评也很在意，你会不停地经受评判。但是，如果你上台后还总想着别人会怎么评论你，如果你对自己做的事情提心吊胆，那么，你一定会演砸。你会很拘谨，音乐也会很沉闷。相反，你要不停地提醒自己，你只不过是个刚开始学琴的孩童，你要率性而为。小孩子为何拉琴？就是因为快乐。他拉琴的目的就是拉出声音，拉出旋律，让自己开心。无论什么时候，这都是拉琴唯一的正当理由。”

第二部分

共同创造，与更具创造力的团队一起成长

IMAGINE
How Creativity Works

第 5 章

做局外人，创意往往发生在学科的边缘

礼来公司是如何解决药品开发问题的

IMAGINE

How Creativity Works

尽管我天资不够，
但我具有所有创造力初始时期
必不可少的一个要素：
天真烂漫。
正是这个优点，
让我不去考虑自己与将要从事的工作
有多么格格不入。

——

史蒂夫·马丁（Steve Martin）
《天生我才》

唐纳德·李（Don Lee）的创造之旅始于一次令他心碎的经历。2005 年的冬天，唐纳德是一家大型保险公司的计算机程序员。在曼哈顿的一座高楼里，他一天工作 9 小时，盯着一闪一闪的计算机屏幕写代码。他说："那段日子真是不错。下班后，我逗猫玩，跟我女朋友坐在沙发上看电视。"[1]

但随后，女朋友离他而去。唐纳德说："她把猫也带走了。"留给他的是无数个孤独的夜晚，他有太多的时间需要打发，空荡荡的房子让他忧伤不已。于是，唐纳德开始借酒消愁，酒精一直都是他治愈心碎的优先选择。下班后，他开始频繁光顾当地一家酒吧，坐在吧台上，点几杯烈性酒。唐纳德说："我总是慢慢地抿着喝，从不喝醉。我只是想要那种置身于人群的感觉。"

最初，唐纳德不知道该点什么，因此，他观察酒吧的调酒师怎样工作。很快，他就迷上了鸡尾酒的制作过程和他们压碎冰块、挤柠檬汁和度量用量的那股认真劲儿。随后，当他试图记住每一种昂贵酒品的特殊味道时，唐纳德开始关注酒的味道。他开始品鉴黑麦威士忌的烟熏味、上好苏格兰威士忌的浓重泥煤味以及杜松子的药味。然后，他会观察调酒师把不同饮品混合在一起，观察他摇晃、搅动、过滤，直到将酒倒出的整个过程。唐纳德说："我除观察之外没别的事可做。也没有人跟我聊天，所以，我只能跟酒吧的调酒师聊上几句。"

唐纳德是幸运的，他去的那个酒吧就是"勃固俱乐部"（Pegu Club）——纽约市一家以高品质鸡尾酒出名的酒吧。奥德丽·桑德斯（Audrey Sanders）是这个酒吧的首席调酒师，她一心想让经典鸡尾酒重新进入人们的视野，并从古老的鸡尾酒配方中寻找灵感。桑德斯的酒单上所列的不是绿色的苹果马提尼或玛格丽塔，而是人们已不再使用的 gin-gin mule、burra-peg 与猫和老鼠（Tom and Jerry）。唐纳德说："后来我才意识到能在勃固俱乐部学习有多么幸运，从那里我知道了完美技术和完美配料的重要性，以及品尝、品尝、再品尝的意义。最开始在勃固俱乐部喝的这些鸡尾酒，让我懂得了鸡尾酒应该是什么样子的。"

经过 6 个月的观摩学习之后，唐纳德认为他已经可以制作出自己的鸡尾酒了。尽管他还没有调酒的实际经验，但 Death and Company 酒吧仍旧请他来负责几个班次，这是曼哈顿东村新开张的一家地下酒吧，调酒师主管布莱恩·米勒（Brian Miller）被唐纳德的热情感动，几个月后，酒吧的班次增加了很多，所以唐纳德每周有 5 个晚上在这里兼职做调酒师，保险公司的全职工作也依然在做。他每天的安排非常紧，甚至有些疲于应对：首先，他必须完成白天的编程工作；然后，乘地铁到酒吧工作到凌晨 2

点。酒吧关门后，他打出租车回到家，凌晨 4 点才能上床休息。在 Death and Company 酒吧干了几个月后，有人请他帮忙负责运营一家 PDT（Please Don't Tell，即“请不要告诉别人”）酒吧。这是一家必须经过热狗店后面的一个公用电话亭才能进入的地下室酒吧。唐纳德说：“一开始，这个酒吧的出名是因为它奇特的进入方式和私密性。但随后，我们开始在鸡尾酒上下功夫。我想把它开成那种靠酒的品位和调酒技巧闻名的酒吧，所以，我们提供的经典鸡尾酒比其他任何一家都要好。”① 尽管唐纳德仍在做着编程的全职工作，但他的调酒技术却声名远扬，鸡尾酒痴迷者们已经开始在那个电话亭外面排起了长队。

可是，唐纳德却开始不安起来。他觉得只是追求酒品的完美未免太过乏味。他说：“我自己也意识到，我并不想一辈子都重复做同样的鸡尾酒。我可以做出很好的马提尼，但也不过只是马提尼而已，你明白我的意思吧？从某种意义上来讲，我是不是用了最好的杜松子酒、最好的苦艾酒、最好的橄榄，这并不重要。我只不过是按某个人的配方照做而已，没有任何创新。这确实有些让人感到乏味。”

但是，唐纳德的烦恼并没有持续太久，因受困于严格的调酒传统而产生的挫败感很快就被某种创造性的顿悟取代。他清楚地记得：“那时我在做酒吧开门前的准备工作，切柠檬、熬糖汁

① 唐纳德的努力终于有了回报：2009 年 7 月，在“鸡尾酒精神奖”（Cocktail Spirit Awards）的评选中，PDT 被评为“全球最佳鸡尾酒酒吧”。

以及其他诸如此类的事情。我抬起头看着瓶子——酒吧后面那些漂亮的瓶子，我突然意识到，可以创造出一种新酒，我会调出自己的鸡尾酒。虽然现在听起来这好像也没什么大不了的，但对当时的我来说，这可是个了不起的大主意。”

唐纳德立即开始了他的新鸡尾酒项目。他把 PDT 的周一和周二设定为实验日，在这两天的晚上，他通过顾客来试验他那些奇怪的新混合物。大多数实验都以失败告终，比如他曾尝试将二氧化碳注入樱桃里。他说：“如果你来到曼哈顿，发现这里黑樱桃酒中的樱桃竟然会发出‘嘶嘶’的声音，是不是挺酷的？唯一的问题是，这颗樱桃会不断地变大。”另一个实验是这样的：在酒里放一个胶状物，它在自身推进力的作用下四处游动——用唐纳德的话来说，“就像个小潜水艇一样”。而且，这能让鸡尾酒得以充分混合。但很遗憾，这一推进系统改变了酒原有的味道，马提尼喝起来就像是苏打水。

唐纳德毫不灰心。他说：“我从中得到了太多的乐趣，就像是糖果店里的小孩子，不尝到最甜的那颗糖决不罢手。”所以，他继续试验，寻找新的工艺和配料，努力调制出新的鸡尾酒。对唐纳德来说，这种研究工作把他长期以来对化学的兴趣（他曾在哥伦比亚大学专修工程学）和对调酒的爱好完美地结合在了一起。他说：“我实际上就是个站在酒吧后面的初学者。与调酒师不同的是，关于伏特加或者单麦芽威士忌，我的知识很有限。关于酒本身，我知道的也不多。但是，我知道很多化学知识，因此，我可以通过其他略微不同的方式来考虑如何去调酒。”

来看一下唐纳德的第一项成功发明吧：培根古典（bacon-infused old-fashioned）。这种酒要经过一个名为"洗脂"的过程：将一种油腻食物（比如熟培根）跟酒混合在一起，并将这种混合体放凉。这时，颗粒状的脂肪凝固在液体表层上。然后过滤，以便不让猪油留在酒里。尽管洗脂听起来可能很神秘，但唐纳德是从基础化学的角度来看待这个实验的。他说："我确信这肯定没问题。酒和油有着非常独特的原子特性。"唐纳德随后讲到了化学极性（chemical polarity），那是由分子电荷分离引起的一种现象。"油和水不相溶，原因就在于它们的化学极性。油是非极性的，而水是极性的。因此，它们的分子彼此之间是分开的。我知道，同样的原理也适用于酒，因为酒也是极性的。"那些洗过脂且味道不错的混合物（这些不合群的分子让培根的味道极好）同样也是极性的，这就是它们很容易溶解在波旁威士忌里的原因。

为了追求更完美的结果，唐纳德花了好几周去做一些细小的改进工作。他必须调整猪油和酒两者之间的比例，并弄清楚冷却混合液体需要多长时间。他终于做出了让自己爱不释手的鸡尾酒了。他说："这确实是一种口味极佳的酒，是波旁威士忌的橡木味与早餐培根的咸味的完美结合。只是味道有点'冲'，即便加上冰块也是如此。"因此，唐纳德决定在鸡尾酒的配方上多下一些功夫，将味道纯正的波旁威士忌和众多配料一起摇动。在为了平衡口感而加入少许苦味后，他开始寻找一种甜味剂，标准的挤入一点糖浆的做法似乎太简单了。他的突破出现在某顿早餐时："我一边吃着薄烤饼，一边想，如果你往薄烤饼上抹糖浆，不小心把一些糖浆弄到了培根上，那会怎么样呢？……味道真是太好了！所以，我决定尝试在培根-波旁威士忌中加入枫树糖浆，而不是纯糖。结果确实不错，应该说，是相当好。”

唐纳德把“培根古典”加入了PDT的鸡尾酒单，在开始试验的那个晚上提供给那些有胆量尝试的顾客。结果，这种鸡尾酒立刻受到追捧，洗脂波旁威士忌也成了这家酒吧的招牌，《美食家》（*Gourmet*）、《美味》（*Saveur*）和《纽约》杂志也都给予了高度评价。唐纳德现在成了纽约市福桃餐厅（Momofuku，由纽约最受欢迎的韩裔拉面大厨张大卫所开）的首席调酒师。而相对于他最新推出的鸡尾酒，“培根古典”似乎已成为传统饮品。他的新品包括“芹菜海苔”，它是这样制作的：将干海藻浸入苹果白兰地中，然后把海藻捞出，再加入少许芹菜味的普通糖浆。他说：“我不知道这种鸡尾酒是如何赢得大家喜爱的，但它确实做到了。有时，你必须把合理的判断放在一边，你要做的只是‘品尝’一下。”他的芝麻-冰糖鸡尾酒将柯纳克（cognac）白兰地、烤芝麻粒和糖浆混合在一起；盐-葱马提尼（pickled-ramp martini）用味道浓重的洋葱汁取代了橄榄盐水。唐纳德还有一种混合了朗姆酒和可口可乐的即兴之作，具体做法是：将洗脂的白朗姆酒和融化的黄油混合在一起，然后将刚爆好的爆米花浸入其中，再加入少许可乐，就能喝了。他说：“我管它叫‘电影院’。它是由大家都熟悉的各种味道做成的，能在一种酒里品尝到各种不同的味道确实挺特别的。我喜欢制造稀奇古怪却能让人有所思考的东西。”

唐纳德·李的成功正是创造力来源于局外人（某一领域的

边缘人）的最好例证。这告诉我们，知少而获益——唐纳德只是一位业余爱好者，这也让我们懂得了老专业注入新想法具有无穷的威力。

不管怎么说，唐纳德创造了“培根古典”，但他并不是鸡尾酒的行家。他没上过任何调酒课，没有制作肯塔基威士忌的精湛技艺，也没研究过古典调酒史（实际上，他仍在全职做着程序员的工作）。唐纳德说：“我做了洗脂实验，因为我厌倦了之前的做法，但又没人告诉我不能这样做。我相信，大多数酒吧调酒师都会告诉我说那是个糟糕的主意，那种酒是不会有人买的，我完全就是在糟蹋上好的波旁威士忌。但化学原理告诉我这应该没问题，既然如此，为什么不试试呢？我想，唯一的奥秘就是我知道的不够多。”

不受约束的局外人思维

20 世纪 90 年代末，阿尔菲厄斯·宾厄姆（Alpheus Bingham）任世界上最大制药公司之一的美国礼来公司（Eli Lilly）的副总裁。宾厄姆负责制定科研战略，管理着数以千计的研究各类技术问题的科研人员。当时的礼来公司正处于快速发展阶段，其在“百忧解”（Prozac）这一产品上赚足了利润。但宾厄姆已开始为未来担心，公司在科研上投入了巨额资金，竭尽全力地开发着下一代拳头产品。只不过这些可观的投资并没有收到理想的效果，于是，宾厄姆开始考虑是否还有比进行药品研究更有效的方法。

宾厄姆说："在对一个问题研究了几年后，我们往往会找出一个差不多的解决方案就草草收场，但实际上，这种解决方案根本就没有价值。"[2]

对宾厄姆来说，药品开发模式的不利之处在于它的完全不可预知性。他不知道哪些问题解决了，哪些问题没解决；也无法判断找出问题的答案还需要多长时间，或者这些答案来自何处。宾厄姆说："这才是真正让我担心的地方——对于该如何管理研发过程，我显得毫无章法，我不知道谁应该干什么。正是从这时起，我开始想弄明白，所有这些据称无法解决的技术难题是否真的无法解决呢？或许是我们把问题分配给了不合适的人？也许另外的人能解决这些问题？我一直以为公司是根据最佳履历来招聘的，然后把问题分配给那个最有技术经验的人去解决。但这也许是大错特错了。"

正是这些恼人的问题让宾厄姆得出一个颇为激进的结论：如果礼来公司不能预判哪些科研人员能找到问题的答案，那么，应该就这个问题向"所有人"征询答案。不应该只把公司的技术难题分配给公司内部的那些专家，而应该把问题公开。宾厄姆说："毫无疑问，这种做法将会完全改变公司的研发规则。同所有其他公司一样，因为竞争方面的考虑，礼来公司的研究项目也是对外保密的。你不会想让别人知道你正在研究些什么。"但是，宾厄姆确信，这种保密的代价太大了。

因此，2001 年 6 月，宾厄姆上线了一个名为"InnoCentive"

的网站。网站架构很简单：礼来公司在线发布科学难题，并告知解决每个难题的奖金数额。如果难题被成功解决，奖金就归解决者所有（奖金是 InnoCentive 网站的激励手段）。宾厄姆说："我们只是发布一些确实有难度的有机化学方面的问题。我认为这几乎不存在什么竞争风险，因为我们的竞争对手也饱受这类技术问题的困扰。说实话，我对于问题的解决并没有抱太大希望。"

几周过去了，InnoCentive 网站上没有任何动静，宾厄姆以为他的尝试已告失败。可是，在一个月的平静期过后，有人提交了一份解决方案。随后，解决方案接踵而来。宾厄姆说："答案就像潮水般不断涌入。我们从那些从未听说过的研究人员那里得到了这些了不起的想法，他们研究问题的角度是我们从未想过的，其中的创造力确实令人惊奇不已。"

经过不到一年的运转，InnoCentive 网站已成为礼来公司必不可少的研发工具，公司内部科研人员从来自外部的答案中受益颇丰。到 2003 年，由于 InnoCentive 网站运行得非常成功，它已脱离母公司成为一家独立公司，并开始为宝洁、通用电气等其他大公司的技术难题征询解决方案。宾厄姆说："这些公司的做法跟礼来公司过去的做法没什么两样，发布自己无法解决的难题，并提供一小笔奖金。跟我们一样，它们也没指望真能有什么有用的答案。但之后却常常会收到来自地球另一边的某个研究人员提交的解决方案。我们已经在跟世界上最大的人才库打交道了。"

InnoCentive 的发展非常迅速。现在，它已经跟农业、数学领域的数百家公司和非营利组织建立了合作关系，为他们提出的难题征询解决方案。这个网站上的难题也五花八门，有跨国食品公司在寻找“低脂巧克力口味的复配被膜”，也有电子公司寻找太阳能计算机使用锂电池的设计方案；有人需要保护玉米秆免遭虫害的喷雾剂，也有人需要“分析拥挤零售环境下消费者情绪反应”的计算机程序。网站上注册的解答人数超过 20 万名，这些人来自 170 多个国家，几乎覆盖了每一个科学领域。

不过，InnoCentive 的最独到之处是它的有效性。宾厄姆说：“总的来说，这些公司利用这个网站的唯一原因就是它的实用性，它解决了这些公司最棘手的难题。”它的成功并不仅仅因为它的新奇。2007 年，哈佛商学院的卡里姆·拉哈尼（Karim Lakhani）教授开始对发布在这个网站上数以百计的技术难题进行分析。根据拉哈尼的数据，发布在 InnoCentive 上的技术难题差不多有 40% 都能在 6 个月内解决。有时，问题在网站上发布后没几天就被解决了。[3]

稍微细想一下，你就会觉得这有多么不可思议。奇特的陌生人网络竟能解决礼来、卡夫、SAP、陶氏化学和通用电气等世界 500 强公司都没能解决的问题，而这些公司的科研预算都多达几十亿美元。通过研究这些技术难题是如何得以解决的，拉哈尼对 InnoCentive 惊人的成功率有了更清晰的认识。对于为什么网络上的业余爱好者能解答那些富有经验的科研人员都被难倒了的技术难题，他发现了其中的奥秘。

这个奥秘就是“局外人思维”：对在 InnoCentive 网站上解决问题的人来说，如果他们解决的是他们自身所处领域的边缘问题，这时的效果最好。换句话说，化学家不解决化学难题，而解决分子生物学方面的问题，反之亦然。这些人的学识足以保证他们理解那些技术难题，但又知道得不多。因此，他们不会被自己的学识束缚住手脚，从而导致他们陷入公司内部科研人员曾经陷入的困境。拉哈尼说：“我们的研究结果显示，**如果解决问题的人认为这是他们自身领域外的问题，他们就有可能找到答案。实际上，那些解决问题的人成了不同知识领域之间的桥梁——他们把一个领域的答案和方法应用到了其他领域**。人们常说，**创新发生在学科的边缘**，现在，我们有了足够的证据来证明确实如此。”

埃德·梅尔卡雷克（Ed Melcarek）在 InnoCentive 网站上已经 7 次成功地解决了相关难题，他的经历就是这一发现的最好例证。尽管梅尔卡雷克拥有粒子物理学硕士学位，但他在 InnoCentive 网站上从没有解决过一个物理难题。他解决的都是化学和工程学方面的问题，而他的专业知识也有助于解决这些问题。几年前，他为高露洁棕榄公司（Colgate-Palmolive）找出了将氟化物粉末注入牙膏管内的新方法（老方法会将氟化物粉尘弄得到处都是）。梅尔卡雷克的方法非常巧妙：让氟化物粉尘带电，同时将塑料管接地——带电粉末会自动进入塑料管内。梅尔卡雷克对《连线》杂志说：“实际上，解决方法简单至极。”[4] 但就是这样一个问题却困扰了高露洁的工程师长达几十年之久。

从某种意义上来说，InnoCentive 的大获成功在很大程度上与人们的直觉相悖。我们一直以为技术问题只能由拥有专业技术知识的人来解决，最有可能找到答案的研究人员应该是最熟悉问题的人。但是，这种臆断是错误的。在某个领域钻研很深的人（如化学家致力于解决化学问题）往往会遭遇智力上的阻碍。结果，问题依然无法得到解决。只有把难题告诉那些热心的局外人，才能找到它们的解决办法。

宾厄姆喜欢用讲故事的方法来阐述 InnoCentive 的威力。有一家公司想发明一种具有特殊化学特性的聚合物，但没有人对 InnoCentive 能帮助客户解决这一难题抱有希望。可是，几个月后，网站上的解决者针对这个问题提出了 5 种不同的解决方案。宾厄姆说："公司为这 5 种解决方案都支付了奖金。获奖人当中有来自瑞典的糖类研究人员、一家小型农业公司、一位退休的航空航天工程师、一位兽医和一位经皮给药系统（transdermal-drug-delivery-systems）的专家。我敢说，在他们自己的公司里，找不出一个这样的人。如果他们对感兴趣的领域进行文献搜索或让他们的企业顾问帮助推荐的话，也找不到一个这样的人。按照传统做法，他们无论如何都不可能招聘到一个这样的人，因为这些解决了难题的人中没有一个人符合招聘条件。"

"局外人"心态最重要，像年轻人一样思考

这个世界充斥着局外人，只不过我们不称之为"局外人"，

而是管他们叫“年轻人”。总的来说，年轻人的优势在于他们知道的不够多，还没有成为行家里手。因此，他们不迷信于专业知识。尽管知识不丰富是一个明显缺陷，但他们有着创造力方面的优势，这就是如此多的领域都由年轻人领导潮流的原因，比如物理学、朋克摇滚等。年轻人知道的少，这正是他们创新颇多的原因所在。

年轻人的这一优势是 19 世纪比利时数学家阿道夫·凯特勒（Adolphe Quetelet）发现的。凯特勒的做法很简单，他把剧作家在不同人生阶段创作出的成功剧本数量画了一幅曲线图，并从中获得了意外的发现：创造力并不随经验的增加而增加，剧作家在剧本创作方面的表现并不总是越做越好。相反，曲线图显示，在快速上升阶段后，会是一个持久且缓慢的下降阶段，这就是现在所谓的创造力产出的倒 U 形曲线现象。根据凯特勒的说法，他的曲线图告诉我们，一个人的创造力会在工作几年后达到巅峰（这时我们知道了很多，但也不是什么都知道），进入中年之后则开始下降。

几十年来，加州大学戴维斯分校的心理学家迪安·基思·西蒙顿（Dean Keith Simonton）一直致力于把凯特勒的研究方法应用到更广泛的领域，并细致分析了大量历史数据，试图找出因时间的推移而影响创造性产出的微妙模式。[5] 例如，西蒙顿告诉我们，物理学家的重要贡献往往都是在他们职业生涯的早期做出的，一般不超过 30 岁（见图 5-1）。唯一比物理学更早达到创造力巅峰的领域是诗歌。

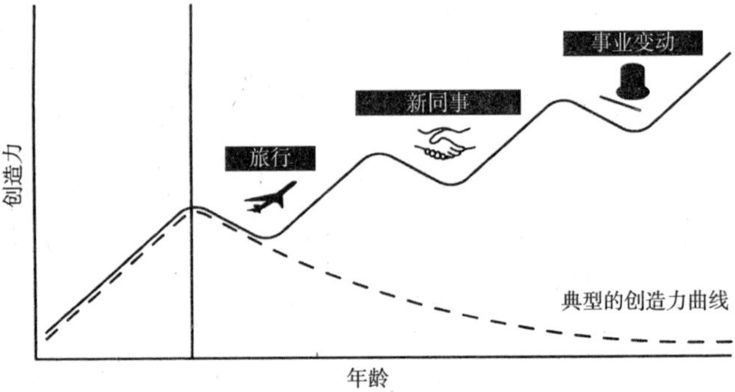

图 5-1 创造力曲线

注：尽管创造力的倒 U 形曲线让很多人的创造力最后降下来，但是，仍有很多种方法可以让创造力经久不衰。

为什么年轻的物理学家和诗人更具有创造力呢？一种可能的解释是，时光会不知不觉把人的灵巧劲儿磨蚀殆尽，人到中年后，想象力也开始枯萎。但事实并非如此。从生物学角度来看，人类的创造力并非注定要随着时光的流逝而日渐削弱。

西蒙顿认为，年轻人正是得益于他们局外人的身份。他们涉世不深，知识也有限，因此也更愿意接受全新的观点。由于在文化观念上还没有定型，或者说不太会受到传统智慧的羁绊，因而他们也更有可能成为现实的叛逆者。[①] 西蒙顿说，在经过几年

① 这也很好地说明了文化程度与创造力没有直接关系。根据西蒙顿的数据，如果想要在职业生涯中充满创造力，理想的大学教育年限是两年。超过两年，学校的教育实际上会妨碍想象力。米哈里·希斯赞特米哈伊（Mihaly Csikszentmihalyi）是美国克莱尔蒙特大学的心理学家，他说得更直白："在大多数情况下，对于孩子们在校外已经培养起来的兴趣与好奇心，学校总是试图将它们消除掉。"

的学术生涯之后，“创造者开始自我重复，因此也越来越难超越自己了。”[6] 他们已经成了局内人。

但这并不意味着这一过程无法避免——创造力不一定总是渐趋消逝。正像西蒙顿所说的那样，只要我们从局外人的视角看问题，就可以继续创新下去，直到不再工作为止。来看一下数学家保罗·埃尔德什的例子吧。埃尔德什是历史上最多产的数学家之一，因涉猎与其自身专业相近的众多领域闻名，他也喜欢结交那些研究新问题的新人。他的研究领域覆盖多个学科，在数论、拓扑学、组合数学和概率论方面都发表过论文。埃尔德什极易对所做的事情失去兴趣，稍有厌烦就会重新开始，转向新的难题和一片未知的领域。因此，他的创造性产出从未减少过。也就是说，他的学术生涯不存在倒 U 形曲线，而是在一个快速上升阶段后，呈现一条水平线。西蒙顿说：“**如果你能够不断地去迎接新挑战，那么，即便你已经老了，也能够像年轻人那样去思考。**这样的观点也给了我希望。”

这就是说，局外人的创造力并不是人生的一个阶段，而是一种心态。当然，培养这种极具价值的心态并不容易，尤其当我们长大以后。有时，我们需要去找第二份工作。例如，结束软件编程的全职工作后，调一调鸡尾酒。有时，我们必须利用业余时间研究难题，或投身于自己并不熟悉的新领域，或在疯狂的培根制作实验里用掉很多的波旁威士忌。我们要乐于承受遭遇尴尬的风险，问一些可笑至极的问题，置身于一群并不明白我们在谈些什么的人当中。我们所要做的就是把我们的专业知识先放在一边。

有时，仅仅做到这一点还不够：我们需要放下一切。培养局外人视角的最让人意想不到的方法之一（当然也是最愉快的方法）就是旅行，即离开我们的久居之地一段时间。旅行之所以如此有助于创造力，源于人们认知方式上的独特性：我们对问题越熟知，就越会循规蹈矩地思考问题。也就是说，当我们处于问题的来源地时，我们的思想自然而然会受到约束，所能想到的关联事物也极其有限。这种习惯可能是有好处的，如有助于我们把精力集中在容易想到的那些事情上，但也会阻碍人们的想象力。

就拿一片玉米地来说吧。如果你站在一片农田里，周围是高高的玉米秆和结出的成熟的玉米棒，空气中散发着些许化肥和爆米花的味道，你心里所想的自然而然是玉米的最初定义：一种植物、一种谷类以及美国中西部的主要农作物。但若试着从另一个不同的视角去想象同样这片农田，假设你不是站在农田里，而是站在一条繁华城市的大街上，到处都是行人和汽车，那么，这种植物就不只是一种植物了，巨大的神经网络会让你产生各种各样的联想：你会想到富含果糖的玉米糖浆、肥胖和美国《农业法案》；你会想到乙醇和艾奥瓦州党团会议；你会想到集市上儿童玩耍的那些玉米田迷宫；你会想到用玉米、培根和利马豆做成的美食——培根青玉米粒煮利马豆。现在，“玉米”这个词就成了一个连接网，让各种各样的联想不受约束地伸向更远的地方。

这就是旅行如此有助于创造力显现的原因：当你离开久居之地，曾经被压抑的那些不循规蹈矩的想法突然之间就会在你的内心复活。你开始思考各种各样的可能性，比如，玉米能做汽车的燃料——如果一直待在农村，你是不会想到这一点的。而且，这种不受约束的认知方式确实能给人带来好处。因为在不知不觉中，你就能想到不计其数的全新解决办法。①

我们来看一下美国印第安纳大学心理学家贾里乐（Lile Jia）新做的实验。[7] 他随机将几十个大学生分成两组，然后让每组学生都列出尽可能多的交通方式（这被称为“创意生成任务”）。一组学生被告知，这是印第安纳大学的学生到希腊开展研究时提出的任务；而另一组学生被告知，这是印第安纳大学在本州开展研究时提出的任务。开始时，人们很难相信这样一个细微且从表面上看关系也不大的差别会影响被试的表现。为什么任务源自何处会有这么大的影响呢？

贾里乐发现，两组学生之间存在明显的差异：如果学生被告知任务来源于遥远的国度——希腊，他们能提出的可能的交通方式就特别多，所列出的答案就不仅限于汽车、公共汽车、火车和飞机，还会提到马匹、战船、宇宙飞船、自行车和赛格威电动滑板车。因为问题源自很远的地方，被试几乎不会被当地的那几种交通方式束缚。他们的考虑范围就不只局限于印第安纳州，

① 这并不是说坐上飞机就万事大吉了。如果你想体验旅行能给你的创造力带来的好处，那么，你必须仔细思考旅行的目的。对大多数人来说，到巴黎旅行的目的就是不用再去想那些他们刚刚放下的烦心事儿。但是，也可能会有更奇异的情形出现：你坐在一家高档的左岸咖啡馆里，心里却在想着怎么解决难题。因此，你此时所考虑的并不是黄油面包，而是那些你在国内尚未解决的难题。实际上，休息一下，反倒能取得突破。

而是整个世界。

在第二项研究中，贾里乐发现，印第安纳大学的学生在做智力测验题时，如果他们被告知测验题来自加利福尼亚，而不是印第安纳，他们的表现就会出色得多。下面是一个样题：

> 一名囚犯试图从一座高楼上逃走。他在自己的囚室里发现了一根绳子，长度仅有安全到达地面所需长度的一半。他将绳子一分两半，又把两部分系在一起，最后成功地逃脱。他是怎样做的呢？

因测验题出处的不同而导致的距离感，让被试的想象空间增大。他们能想出各种各样的解决办法，也更有可能解决这些富有挑战性的难题。他们更不容易被诱骗，也不会轻易放弃，而是在头脑中搜寻异乎寻常的联想，并最终找到正确答案。[①]

更为重要的一点是，我们的思想总是会停留在我们熟知的事物上。大脑是一个包含着数不胜数的连接关系的神经网络，这意味着它要花很多时间和能量来确定哪些东西是不必关注的。因此，人们为了追求效率而舍弃了创造力。人类的思考模式更像是散文体，而不同于象征派诗歌。只有当我们远离问题，即远离我们的久居地时，认知链才会松弛下来，洞见才得以现身。

---

① 答案是：囚犯将绳子沿纵向拆成两股，再将其系在一起。

而且，远离久居之地的时间越长，效果也会越明显。欧洲工商管理学院和美国西北大学凯洛格商学院于 2009 年进行的研究证实：相对于那些从未出过国的学生来说，在国外生活过很长一段时间的学生更有可能找到创造力难题的答案。[8] 实验是这样进行的：给每一个学生发一个里面装有若干图钉的纸盒、一块软木板、一盒火柴和一支蜡烛。实验的要求是，学生们要把蜡烛固定到与地板垂直的软木板上，以确保蜡烛正常燃烧时不会把蜡油滴到地板上。这就是所谓的“邓克尔蜡烛问题”（Duncker candle problem），它曾难倒了很多人。实际上，差不多有 90% 的人都会尝试两个相同的失败策略。他们一上来就把蜡烛用图钉直接固定在软木板上，但结果是，蜡油会滴落到地板上。接着，他们试图用火柴将蜡烛熔化，这样就可以将其粘在软木板上。但是，蜡油无法将蜡烛粘牢，蜡烛会跌落到地板上。此时，大多数人都会放弃努力。他们认为这个智力测验题是无解的，这是一个愚蠢的实验，纯属瞎耽误工夫。实际上，只有极少数被试冥思苦想地找到了答案：将蜡烛用蜡油粘到纸盒上，然后再把纸盒钉到软木板上。除非人们对纸盒有独到的见解，即它的作用不只是装图钉，否则的话，他们只会浪费一支又一支蜡烛。在期待有所突破的同时重复着一次次的失败，心理学家称之为“功能固着偏差”（bias of functional fixedness），因为在一般情况下，人们很难为旧物件想出新功能。

这跟出过国有什么关系呢？按照研究人员的说法，体验另一种文化有助于旅行者敞开胸怀，能使他更容易地认识到同一事物可能会有多种含义。[①] 就拿把菜剩在盘子里来说吧，在中国，这常常表示对客人的敬意，意思是主人准备的食物太丰盛了；但在美国，同样的行为却是不礼貌的，意思是食物不太好吃，所以吃不完。

因为存在这些文化上的差异，所以经常旅行的人对模棱两可的事有着更敏锐的洞察力，他们更乐意认为解释世界的方式有很多种（且同样有效）。当他们置身国外时，他们仿佛就变成了从前的局外人，会试图寻找可供选择的其他方法。这样，当他们对自己最初的答案和猜测不满意时，就会扩大“认知输入”（cognitive inputs）的范围。

当然，这种智力上的灵活性并不完全是由距离产生的。仅仅是时区的改变，或者远行的目的只是吃异域巨无霸而不是吉士汉堡，是达不到这种目的的。实际上，这种创造力的增强似乎只是体验“不同”的副产品：我们需要体验不同的文化，需要感受各种各样的人文传统。让出国旅行劳神的那些细节，比如我该给服务生付小费吗？火车要带我去哪里？这些实际上会产生持久的影响，我们因见多识广而更有创造力。我们知晓了很多不曾知晓的事情，方方面面，随时随地。我们的惊奇一个连着一个，就如

① 多重社会认同也具有同样的作用。按照美国密歇根大学心理学家杰弗里·桑切斯-伯克斯（Jeffrey Sanchez-Burks）的研究，那些认为自己既是亚洲人又是美国人的人，或者认为自己是女性工程师（而不是笼统的工程师）的人，他们的创造力也更强。这是因为社会认同常常与不同的问题解决方法相关联。结果，这种类型的人在面对极富挑战力的智力难题时，他们的思维也非常灵活，勇于尝试各种创造性策略。不管怎么说，多元化总是很实用的。

同永恒流动的江河。在当下的全球化时代，世界趋同化现象越来越普遍，即便如此，我们仍会对旅行指南上未曾记述、印第安纳也不存在的东西惊叹不已。当我们回到家里时，家依然还是那个家。但是，我们的内心已经有了些许改变，而这将改变一切。

露丝·汉德勒（Ruth Handler）对此有着切身的体验。20 世纪 50 年代初，她曾花很长时间观察她年幼的女儿芭芭拉玩纸玩偶。尽管这些纸玩偶看起来就是小孩子，可露丝注意到，芭芭拉经常让她的玩偶扮演大人的角色。有时，她会假装其中一个纸玩偶实际上是位母亲。就是在那时，露丝有了一个“疯狂的想法”，后来她在回忆录《梦想娃娃》（*Dream Doll*）中记述道：

> 芭芭拉正在用这些玩偶来表达她未来作为成年妇女的梦想。所以，有一天我突然想到：如果能进入玩耍模式，并将这些玩偶做成立体的，这样，小女孩在做她们的未来梦时，就可以用逼真的玩偶，而不是一碰就坏的纸玩偶进行角色扮演，那不是更好吗？我逐渐意识到这是一种基本的、几乎所有女孩都要玩的游戏，以前从未有哪家玩具公司会为小女孩提供这种游戏。[9]

那时，露丝的丈夫是美泰玩具公司的高管。当露丝建议该公司生产大人模样的玩具娃娃时，她丈夫立即表示反对，认为这是根本行不通的蠢主意。小女孩是不会喜欢跟大人玩的！再说，露丝对玩具上的事又能知道多少呢？她只不过是一个孩子的母亲而已。因此，这一建议被束之高阁。美泰公司继续生产着那些纸玩偶产品，这些产品看上去都是清一色的娃娃相。

一次假期让这一切发生了彻底改变。1956 年夏天，汉德勒一家第一次去欧洲旅行。当露丝绕着一个瑞士小村庄闲逛时，她在一家售卖香烟店铺的橱窗里发现了一个奇特的玩具娃娃。这个玩具娃娃足有 30 厘米高，头发是淡淡的金黄色，双腿修长，胸部丰满，名叫丽莉（Bild Lilli）。露丝当时对这个娃娃一无所知（她不会说德语），它实际上是一个性玩偶，主要卖给中年男子。这就是这种玩具娃娃只在酒吧和香烟店铺出售的原因。但是，露丝并没有这样的成见——她瞥了一眼金发丽莉，心想，对小女孩来说，这是再好不过的玩具了。

当一家人回到家里时，露丝继续怂恿丈夫生产一款美国版的丽莉。最终，那个欧洲原型娃娃说服了她的丈夫。在注意到小女孩喜欢玩看起来像大人的玩具之后，美泰公司的高层意识到露丝的建议具有巨大的市场潜力。因此，1959 年 3 月，美泰公司推出了芭比娃娃。尽管这种玩具的初次亮相并不成功，西尔斯百货公司拒绝销售带有“女性曲线美”的儿童产品，但此后它的销售却稳步增长。很快，这款塑料玩具就成了一个文化符号：小女孩们爱之，女权主义者烧之，艺术家安迪·沃霍尔（Andy Warhol）使之永恒。美泰公司已经卖出了 10 亿个芭比娃娃，源于德国色情玩偶的芭比娃娃，现在成了世界上最受欢迎的一款玩具。

露丝之所以能看到丽莉玩偶的潜力，恰恰是因为她是局外人。如果她会讲德语或者她是个当地人——也就是说，她知道丽莉背后的不健康因素，那么，她绝不会认为这是适合她女儿的玩具。她会将其看成是低俗的东西，并据此认为成年人娃娃是不可行的。而如果她是一家玩具公司的高管，她头脑中也不会一下子就产生这样一个想法，因为每个玩具行业的专业人士都知道，小女孩都喜欢跟小娃娃玩。但是，露丝却对这些一无所知。正是她的“误解”带来了洞见。她只是一位置身国外且对这一切都不熟悉的母亲，这才是她能发明芭比娃娃的原因。

做自己的局外人，不被已有知识束缚

局外人问题影响了每一个人。尽管我们生活在一个崇尚局内人的时代，但实际上，这些专业技能也会损害创造性。不管钻研什么东西，最终你都会对它熟之又熟，你会记住所有的细节，甚至连缺点也一并接纳。无论是设计城市公园还是视频游戏，又或者是设计芭蕾舞的舞蹈动作或组织商业会议，你都必须自始至终地想办法忘掉你已经知道的东西。

写作就存在这样的困惑。一个作家必须反复阅读他写完的东西（这就是所谓的“编辑失效”问题），但这一过程存在的问题是，他会很快失去以读者的身份审视自己文章的能力，他的作家身份是挥之不去的。他知道他想要说什么，因为他就是说这些话的人。为了创作一个通顺的句子或保持叙述的前后一致，在对自己的文字进行修改时，他会希望自己仿佛对其中的内容一无所知或从未看过这些文字。

这就是一个局外人问题——作者必须成为他自己作品的局外人。当他不再以享有特权的作者身份出现时，他就能一下子看出所有不准确的从句和不必要的修饰，能感受到故事中欠缺的内容以及文章中的任何瑕疵。因此，小说家扎迪·史密斯（Zadie Smith）在一篇关于写作技巧的文章中强调：先把自己的文章放在一边吧，时光的流逝会让你忘记很多东西。

> 写完小说后，如果你不是特别缺钱花，如果你不需要立马卖掉它或匆忙出版，那就把它放在抽屉里吧。能放多久就放多久，一年或更长的时间都行，即便只放3个月，也有效果。你需要用你肩膀上的另一个脑袋对小说进行修改，这既不是作家的脑袋，也不是已看过12个不同修改版本的职业编辑的脑袋。你要像从书架上抽出这本书并刚刚开始阅读的陌生人那样，敏捷地去思考。你所要拥有的，就是一个聪明的陌生人的脑袋，你要忘掉你曾写过这本书。[10]

为什么与自己所写的文章保持一定距离如此重要呢？巴黎法兰西学院的神经科学家斯坦尼斯拉斯·迪昂（Stanislas Dehaene）[①]已经为我们阐明了阅读和编辑工作的神经解剖结构。

---

① 全世界具影响力的认知神经科学家之一，欧洲脑科学研究领域的领头人，世界脑科学领域大师级的人物。其著作《脑与意识》《脑与阅读》《脑与数学》《精准学习》中文简体字版已由湛庐引进、浙江教育出版社出版。——编者注

实际上，为识别词汇的含义，大脑中存在两条不同的神经通路，每条神经通路的激活条件也不同。一条通路叫“腹侧通路”，直接且高效，绝大多数读写能力都有赖于这条路径。这一过程也简单易懂：看到一堆字母后，你能将这些字母转化为一个词，然后立即领会这个词的语义学含义。

按照迪昂的说法，常规的、熟悉的文章段落就能激活腹侧通路，这一通路依靠一小块被称为“视觉词形区”（visual word form area，简称 VWFA）的大脑皮质工作。读常用的、简单的句子或者段落时，基本上都要依靠这一神经通路。结果是，你的阅读行为似乎毫不费劲，你不必去琢磨页面上每个词汇的含义。

但是，腹侧通路并不是阅读的唯一通路。只要你不得不对某个句子给予有意识的关注，比如某个词汇不好理解或者从句中又包含着从句，又或者书写潦草，等等；第二种阅读通路，即“背侧通路”就会被激活。在实验中，迪昂通过旋转字母或在文章中加入错误的标点符号来激活这一通路。尽管科研人员过去一直以为“人们一旦学会了阅读，背侧通路就会停止激活”，但迪昂的研究结果表明，即便是有读写能力的成年人，有时也不得不去弄明白某些文字的含义。一旦发生这样的情况，他们就会对页面上的那些文字给予特别的关注。[11]

这就是说，阅读行为存在着“意识梯度”。以印刷字体出现的熟悉句子，读起来又快又不费劲儿。而含有复杂从句、墨迹模糊的特殊句子，读起来就需要费些力气，这将导致背侧通路被更多地激活。对于作者自己的写作来说，也是同样的道理：阅读你自己刚刚创作完成的稿子时，一切都是属于腹侧通路的阅读。你对这些文字如此熟悉，实际上，你已经不再关注它们——这只是无意识的阅读。结果，任何写作上的错误可能都无法发现，因为大脑的关注度不够，错误百出的文章已被内化。**相反，如果按照扎迪·史密斯的建议，"忘记"你的文章一段日子，然后以局外人而不是作者的身份再次开始阅读，那么，你将更多地依赖背侧通路**。这时，你会以相当苛刻的眼光审视页面上的文字。你原先并不在意的一些事情会突然引起你的注意：空洞的隐喻、言过其实的形容词、多余的句子、乏味的段落等。终于，你知道需要修改成什么样子了！

知识多多少少具有一定的负面作用。我们在认识世界的同时，也发现了世界无法被改变的种种理由。我们对自己的失败和不完美习以为常，对新事物也失去了兴趣。实际上，**长久保持创造力的唯一方法，即不被我们的专业技能所束缚——就是不怕无知，不怕我们并不完全理解的东西**。这是 19 世纪浪漫主义诗人塞缪尔·泰勒·柯勒律治（Samuel Taylor Coleridge）的经验教训。他最喜欢的消遣活动是去参加伦敦的化学公开课，观看那些杰出的科学家做燃烧实验。当人们问他为什么花这么多时间观看这些烟花飞溅的演示时，他脱口而出道："正是因为上了这些课，我的隐喻素材才能不断更新。"他知道，当我们站在外围时，我们能看到的最多。

第 6 章

混合的团队最有创造力

皮克斯工作室是如何创作出叫好又叫座的动画的

IMAGINE

How Creativity Works

不是任何人都能成为
伟大的艺术家，
但伟大的艺术家可能
来自任何地方。

———

柯博先生
皮克斯动画电影《美食总动员》中的人物

每个新思想的来源都是一样的。大脑中有一个神经元网络，且这个网络会不断变化。在某个瞬间，电流会突然以不常见的模式流动，由大量神经元构成的回路经受着电流的冲击。但仅有一个神经元网络可能还不够。有时，某个创造性难题的难度太大，人们不得不把他们的想象连接在一起。只有大家彼此合作时，答案才会浮现出来。一个群体并不仅仅是每个个体的集合，而是每个个体超越自己的机会。也就是说，相对于群体中的单个人来说，群体能创造出更有价值的东西。当群体的构成人员合适且以正确的方式展开合作时，魔法就会显现。群体的成就会超过群体中每个人的成就的总和，这是有科学根据的。

实际上，越来越多的事实告诉我们，群体创造力的重要性正在凸显。由于我们生活在一个难题迭出的世界，很多极具挑战性的难题都绝非某个人仅凭一己之力就能解决的。因此，只有跟他人合作，我们才能找到问题的答案。

通过分析“科学生产”的发展趋势，美国西北大学凯洛格商学院管理学教授本杰明·琼斯（Benjamin Jones）已经证实了这一点。[1]他观察到的最明显的趋势就是，人们已经迅速地转向科学的团队合作。通过分析近50年得到同行评论的1 990万篇论文和210万项专利，琼斯得出这样的结论：在超过99%的细分科学领域中，团队协作的水平都已大大提高。具体来说，每过10年，团队的平均规模会增加20%左右。虽然过去某个领域中得到广泛引用的研究成果往往来自某个天才科学家（比如爱因斯坦或达尔文）的单打独斗，但琼斯的研究表明，今天，最棒的研究成果大都来源于团队。无论研究的是粒子物理还是人类遗传学，相对于单一作者的科学论文引用次数，多作者完成的科学论文的引用次数要高出2倍。如果仅仅考虑"精品论文"——引用次数超过1 000次的论文，这一趋势就更加明显：相对于单一作者的科学论文引用次数，多作者完成的科学论文的引用次数要高出6倍。

原因很简单：今天我们要解决的最重要问题都需要很多人的专业知识，这些人虽然背景不同，但正是他们在不同的专业领域间搭建了桥梁。除非我们学会与他人分享思想，否则，我们将对无法解决的问题一筹莫展。我们要么一起合作，要么因单打独斗而面临失败的命运。

但是，我们应该怎样开展合作呢？群体创新的理想策略又是什么呢？美国西北大学社会学家布莱恩·乌齐（Brian Uzzi）一直致力于回答这些问题，他的方法是研究百老汇歌剧。[2]尽管乌齐在纽约长大，小时候也看过不少演出，但他并没有看过《歌舞线上》（*A Chorus Line*）。乌齐说："我喜欢歌剧不假，但是，这并不是我研究它们的原因。"乌齐之所以花 5 年时间分析成千上万部歌剧，是因为他将这种艺术形式看作一种群体创新的模式。乌齐说："没有一部百老汇歌剧是由某个人独自创作出来的，歌剧作品需要各种不同类型的人才。"然后，他详细地列出需要一起合作的各类艺术家：作曲家写歌时必须跟具有诗人情怀的词作者合作，编舞者必须跟导演合作，而导演可能要听制片人的意见。乌齐想弄明白的是：这些团队成员间的关系对最终的演出结果究竟有怎样的影响呢？就演出效果来说，由关系密切的朋友（他们以前合作过）组成的群体表现得更好一些，还是完全由不熟悉的人组成的群体表现得更好一些？什么是创新合作的理想形式？为了回答这些问题，乌齐对 1877—1990 年的 2 258 部歌剧进行了研究，分析了这些作品的每一个创作团队。为了得到所有合作者的名单，乌齐常常要到剧院的地下室去翻找落满灰尘的旧海报。他画出了成千上万个艺术家之间的复杂关系图，这些艺术家就包括科尔·波特和安德鲁·劳埃德·韦伯（Andrew Lloyd Webber）。

乌齐的第一个发现是：为百老汇工作的这些人是相互交织的社会网络中的一个组成部分。从《红男绿女》（*Guys and Dolls*）的词作者到《猫》（*Cats*）的编舞者，他们之间的连接很紧密。然后，乌齐想出了一种衡量每部歌剧中这些连接关系的紧密程度的方法，他将这个衡量值称作 Q。

从本质上说，Q 值的大小反映了一起创作这部歌剧的创作者之间的“社会亲密”程度，Q 值越大，就表示他们的亲密程度越高。

如果一部歌剧是由以前合作过几次的艺术家组成的团队创作的——这在百老汇很常见，因为制片人认为这种“老团队”的风险低，那么，这部歌剧的 Q 值就非常高。相反，如果一部歌剧由不怎么熟悉的人组成的团队创作，这部歌剧的 Q 值就比较低。

通过这种定量分析，乌齐计算出了 Q 值的大小与歌剧成功的相关程度。乌齐说：“坦率地讲，我很惊讶，因为 Q 值的大小对歌剧能否成功的影响太大了。我确实猜到 Q 值的大小对歌剧能否成功有影响，但没想到影响如此巨大。”数据显示，对百老汇来说，合作者之间的关系是最重要的成功要素之一。数据还告诉我们，当 Q 值很低（小于 1.7）时，音乐剧失败的可能性非常大。由于合作的艺术家彼此并不熟悉，他们在共事和交流思想时会遇到很多困难。乌齐说：“这也没什么奇怪的。毕竟，把一群以前从未打过交道的人刚聚集在一起就指望他们干得很漂亮，这多少都有些不太现实。建立良好的合作关系是需要时日的。”但是，如果 Q 值太高（大于 3.2），效果也不好。如果合作的艺术家彼此之间太过熟悉，他们的思维方式就会趋于一致，这会妨碍歌剧的创新。按照乌齐的说法，这正是 20 世纪 20 年代百老汇陷入困境的原因。尽管那 10 年也出了很多优秀的艺术家，比如科尔·波特、理查德·罗杰斯（Richard Rodgers）、洛伦兹·哈特（Lorenz Hart）和奥斯卡·汉默斯坦二世（Oscar Hammerstein

Ⅱ），但票房不佳的歌剧比比皆是。乌齐的数据显示，在这 10 年间，87% 上演的歌剧都以惨败收场，远高于历史平均水平。他说，问题就在于，这些才华横溢的艺术家习惯于只跟他们的朋友合作。乌齐说："百老汇（在 20 世纪 20 年代）并不缺少大腕儿，但是，歌剧创作总是熟人之间的联手很难激发出创造力。于是，伟大的艺术家最终创造出来的也只是些极为平庸的作品。"

那么，创作出最成功歌剧的究竟是哪类团队呢？乌齐的数据明确地告诉我们，最成功的百老汇歌剧均由社交亲密程度"适中"的团队打造（见图 6-1）。与低 Q 值（小于 1.4）团队或高 Q 值（大于 3.2）团队相比，理想 Q 值（2.6）团队所创作的歌剧获得商业成功的可能性要高出 2.5 倍。因此，乌齐认为，创造性团队存在一个最佳结构。

低 Q 值　　　　理想 Q 值　　　　高 Q 值

图 6-1　Q 值与创造力

注：最具创造力的团队都渴望最佳的 Q 值。

《西区故事》是百老汇历史上最成功的歌剧之一，也是乌齐最青睐的适中 Q 值案例。1957 年首演的这一剧目明显偏离了百老汇的传统：首先，它触及了社会问题；其次，它的舞蹈场面非常宏大。刚开始时，《西区故事》创作人员的构成更像是一个高Q值团队，因为几位合作者都是百老汇的传奇人物，而且以前都曾合作过。基本剧情也是杰尔姆·罗宾斯（Jerome Robbins）、伦纳德·伯恩斯坦和亚瑟·劳伦茨（Arthur Laurents）三人在讨论时碰撞出来的。但正像乌齐指出的那样，《西区故事》还得益于另外一些人的贡献，只不过他们的名气不够大。招聘来的25岁抒情诗人斯蒂芬·桑德海姆（Stephen Sondheim）负责创作歌词（尽管他从未在百老汇工作过），罗宾斯的助理彼得·基纳罗（Peter Gennaro）为舞蹈设计提出了很多好点子。乌齐说："人们具有跟朋友一起共事的倾向，因为跟朋友在一起工作会让人觉得很舒服。但是，这样做恰恰是错的。如果你想做一件不同寻常的事，就需要找一些新人。"

让不同背景的人在一起工作，创造力来自合作

剧作家威廉·戈德曼（William Goldman）在他的回忆录中有一个著名的论断：整个电影业唯一重要的现实就是"没人能无所不知"。为了证明这一点，戈德曼列出了好莱坞史上成功与失败的电影名单。比如，好莱坞历史上最卖座的电影之一《夺宝奇兵》曾被推荐给好莱坞的几乎每一家电影公司，而除了派拉蒙，每家电影公司都拒绝接受。戈德曼说："为什么派拉蒙就接受了呢？就是因为没人能无所不知。为什么所有其他电影公司都拒绝了呢？还是因为没人能无所不知。为什么环球影业公司错过了

《星球大战》，而它本来最有可能成为接拍者？因为任何时候都没人能预知票房究竟是好还是不好。好莱坞就像是老虎机，每部电影纯粹就是在赌。”

但皮克斯是戈德曼这一论断的特例。自 1995 年第一部《玩具总动员》上映以来，皮克斯制作了 11 部动画电影，且每部电影在商业上都很成功，平均每部电影的全球票房超过 5.5 亿美元。人们对皮克斯的传奇故事惊叹不已。这家动画公司总共获得了 24 个奥斯卡金像奖、6 个金球奖，还有 3 个格莱美奖。自 2001 年奥斯卡设立“最佳动画片”这一奖项至 2012 年，皮克斯的每一部电影都获得了提名，并有 5 部电影最终获奖。

皮克斯的成功之处在于其独特的创造性流程，这一流程在其 30 年的发展历程中也缓慢地发生着变化。[3] 在成为动画公司之前，皮克斯是一家计算机制造商。这家公司的前身要追溯到 1980 年，时任卢卡斯电影公司董事长的乔治·卢卡斯（George Lucas）在其公司内建立了计算机部。那时，乔治·卢卡斯刚刚在《星球大战》和《帝国反击战》两部电影上狠赚了一把。他特别想做的事就是探索能否用这些新设备制作电影特效。《星球大战》中的所有特效都是手工制作的。例如，那些光剑都是一帧一帧画出来的。这样，1980 年，卢卡斯聘来两位专门从事数字影像制作的计算机高人——艾德·卡特姆尔（Ed Catmull）和阿尔维·雷·史密斯（Alvy Ray Smith）。

尽管卢卡斯在这种前卫技术上花了很多钱，但他对在自己的电影中使用这些特效毫无兴趣。实际上，在电影《星际旅行Ⅱ:可汗怒吼》中，这种新技术才首次派上用场，用于表现摄像机冲向遥远星球地表的瞬间。史密斯说："这是我们的重大突破。只制作几秒钟的电影却需要很长时间，但我们醉心于所做的事。即便用这些运行速度很慢的计算机，我们也能制作出极为震撼的效果。"

但是，卡特姆尔和史密斯并不满足于仅仅制作数字短片，他们想制作出自己的动画长片，就是那种完全依靠计算机制作的电影。但很遗憾，卢卡斯并无意让科学家变成制片人。因此，卡特姆尔和史密斯只好在私下里鼓捣他们的动画项目。他们找来的第一位帮手是迪士尼的动画设计师约翰·拉塞特（John Lasseter），他的正式头衔是"用户界面设计师"。那时，卡特姆尔和史密斯一直在忙活《安德烈和威利的冒险》（*The Adventures of Andre and Wally B*）这部动画短片，拉塞特加入后立刻就做出了很多重大的改变。他用多变的几何形状取代了规规矩矩的圆形和方形，并在安德烈和昆虫之间的互动小情节中注入了喜剧元素。后来成为迪士尼和皮克斯总裁的卡特姆尔说："毫无疑问，约翰一看就是个讲故事的高手。他拥有我们迫切需要的各种本领，所以，我们基本上对他言听计从。"[4]

尽管《安德烈和威利的冒险》在技术上取得完胜，但卢卡斯已经不想继续把钱花在这些极客和他们价格不菲的大型计算机上了。这时，史蒂夫·乔布斯登场了。乔布斯正在为被苹果公司解雇而心怀不满，他觉得卢卡斯电影公司的计算机部是个不错的投资机会。但是，乔布斯对动画片并不感兴趣，吸引他的是一台能制作复杂视觉效果、价值13.5万美元的皮克斯图像计算机（卡特姆尔和史密斯以他们的动画片为营销手段来炫耀这一设备的威力）。1986 年，乔布斯用 1 000 万美元买下了卢卡斯电影公司的计算机部，新公司以其唯一的物品命名：皮克斯。

不过，这些昂贵的计算机从商业角度来看却是不成功的。史密斯说："我们在公司发展的生命曲线上稍稍超前了一些。对于花那么多钱买一台只能制作动画的计算机，人们还没有做好心理准备。"[5] 乔布斯不得不以个人名义为皮克斯贷款，但皮克斯每年都要亏损数百万美元。与此同时，卡特姆尔和史密斯也不得不想方设法赚钱，因为只有这样才能保持住这个充满创造力的团队。这两位科学家很快就想出了一个办法：制作商业广告。虽然制作动画电影的技术准备还不充分——这种计算机的运行速度还是太慢，但对于 15 秒的电视广告，皮克斯的这台计算机却绰绰有余。很快，动画片广告的生意接踵而来：李施德林漱口水、Lifesavers 糖果、大众汽车和 Trident 口香糖等。虽然这并不是他们心仪的工作，但的确能挣到钱。

尽管存在着财务难题，一种独一无二的创意文化仍在皮克斯的内部隐隐显现。这种文化的特点是：思想的自由流动，以及计算机专家和动画设计师之间持续不断的互动。首先，这些互动是技术的副产品，因为每个短片都会因存在大量的问题而不得不经历无休止的协商。比如，这种不规则的形状好不好？哪里可以运用模糊渲染？怎样设计面部表情才能更具表现力？皮克斯正在创造自己独特的艺术形式，每一个美学上的决策都需要技术来实现，而实现后的效果则需要通过艺术上的检验。皮克斯的动画总监鲍比·波德斯塔（Bobby Podesta）说："刚开始时，我们也弄不清楚自己在做什么，就好像是在黑暗中摸索。这就意味着我们要不断征询计算机专家的意见，'你能实现这个吗？那个呢？'如果他们说'实现不了'，我们就会向他们施压。正是通过这种不断的交流，我们共同来判断什么是更可行的。"

为了继续销售电脑，皮克斯依旧制作动画短片。影响最大的就是《锡铁小兵》（*Tin Toy*），它讲述的是一个上了发条的玩具从一个孩子那里逃走的故事，而拉塞特是受他侄子家庭录像的启发制作出这个动画短片的。拉塞特说："在那半小时的家庭录像里，他就坐在那里玩他的玩具。不管拿起什么，他都往嘴里放，玩具上到处是他的口水。于是，我开始想象孩子手里的玩具应该是什么样子的。我觉得孩子对玩具来说一定是个怪物。这就是《锡铁小兵》的创意来源。"《锡铁小兵》获得了巨大的商业成功，这也是第一部获得奥斯卡奖的计算机动画影片。迪士尼决定与皮克斯合作制作动画故事片，刻画玩具和主人之间的情感关系，而这部电影的名字就叫《玩具总动员》——因为谁都取不出更好的名字。卡特姆尔说："这既是我们的机会，也是一次巨大的挑战。过去我们只擅长制作短的广告片，而不是长达 82 分钟的电影。"

当时，迪士尼要求皮克斯为《玩具总动员》单独成立一家制作公司，这也是好莱坞的通行做法。卡特姆尔说："每个人都对我们说，如果你想制作电影，那就在公司内再成立一家公司，并且不要受到母公司文化的影响。我们从未做过电影，所以也没有任何经验。我们为新公司起了‘Hi-Tech Toons’这个名字，甚至还把它印到了文具上。但是，当我去见拉塞特并向他展示公司标志等相关内容时，他说‘这可不是个好主意’。所以，我们就放弃了最初的打算，并向所有好莱坞人申明，我们将按自己的方式做事。”

皮克斯反对成立独立制作公司的理由是，它不希望员工之间的互动受到任何妨碍。皮克斯知道，**创造力来自其重视合作的文化，也就是让不同背景的人才一起工作的能力**。拉塞特是这样描述这个公式的：“技术激发艺术，艺术挑战技术。”当工作室决定聘用才华横溢的动画设计师和善于发明创造的计算机专家时，本意就是想让这些新员工与经验丰富的老员工互动起来。知识需要融合。

毫无疑问，培育这种合作的唯一方法（适当的 Q 值）就是让每个人都在同一座楼里工作，而不是建立这样或那样的独立体。卡特姆尔说：“现代好莱坞的做法是按项目组建团队，一旦任务完成，团队就解散。我们觉得这种方法不好。因为总的来说，只有优秀的团队才能制作出好的影片。而好莱坞的主流观点是，电影的好坏完全取决于点子，相对于优秀的创作者来说，好点子更为稀缺，也更有价值。这就是跟风影片如此之多的原因，大家都在玩同一个概念。不过，从根本上来说，这是不明智的。普通团队很有可能搞砸一个好点子，但是，如果给优秀团队一个普通的点子并让他们通力合作，他们会自己找到成功之路的。”[6]

咖啡间，公司里最重要的地方，产生新思想的绝佳之地

皮克斯就设在奥克兰市北原来的德尔蒙（Del Monte）罐头厂所在地。这个工作室最开始计划建造三栋独立的大楼，计算机专家、动画设计师和管理人员分别在不同的大楼内办公。尽管这种布局在成本上看很合算，但乔布斯却否决了这项计划。人们早已习惯开玩笑说，这几栋楼就是乔布斯的电影，他事无巨细地什么都管。很快，乔布斯就对工作室做了一个全新的规划。替代三栋独立大楼设计方案的是一个巨大的开放式办公室，这个办公室是个一体的大开间，中庭高大无比。卡特姆尔说：“这种设计的潜台词是说，一定要把最重要的功能设在办公室的核心地带。那么，什么是我们最重要的功能呢？那就是员工之间的互动。这就是乔布斯在那里设计了一个宽敞空间的原因。他想建立一个开放区域，为人们能够经常聚在一起聊天创造条件。”

但乔布斯知道，只是简单地建造一个高大无比的中庭是不够的，他还要鼓励人们到那里去。于是，乔布斯从信箱动手，将其移到那里。然后，他把会议室也挪到了办公区的中央，又把自助餐厅、咖啡间和礼品店也都搬到了那里。这还不够，乔布斯最后决定将卫生间也设在中庭。皮克斯几部电影的执行制片达拉·安德森（Darla Anderson）说：“我刚开始觉得这是个馊主意。因为我每隔半小时就要去一趟厕所，我可不想每次上厕所都

要走那么远的路，那只不过是在浪费时间。但乔布斯说过人们必须碰面，他确信，最好的碰面都是偶然发生的，比如在过道或者在停车场。这样做的结果如何呢？他是对的。很多时候，我都是一边吃饭一边跟别人讨论问题，有时，我在去厕所的路上也会与某些人不期而遇。总之，与我总是坐在工位上相比，我见到的人多了很多。刚开始时，中庭看似是对空间的浪费。但是，乔布斯知道，当人们不期而遇时，当他们进行眼神交流时，确实会收到意想不到的效果。他的这种设计让你不可能不跟公司里的其他同事偶尔碰面。”

在皮克斯，不单单中庭在发挥作用，整个公司里互动的氛围都非常好。在《玩具总动员 3》就要杀青的紧张日子里，我拜访过这个工作室，当时几乎所有的公共区域都成了人们交流、讨论的地方。正像乔布斯预测的那样，许多交谈都发生在卫生间里。[①] 人们同样会在咖啡间谈论兰迪·纽曼（Randy Newman）的电影原声带，或者在 Café Luxo 餐厅一边吃着泰式饭菜一边说笑着。我看见人们在艺术画廊里商量事情，也听到动画设计师们坐在苏丹式躺椅里闲聊。到了晚上，社交互动则转移到酒吧，皮克斯办公区总共有 11 个酒吧。皮克斯还建立了皮克斯大学，向公司所有的员工开放，开设的课程包括创意写作、戏剧即兴表演等。学生来自公司各个岗位，约翰·拉塞特可能跟某个保安一块在中庭学杂耍。皮克斯大学的屋顶上铭刻着一行拉丁文：

① 我“偷听”到两位动画设计师在水槽边洗手边谈论某个动画片里对泥土画面的设计。

Alienus Non Diutius，意为“不再孤独”。

社会学家雷·奥登伯格（Ray Oldenburg）将这种聚集点称为“第三空间”。按照他的定义，所有既不是家（第一空间）也不是办公室（第二空间）的互动环境都属于第三空间。**回溯古往今来各种新思想的产生，公共区域都发挥着至关重要的作用。**比如，18世纪英格兰的咖啡馆，人们聚在那里讨论化学和激进的政治学；现代主义下巴黎的左岸酒吧，则是毕加索和格特鲁德·斯泰因频频光顾的地方。在奥登伯格看来，第三空间的好处在于各路人才齐聚一处，一边喝着酒或咖啡，一边随意地相互交谈。正是这些已成为公司一部分的第三空间，才使得皮克斯如此独具特色。既要有场所有布置，也要有酒有咖啡。于是，你一言我一语的嘈杂说话声烘托出一个不一样的工作环境，这里正是理想的第三空间。

这些互动看起来都是偶然发生的，尽管这种并非刻意的碰面可能会导致生产率的下降，但皮克斯却非常看重它们。皮克斯知道员工之间这种短暂的交谈并不是在瞎耽误工夫，源源不断的好点子恰恰就是从这些随意的谈话中冒出来的。最勇于创新的团队都是既有熟人也有初次合作的合作者，就与《西区故事》的百老汇创作者一样。尽管皮克斯大多是熟人团队一起工作，但这家公司的文化确实鼓励员工与完全没有关系的其他项目组同事聊天。安德森说：“我们仔细研究了员工之间的座位安排和办公室布局，作为制片人，我的一部分工作就是确保把所有人都撮合在一起。如果看不到众多不同类型员工之间进行互动，我会很担心。”如果安德森知道某位动画设计师仅关注电影技术层面上的事，她就会把他的工位安排在一帮计算机科学家所在的区域的最里面。如果编剧正在为某个角色的某场戏冥思苦想，安德森一定会让这个编剧跟绘制这个角色的动画设计师见面。她说：“我们知道数量不多的这种过道闲聊是很有价值的，而大多数聊天却并非如此。他们的谈话内容可能只是关于孩子、足球或诸如此类的事情，但是，突破偶尔就会在这些谈话中显现出来。”

为了理解皮克斯在办公室设计上的明智之处，我们有必要了解一下托马斯·艾伦（Thomas Allen）所做的研究工作。艾伦是麻省理工学院做组织研究的教授，20 世纪 70 年代初期，艾伦开始在几家大型公司的实验室研究工程技术人员之间的互动行为。[7] 经过若干年的谈话和跟踪研究之后（包括所有的过道交流和咖啡间交流），艾伦发现了同一办公室里的任意两人之间进行沟通的可能性大小的“艾伦曲线”，这一曲线的升降幅度变化剧烈。按照艾伦的说法，人们与邻桌同事进行交流的可能性与坐在 50 米开外的同事相比，要高出 10 倍。

与邻桌的同事简单聊上两句，这也没什么可大惊小怪的。但是，从这些办公室交谈的记录中，艾伦却发现了一些不同寻常的东西。在对这些工作现场的数据进行分析后，他得出这样的结论：**工作最出色的员工，也就是那些拥有最有价值的新思想的人，都会与周围同事频繁地进行互动**。艾伦在其 1984 年的专著《管理技术流》（*Managing the Flow of Technology*）中写道：“工作表现出色的员工经常会与公司内 4 ～ 9 位同事商量关于某个具体项目的事情，而工作效果不理想的员工最多只会接触一两位同事。这就意味着仅仅向更多的同事讨教，就能有助于把工作做好。”上面这个结论的关键词是“仅仅”。根据艾伦的数据，办公室交谈的作用太大了，仅增加交谈次数，就能使创意猛增。也就是说，只要与更多的人交谈，人们就能想出更多的好主意。这就告诉我们，**公司里最重要的地方不是会议室，也不是实验室或图书馆，而是放咖啡机的地方**。

计算百老汇歌剧 Q 值的社会学家布莱恩·乌齐新做的一项研究也得到了类似的结论。[8] 2009 年，乌齐获得了某个大型对冲基金的宝贵数据，该数据完整地记录了 18 个月内每一位交易员发送的每个即时信息。乌齐和他的同事得到的第一个发现是：这些交易员发出了数量惊人的信息，他们的交流次数超过 200 万次，平均每位交易员同时进行 16 个不同的交谈。

乌齐想知道的是，这些持续的信息流动是怎样影响交易员的交易行为的，他对金融报告发布时产生的大量的信息互动特别感兴趣。乌齐说：“彭博终端经常会传来一些新消息，进而引发一阵密集的沟通，每个人都试图弄清楚这个消息的含义。这是个好消息吗？它会对股票市场产生怎样的影响呢？”乌齐称之为“答疑解惑过程”，因为交易员在这一过程中试图弄清那些模糊信息的确切含义。他们相互询问，并从同行的各种解读中得到好处。他说：“每个人都希望快速弄清真相。因为弄清真相的速度越快，你赚的钱就越多。”

通过比较交易员信息传送的习惯，他发现艾伦的结论是正确的：表现最好的交易员都交际甚广。实时聊天和发送信息更多的人，他们赚到的钱也更多。对一般交易员来说，他们有 55% 的交易是赚钱的；而对于那些热衷于聊天的交易员来说，他们有 70% 以上的交易是赚钱的。乌齐说："这些人会跟很多人聊天，他们像吸尘器一样，从身边的每个人那里收集信息。一开始交易时，这些人就会无休止地聊天，他们的即时聊天甚至会更多。"相比之下，业绩最差的交易员的网上聊天也最少。在即将做出投资决定时，他们也不再与他人交流。乌齐说："他们会中断聊天。这就是说，他们并没有弄清楚事情的真相。"

乌齐对那些有关金融的交谈和创造性过程做了对比分析。他说："投资行为跟解开有难度的智力谜题没什么两样。这些交易员也在试图将相关的线索关联起来。如果你仔细琢磨那些有关对冲基金的即时交流信息，你就会发现，正是它们刺激了好主意和成功交易的产生。因为这些交易员从他们的人际关系网中获取了足够的信息，所以，他们才能成功地完成仅靠自己无法完成的事。"尽管这么多即时信息会让人分神——这是多任务让人抓狂的典型案例，但乌齐认为，它们正是带来成功最根本的要素。乌齐说："如果要我在一位聪明的交易员和一位交际广泛的交易员之间做一个取舍，毫无疑问，我会选择后者，因为这些交谈是非常有价值的。"

皮克斯努力将这种交谈的作用发挥到极致，因为它知道，每个人都在交流互动的公司最容易产生新点子。在皮克斯这样的公司里，人们会在洗浴时聊天，在排队等咖啡时交换意见。阿尔维·雷·史密斯就说："从公司成立到今天，皮克斯成功的奥秘都源于对团队合作的重视，也就是'你可以从同事那里学到很多'的信念。我和艾德都想建立一个人与人之间彼此欣赏的社会。在这样的社会里，技术专家将艺术家看作天才，而艺术家则视技术专家为魔术师。我们要求员工要有相互学习的欲望，当某个同事告诉你不知道的某些东西时，好事往往就会发生。"

计算机科学家克里斯托弗·兰顿（Christopher Langton）也曾通过观察得出这样的结论：**创新体系不断向"混沌的边缘"转变，而混沌是一种既不可完全预测，也不会完全失控的局面。我们需要整体性的分崩离析，但也需要体验那些意料之外的事。**[①] **正是与碰巧遇上之人所进行的未曾预料到的信息交流，彻底改变了我们的思维方式。**

① 关于无构造空间最经典的案例当属李岱艾广告公司（TBWA/Chiat/Day）创造的"无疆域办公"。1993 年，这家公司决定彻底摆脱传统的办公模式，员工不再有固定工位或计算机设备。取而代之的是，公司鼓励员工根据正在开展的工作项目与同事组成团队。这种模式跟大学校园的情形类似，因为在大学校园里，学生可以在任何喜欢的地方学习。李岱艾广告公司被《时代周刊》誉为"信息时代办公室变革的先行者"。可是，这种新型办公布局却没能够长期推行下去。尽管形式自由的公司内部设计的本意是鼓励互动，但削弱了人们彼此间的互动。由于不存在传统意义上的办公室，人们彼此之间反而经常见不着面。员工甚至会为争抢风景好的座位而闹得不可开交，会议区也经常发生打斗，工作效率因此急剧下滑。到 1995 年，形势已十分清楚，新颖的工作模式宣告失败，隔墙又重新垒了起来。

用“建设性批评”取代“头脑风暴”更能激发新创意

在皮克斯，每一天都是这样开始的：几十个动画设计师和计算机专家集中在一个小放映室里，放映室里摆放着舒适的绒面沙发。[9]他们吃着“幸运符”（Lucky Charms）和“嘎吱上尉”（Cap’n Crunch）麦片，喝着有机咖啡。然后，整个团队开始分析昨天制作的那几秒钟影片，对每一帧画面评头论足（每秒 24 帧），对其中细节的剖析则细之又细。我曾参加过一次关于《玩具总动员 3》的会议，制作团队花了 30 分钟时间讨论巴斯光年翅膀底部塑料灯的反光特性。之后，一位制作编辑认为兰迪·纽曼的歌开始的时间不对。音乐是在胡迪进场时响起的，这位制作编辑认为音乐应该延后几秒钟，在胡迪跑起来后再响起，但有人则表示反对。就这样，一场热闹的辩论就此展开。结果，大家又想出了两个替代方案。（对皮克斯制作的一场戏进行 300 多次修改，是很常见的事情。）制作团队还讨论了这一角色的动机以及单簧管独奏时的情感内涵，当会议结束时，差不多也就到了吃午饭的时间。

这种讨论会起源于早期卢卡斯电影公司的“生产会议”（production meeting），当时，阿尔维·雷·史密斯、约翰·拉塞特和艾德·卡特姆尔会跟动画设计师一起观看他们的工作成果。开始时，这样的会议非常必要，因为没人知道计算机动画设计师在做什么——他们的工作还有些让人半信半疑。但是，拉塞特很快就意识到这种会议独具意义，因为任何一个人都能从别人的错误中学到很多东西。而且，这种评论会议会把责任分摊到整个小组，这样，整个团队都担负着揪出差错的责任。卡特姆尔说："这是我从丰田公司学到的。在丰田汽车生产厂，每个人都有义务挑毛病。即便是生产线上的普通工人，只要他发现了问题，就可以拉动红绳。不仅承担此项工作的人要这样做，其他人也有义务这样做，这是一个群体过程。因此，丰田公司里存在着大量的持续改善情况。装配线上的人会不断提出大量微小的修改建议，而这些微小修改累积的结果就是优质产品的诞生。我想让大家明白这一点，如果在生产过程中放过一个错误，如果不对能够进行修改的地方进行修改，那么，这就是我们的集体过失。我们都失职了，都未能拉动红绳。"

初看起来，皮克斯晨会的尖刻氛围——致力于找毛病，可能与群体创造力的一个基本规则相悖，即"永远积极乐观"。20 世纪 40 年代末，作为广告公司 BBDO 创始人之一的亚历克斯·奥斯本（Alex Osborn）想出了一个新名词："头脑风暴"，他认为这是激发群体创造力的最好办法。在他撰写的一系列畅销书中，奥斯本提炼出了成功开展头脑风暴的基本原则。他的结论是，成功的头脑风暴能让群体的创造性成果翻倍，其中最重要的原则就是"不批评"。按照奥斯本的说法，如果担心负反馈，担心新想法会被群体嘲笑，那么，头脑风暴就会失败。奥斯本在其著作《你的创造力》（*Your Creative Power*）一书中写道："创造力就像是娇弱的花朵，称赞使其盛开，而批评往往会将其扼杀在萌芽状态。为了增加想象力，我们应该只关注新想法的数量，高质量自然会随之而来。"[10]

一直以来，头脑风暴都是广受欢迎的激发创造力的方法。广告公司和设计公司采用这种方法，人们学习和工作时也经常这么做。当人们想从群体中获取好点子时，他们会遵从奥斯本的要求。不再有批评，即便那些极为“随心所欲”的联想也会得到鼓励。其中暗含着一个基本假设：如果人们担心说错话，那么，他们就会一句话也不说了。

当然，头脑风暴一定有让人称赞的地方。来自他人大量的积极反馈的好处显而易见，这也是大多数头脑风暴的参与者都对自己能为集体有所贡献而自豪的原因——白板上画满的毫无限制的联想正是发挥想象的结果。在这样的时刻，头脑风暴就像是一种有效的心智技能，也是提高效率的好方法。

但头脑风暴的致命弱点是，它与预期相差甚远。美国华盛顿大学心理学家基斯·索耶（Keith Sawyer）这样总结道：“几十年来的研究都一致表明，头脑风暴小组所想出的主意远少于数量相同的另外一些人——他们先是独立思考，然后把想出的主意进行汇总。”[11] 实际上，1958 年，耶鲁大学对奥斯本方法做的第一个观察性实验就完全否定了头脑风暴的方法。[12] 实验很简单：将 48 名大学男生分成 12 组，然后给他们出一系列创造性智力难题，并要求这些小组严格遵循奥斯本的头脑风暴方法；再另选 48 名学生成立控制组，给他们分配同样的智力难题，并要求他们独立解决这些智力难题。与头脑风暴小组的学生相比，仅靠一己之力进行思考的学生想出来的解决办法是前者的 2 倍。而且，评判组认为他们的解决办法更可行、更有效。换句话说，头脑风暴并没有激发出小组成员的潜能。相反，这种方法会抑制潜能，削弱群体中每个人的创造力。

头脑风暴的糟糕表现让我们重新意识到了批评和争论的重要性，这恰恰是皮克斯晨会的诉求。乔布斯在苹果公司也采用了类似的方法，用苹果公司首席设计师乔纳森·艾夫斯（Jonathan Ives）的话来说，小组会议“火药味十足”。最大程度发挥群体创造力的唯一方法就是倡导对错误进行开诚布公的讨论，这样才能实现“整体大于个体总和”的目标。容忍差错多多少少能降低成本，当你觉得你所在的小组会及时把你的差错改正过来时，你就不会把心思放在“精益求精”上。于是，讨论也会更加坦率。只有对任何可能出错的地方都展开讨论，我们才能把事情做好。

加州大学伯克利分校心理学家查兰·奈米斯（Charlan Nemeth）曾对此进行过一项有趣的研究。[13] 她将 265 名女大学生中的每 5 个人分成一组，并分给每个小组同样的问题：如何解决旧金山湾区的交通拥挤问题？这些小组必须在 20 分钟内提出尽可能多的解决方案。

然后，她随机给每个小组分配下面三个任务中的一个。第一个最简单，这些小组不会收到任何进一步的指令，小组成员可以按她们喜欢的方式一起合作。第二个是参与头脑风暴，完全按照标准的头脑风暴方法行事，并强调不加批评的重要性。第三个是鼓励争论，这些小组所遵循的指令是这样的：“很多研究结果都表明，想出好方法的最佳方式就是想出尽可能多的方法。因此，要鼓励畅所欲言，任何人都可以说出她想说的话，而不用担心说错了什么。此外，很多研究还告诉我们，人们应该尽可能地展开争论，甚至批评彼此的想法。”

奈米斯实验中的哪些小组表现最好呢？结果相差巨大：头脑风暴小组略好于无指令小组，但在鼓励争论的小组中，人们最富有创造力。平均来说，她们想出的点子多了 25%。但是，这项研究的最有趣之处则发生在这些小组解散之后。对于刚刚讨论的交通问题，当研究人员询问每个被试还有什么新想法时，有意思的事情发生了。平均来说，无指令小组和头脑风暴小组的被试还能再想出 2 个好主意，而在鼓励争论的小组中的被试却能多想出 7 个以上好主意。奈米斯总结道：“尽管‘不批评’是头脑风暴中最重要的原则，却无法达到预期。我们的研究结果证实，争论和批评不但不会妨碍新想法的产生，反而会激发人们想出更多的好主意。”

这一研究结果看似与直觉相悖，与奥斯本一样，我们会想当然地假设负反馈会扼杀易受影响的想象。但事实证明，跟我们所认识的自我相比，我们自身要坚强得多。想象并非弱不禁风——它不会一碰到争论就销声匿迹。相反，它常常是被我们从它所隐藏的地方“拽”出来的。

按照奈米斯的说法，批评能引发更多新主意的原因就在于，它会促使我们完全投入他人的工作之中。我们会抱着改进的目的去思考别人的想法，正因为存在着不足，我们才会真正地去倾听。① 如果无法给彼此带来好处，那我们为什么要这么做呢？相反，当每个人都说“好”时——就像头脑风暴的场景那样，此时，大家会认为所有的新观点都很好。但实际上，我们只是沉溺于自己的世界里。这对于琢磨他人的思想或接受不熟悉的可能性无法提供任何帮助。于是，问题依然得不到解决，因为批评的缺失让我们始终停留在原地。②

为了更好地理解批评的威力（为什么它就如同是想象力的放大器），我们来思考一下奈米斯主持的另一项实验。[14] 通常，头脑风暴活动的另一条基本原则是“自由联想”。也就是说，把最开始进入你头脑中的思想表达出来。但是，自由联想也并非一种有效的策略。经过反复研究，心理学家发现：我们并非自由联想的行家。例如，若让你对“蓝色”（blue）这个词自由联想，那么，你的第一个回答有 45% 的可能是“天空”，接下来的回答可能是“大海”和“绿色”。如果你觉得自己很有创造力，也可能会回答“牛仔裤”。我们的联想是由语言所左右的，而语言中

---

① 披头士乐队就是一个很好的例子：列侬和麦卡特尼之间存在着众所周知的竞争关系，但实际上，他们却因此受益，所有的内部矛盾反而给两位作曲家带来了灵感。

② 发怒这种情绪对创造力也有短期益处，这是马泰斯·巴斯（Matthijs Baas）、卡斯滕·德勒（Carsten De Dreu）和伯纳德·奈斯塔德（Bernard Nijstad）等人在 2011 年研究得出的结论。他们的第一个实验结果表明，发怒比中性情绪更有助于提高创造力。在第二个实验中，他们直接让一些被试发脾气，然后让所有的被试就改善环境问题的方法进行头脑风暴。结果再次表明，发怒的被试比没有发怒的被试想出了更多的好点子。当然，这并不意味着发脾气能包治百病，也不是说发脾气总是聪明之举。从某种程度上来说，发脾气可能意味着江郎才尽。尽管发脾气的被试在刚开始时想出的主意很多，但他们的表现会急剧下滑。

充斥着死板的东西。

我们怎样逃离这些死板的陷阱呢？奈米斯找到了一个简单的方法，她做的实验如下：一位实验室帮手偷偷坐在一群被试当中，实验时，让被试看各种颜色的画片，并让他们回答看到的是哪种颜色。不久之后，这群被试就感到了乏味。但是，在某些小组的实验进程中，奈米斯告诉她的实验助手偶尔喊出错误的答案，比如说，看到红色回答“粉色”，或者看到蓝色回答“青绿色”。几分钟后，要求这些被试小组对相同的颜色进行自由联想。实验结果给人留下了深刻印象：“蓝色”让他们联想到的不再是“天空”，他们的联想空间也宽阔了许多，甚至会联想到以《泛蓝调调》（*Kind of Blue*）专辑而闻名的小号手迈尔斯·戴维斯（Miles Davis）、蓝精灵和蓝莓派。那些显而易见的答案已不再是唯一的答案。奈米斯近期又有了新发现：这一策略对更好地解决各类创造性问题屡试不爽。无论是创造新品牌，还是破解有难度的洞见谜题，都可以采用同样的方法。在小组实验中加入一些不一致的成分，哪怕这种不一致是错误的，都会大大提高人们的创造潜能。

当听到某个人喊出一个另类的答案时，比如把红色说成粉色后，你会重新开始估量最初的判断。你试图弄明白这个回答究竟是什么意思，这又引发你从新的视角进行思考。于是，你不再对显而易见的联想感兴趣，不曾料想到的奇遇会让你的想象力插上翅膀。

这些实验结论告诉我们，皮克斯的晨会意义重大。当动画师和工程师坐在沙发上喝麦片粥时，他们知道会议不会那么愉快。《玩具总动员 3》的首席动画设计师鲍比·波德斯塔是这样说的："谁都不愿意把前一天做的所有错事都捋一遍之后才开始新一天的工作。但我们知道，如果想把事情做好，就要做出取舍。你会加班到很晚，你要对他人的评价做出回应。偶尔，你还会处在各种消极的情绪中。"

不过，皮克斯努力确保不让批评失去控制，防止任何错误导致员工士气低落。这就是皮克斯团队负责人尤其强调"加分"的原因。所谓"加分"，就是避免使用尖刻或审判式的语言让人们完善想法的一种技巧。"加分"的目的很简单：在批评某一想法时，批评意见中必须包含加分因素，也就是针对这一想法的缺点建设性地提出一个新观点。波德斯塔说："由于我们在这些小组晨会上花费了太多时间，因此，让会议保持友好的气氛确实很有必要。如果我们只是相互指责，会议氛围就会很压抑。因此，一旦展开批评，就要努力在批评中加入点不一样的东西，通常是能让工作立刻得到推进的新观点。这样，我们的关注点就不是错误本身，而是如何改正错误。"

一旦"加分"这种行为奏效，它就会在促成创造性突破上发挥难以想象的作用。批评就如同一次意外发现，参加会议的每个人都有可能想出一个"加分"点，即能够推进电影项目的新观点。波德斯塔承认，他那些好点子多数都是在会议之后想出来的，因为他会在会议结束后继续思考晨会上的讨论。他说："在通常情况下，也许会议已经结束了几小时，但我仍在想着小组讨论过的事。也许，我仍在为挨批的事感到不爽。也许，我们刚好碰到了一个非常棘手的问题，所有建议全都无效。不过，我会把问题先放在脑子里，当我做其他事情时，我可能会为这个问题想到一个更好的解决办法。我会不知缘由地一下子想到如何设计面部表情，或者剧情应该怎样发展。我仍在继续做着‘加分’的工作。”（人们常常能在皮克斯的健身房里找到波德斯塔。）

皮克斯的做法奏效的原因就在于，各小组在晨会中的批评性争论多少都会带来一些之前未曾想到的新东西，创新思想就是这样从不留情面的分歧中涌现出来的。皮克斯的导演李·昂克里奇（Lee Unkrich）说：“在皮克斯工作最美妙的时刻就是这些意外的出现。在每部电影开始制作之前，我都会担心找不到好点子。而一旦应用了这种方法，这些担心基本上都会消失，创作团队自会找到让其成为现实的方法。因为如果只有我一个人来做这件事，”他用手指向显示《玩具总动员 3》画面的计算机屏幕，“那么，这部电影就‘死定’了。每天都让我想出一些了不起的新点子，我可做不到。”

有时，皮克斯的创作团队所做的重大修改会让公司外的人大吃一惊。2002 年 8 月，迪士尼 CEO 迈克尔·埃斯纳（Michael Eisner）优先观看了《海底总动员》，这是皮克斯制作的第三部长片。当时，迪士尼还没拿定主意是否要与这家经验不足的电影公司续约。这部电影并没有打动埃斯纳。正如詹姆斯·斯图尔特（James Stewart）在《迪士尼战争》（*Disney War*）一书中所写的那样，埃斯纳立即给迪士尼的董事会发了封邮件：“昨天我看了皮克斯的新电影《海底总动员》，这是我第二次看，算是一次正式的审查。电影还可以，但与他们过去的片子根本没法比。”[15]埃斯纳觉得这部电影太平庸，他要求在电影发行后再重启与皮克斯的合同谈判。如果电影失败的话，迪士尼也不会损失太多。

但埃斯纳错了。《海底总动员》的票房总收入超过 8.68 亿美元，堪称完美。尽管粗剪的片子确实不能令人满意，但是，埃斯纳低估了皮克斯晨会上通过批评不断完善的方法。他没有想到这家电影公司能在处理瑕疵上做得这么好，把一个有问题的底稿雕琢成一部完美的电影。导演安德鲁·斯坦顿（Andrew Stanton）重剪了整部电影，并剪掉了很多倒叙。艾德·卡特姆尔用直白的语言概括了这次创造性之旅，将其描述为从“烂”到“不烂”的能力：最初的《海底总动员》很“烂”，但经过 9 个月批评性的晨会后，最终毫无争议地进入“不烂”之列，并赢得了 2003 年奥斯卡最佳动画片奖。结果，迪士尼因拖延谈判付出了巨大的代价。

但也不应过分美化皮克斯这一方法中不可避免的争斗性。即便“加分”也不能避免偶尔的激烈争吵，很多员工都对这种紧张的时刻抱怨不已。（波德斯塔说：“不管怎样，周末的工作餐是免费的。”）当我进入皮克斯内部观察时，其员工在回答我的诸多问题时都会提到同样的痛苦经历：《玩具总动员 2》的制作。尽管这是部 10 多年前的老电影，但在皮克斯，人们仍会常常提起这个传奇故事。例如，卡特姆尔把《玩具总动员 2》的争论称为“我们的决定时刻——永远不应该忘记的经验教训”。

1998 年秋，这部影片开始出现问题，此时正是情节设计的最后阶段[①]，皮克斯非常在意电影的情节。实际上，相对于实际制作动画来说，这家电影公司在设计剧情上常常要花费更多的时间。当皮克斯的智囊团（一个由约翰·拉塞特、艾德·卡特姆尔及 8 位导演组成的小组）在街边的一家汉堡店七嘴八舌地讨论最初的剧情时，这一过程就开始了。之后，讨论出的故事梗概被转化为一个概括了电影基本脉络的两页纸文档。在几易其稿和大量的讨论之后，这个文档被转交给了编剧。皮克斯通常会从外面找人创作剧本，这也是吸收新鲜血液的方法之一，以确保团队 Q 值的大小合适。皮克斯需要的并不是一个完美的剧本——它只是想从某一点启动这一过程而已，之后，再一次次地对剧本进行修改，有些镜头砍掉了，另一些新镜头加了进来，而新角色的出现也会让故事更完美。经过长达一年的编辑和制作，剧本变成了故事影带，也就是一系列详细的故事板。这时，还没有任何动画，只是像漫画书那样画出人物的姿态，并配上供皮克斯员工朗读的台词。卡特姆尔说：“故事影带看上去非常简陋，但这是迭代过程中的一个重要组成部分。若把这个剧本看成电影，你会发现其中漏洞百出。而且，总是会有太多太多的错误。”

这时，《玩具总动员 2》开始遇到了麻烦。由于皮克斯当时

① 迪士尼起初催促皮克斯先发布一部电视版电影，这意味着更少的预算，制作时间也短。可是，卡特姆尔和拉塞特认为这种决定是错误的。卡特姆尔说：“我们不应该有两种不同的质量标准。要么做最好的东西，要么就关门不干。”

正忙于第二部故事片《虫虫特工队》（*A Bug's Life*）的收尾工作，因此，《玩具总动员 2》没能从通常的"加法"过程中受益。它的创作团队不是与整个公司互动，而是在单独的另一栋楼里工作，他们完全被孤立了。（新的办公场地仍在建设中。）导演李·昂克里奇回忆说："跟其他偏离了轨道的电影一样，这部影片也正在以同样的方式偏离。那时，我们都在忙于《虫虫特工队》的收尾工作，没有时间帮助他们对电影进行完善，我们的批评性讨论没有发挥作用。"

直到 1998 年冬天，智囊团才将注意力完全转向问题多多的《玩具总动员 2》。第一次放映故事影带的效果非常差。卡特姆尔说："每个人都知道这样的片子肯定不行，是我们的工作程序出了问题——影片没能往好的方向发展。"于是，在距离发行日不到一年的节骨眼儿上，皮克斯的创作团队做出了一个令人意想不到的决定：放弃原来的剧本，再重新创作一个。这个举动把迪士尼的高管汤姆·舒马赫（Tom Schumacher）吓蒙了，他清楚地记得这次放映后第一次开会的场景：

> 我、约翰·拉塞特还有其他迪士尼的同事坐在会议桌前，约翰说出这样一句话："嗯，好吧。"对于约翰来说，没有什么比"嗯，好吧"这种表达更充满决定性的意味了。这样的电影，他是无法接受的。他对不满意的事情容易动怒，而这正是他最讨人喜欢的个性之一，或许也是他获得成功的最主要原因。因此，在距离影片预计的发行日仅有 9 个月的那个时间点，约翰把这部电影

否定得一干二净，这真是闻所未闻的事。[16]

皮克斯是怎样完善《玩具总动员 2》的呢？它做出的第一个改变就是针对员工的办公环境的安排。拉塞特马上安排工程师、编剧和导演在同一个办公场所办公，让所有人都有机会碰面。他意识到这部电影缺少的正是火花，也就是当人们不期而遇时碰撞出来的灵感和不同寻常的点子。拉塞特说："我们决定从那时起，所有人都要在同一幢楼里办公。我们要求所有部门都要在一起，不管大家忙于制作的是哪部电影。"

随后，拉塞特在加利福尼亚州索诺玛县安排了一个紧急会议。这是一次为期两天的封闭会议，人们享有充分的自由来以全新的方式思考这部电影。（新的会议地点将整个团队彻底转化成临时的局外人。）智囊团很快意识到《玩具总动员 2》的主要问题是故事情节简单，这也正是故事影带效果不佳的原因。电影的主要故事情节是，玩具收藏家打算将玩具伍迪卖给日本的一家博物馆。尽管故事是围绕伍迪展开的，但这样的情节让人觉得太不真实了。卡特姆尔说："这是迪士尼和皮克斯制作的电影。因此，你们已经知道伍迪最终将回到他原来的家。如果你们都知道了结尾，那也就没什么悬念了。"一旦找到故事的缺陷所在，皮克斯的创作团队就开始着手进行修改。会发声的企鹅微子被挪到了电影的开头；涉及两个巴斯光年的复杂剧情被扩展；表达不再被男孩宠爱的玩具的悲歌《杰西之歌》（*Jessie's Song*）被插入第二个场景中。这一紧张的创作过程也造成了损失，创作团队中的很多成员都出现了与压力相关的健康问题。在描述皮克斯的官方创业史《创造奇迹》(*To Infinity and Beyond!*)[①]这本书中，乔布斯回忆了1999年最初最困难的那两个月，他说："我们为了制作《玩具总动员2》都拼了命，有些人一年以后才缓过劲儿来。整个制作过程很苦，可以说是太不容易了，但我们成功了。"

《玩具总动员2》没能按时制作完成，不过，这并不妨碍它成为历史上最成功的动画电影之一。[②]不管怎么说，这部电影坎坷的制作过程已成为每个电影从业人员的必修课。卡特姆尔说："如果哪天我们把从《玩具总动员2》中学到的东西都忘了，我将会担心皮克斯的未来。推倒重来总是痛苦的，但这也意味着我们仍在进行艰难的尝试，意味着我们仍在冒险前行并勇于纠正所犯的错误。我们必须敢于把剧本扔进垃圾桶。"皮克斯知道，人的能力总是有限的，因能力不足而失败是常有的事。这正是乔布斯把洗手间建在办公区中央、制作团队每天早上都要进行晨会讨论的原因。这也是电影制片人在意创作团队的座位如何安排，以及要对某个镜头品头论足后才能产生好点子的原因。皮克斯里的每一个人都懂得，前进的道路上总会遇到很多次失败。在漫长的日日夜夜里，唯一不缺的恐怕就是：令人不愉快的交谈、迷失方向后的意外惊喜，还有深夜的争论。从未有人说过，制作一部好电影是一件轻而易举的事。昂克里奇说：**"如果你有一种**

---

① 英文书名来自《玩具总动员》，取自其中的一句经典台词"to infinity and beyond"。——编者注

② 美国知名影评网站烂番茄网的数据显示，《玩具总动员2》是有史以来最受好评的电影之一。

毫不费力的感觉，那说明你的工作有问题。搞砸事情是工作中必不可少的组成部分。我们的目标很简单，那就是要尽快碰到麻烦，失败得越早越好。然后，我们一起走上正路。”

把合适的人聚在一起，创造力自然而生

丹·威登（Dan Wieden）是威登肯尼迪（Wieden+Kennedy，简称 W+K）广告公司的联合创始人，这是世界上最具创新精神且广受好评的一家公司。威登的公司擅于策划不同寻常的广告活动，既有为李维斯公司做的模仿沃尔特·惠特曼声音的商业广告，也有支持兰斯·阿姆斯特朗基金会的黄色橡胶手环。同时，由埃罗尔·莫里斯（Errol Morris）导演的迈克尔·乔丹的耐克广告和米勒啤酒的电视广告，都是这家公司的杰作。

我是在俄勒冈州波特兰珍珠区的 W+K 总部见到威登的。[17] 这座建筑是一个已经废弃了的冷藏库，它的内部是特别敞亮的大开间。当威登打算介绍自己培育群体创造力的非正规方法时，他带我参观了这栋建筑。

一眼扫过，威登肯尼迪的办公室就是一个研究创造力的活样板，到处都是商业杂志上随处可见的“创新促进元素”。墙上悬挂着现代艺术品①，咖啡间到处张贴着员工参加团队活动的照片，

① 办公室感觉就像一间画廊，艺术品随处可见。我最喜欢的杰作是一幅巨大的白帆布，上面布满了醒目的塑料图钉。只有往后退一步，才能看明白是怎么回事。图钉拼出下面这几个大字：努力失败。

包括制作派的比赛以及公司组织的参观博物馆活动。尽管威登相信参加这类活动的重要作用，并对每年两次的“酒吧爬行”活动推崇有加，不过他觉得只有合适的人参加进来才能让这一切真正有意义。

对于威登来说，**这才是创造力的真谛：把有才华的人聚拢在一起并让他们自由互动**。他说：“创造力真的不难，你只需要把最棒的人聘来，然后顺其自然就好了。”

威登是如何发现那些有才华的人的呢？他又是怎样让他的员工在办公室里相互鼓励的呢？威登十分重视对人员的招聘。2004 年，他决定开办自己的广告学校，并称之为 WK12。（这个名字言不符实，实际上这所学校共招收了 13 名学生，这些人将在一起共事 13 个月。）WK12 不分年级，学校的课程就是客户要求的项目，学生们在威登肯尼迪公司老员工的指导下开展工作。威登说，这所学校的好处就是，他不用再担心这些学生是否有经验（简历也会骗人），他能够更关注那些真正有助于创造力的难以衡量的品质。他说：“我知道，我要寻找的就是那种独特的声音。它可能是一种审美观，或者是一种写作风格，又或者是一种摄像机的持机方式。不过，拥有一种独特的声音不是可以教会的，我倒是可以教人写广告语，或者示范如何修剪照片。但是，我无法教你发表意见。你要么有话要说，要么无话可说。”

不出所料，申请入读 WK12 的生源五花八门。不久前的一个毕业班由下列学生构成：一位诗人、一位人类学专业的毕业生、一位药剂师、一位厨师长、一位电影技师和两位小说家。（WK12 的广告词是这样说的：你厌倦生活的无聊了吗？）对于威登来说，这所学校是吸收新鲜血液的重要途径，迫使公司从不熟悉的领域获取新声音。经验不足的学生难免会问些幼稚的问题，提出众多不切实际的建议。他们甚至不能按时完成分配给他们的任务，也不知道如何操作技术设备。威登说："你可能会对这些学生的表现很无奈，可能会轻易地下结论说，他们不过是在浪费时间，他们完全不知道自己在做什么。"

这正是威登求之不得的。广告的核心就是在人云亦云的世界里找到一条别具特色的路。不能一说啤酒广告，就是三点式泳装；一说汽车广告，就是跑车比赛。这就是威登主张聘用对广告一无所知的员工的原因，他说："你需要那些不按常理出牌的人，你需要他们不会像其他广告人那样总是犯那些可预见的错误。之后，当这些人明白了事情的缘由，也变得不再那么离经叛道时，你就需要一班新的不按常理出牌的人。当然，你也需要一些人知道他们正在做什么。如果你是在一家充满创造力的企业供职，你就必须容忍一定程度的离经叛道。"威登所叙述的正是布莱恩·乌齐研究百老汇歌剧得出的结论在广告业的体现。源源不断地进入公司的新学生，让威登的创造性团队始终能保持一个理想的 Q 值。每年，WK12 的一班新学生都会进入威登肯尼迪广告公司总部，在前厅设立的工作间开始学习和工作。他们绝大多数的工作成果都会被弃之不用，绝大多数的初步设计也不会引起注意。但是，他们不按常理出牌的做法却具有传染性。[①]

威登最津津乐道的一个故事正是说明了把一些不靠谱的东西结合到创造过程中的重要性。1988 年，威登正在绞尽脑汁地忙着耐克电视广告的项目。这一广告活动包括 8 个视频广告，每个广告的主角都是从事不同运动的运动员。威登知道，这个广告活动需要一个宣传语，能将全部 8 个广告都串起来的一个广告词。但遗憾的是，他怎么也想不出来。他说："我为此冥思苦想了好几个月。一天深夜，我正在为明天必须拿出来的广告词绞尽脑汁。我很着急，心里盘算着拿不出广告词的难堪场面。但是，我仍旧想不出来！我快被折磨死了。"

正当威登打算去睡觉而不再想广告词的时候，转机出现了，他想起了一个名叫加里·吉尔摩（Gary Gilmore）的死刑犯，这个人于 1977 年被执行死刑。威登说："他突然出现在我的头脑里。那是午夜时分，我坐在桌子上，想着这个人被行刑时的情景。他的头被套上头套，刽子手问他最后还有什么要说的。他沉默了一下，然后说：执行吧（Let's do it.）。这是多么勇敢的一句话啊！他想快点结束自己的生命。我当时还在想着我的运动鞋广告，所以，我就开始琢磨这位死刑犯说的话。实际上，我并不喜欢他说话的那种风格，因此我做了小小的改动。我在一张纸上写

---

① 当代广告之父大卫·奥格威也采用过类似的方法。当奥格威为某个广告活动琢磨广告词时，他总是会准备几个他确信肯定不能用的广告词。他说："正如所预料的那样，大多数都会以失败告终。但是，数量极少的成功案例却告诉我们，在变幻无常的广告界，存在着能给我们带来成功的创新方法。"

下了‘想做就做’（Just Do It），只看了一眼我就意识到，广告词有了。”

当然，问题是为什么在琢磨跨界运动员的广告词时，威登想起了加里·吉尔摩？他说：“一般情况下，我不会在深夜想起死刑犯，所以我就自问，这种想法来自何处？我能想到的唯一的解释就是，我们团队中的某个人（设计耐克广告的一个同事）那天曾向我提起了作家诺曼·梅勒（Norman Mailer）。我不记得是怎么提起梅勒的，我真的记不起来了。我估计我们就是聊天聊出来的，人们聚在一起聊天时，往往是想到哪儿就聊到哪儿。确定无疑的是，我们谈起了梅勒，我记得他曾写过一本有关加里·吉尔摩的书。就是这么回事，广告词就这样冒出来了。只不过是因为某个人说过的一句很普通的话。”

第 7 章

城市摩擦，思想碰撞引发更多联想

硅谷是如何成为科技中心的

IMAGINE

How Creativity Works

从本质上说，
城市所赋予我们的，
恐怕只有通过旅行才能得到，
那就是：陌生。

———

简·雅各布斯（Jane Jacobs）

戴维·拜恩（David Byrne）喜欢自行车。20 世纪 70 年代末，他骑着破旧的“三速”自行车转遍了曼哈顿。自那时起，他就一直骑自行车四处旅行。那时，骑自行车是摆脱交通拥堵最方便易行的办法。“白天，我可以骑自行车上班；晚上，我可以很方便地骑自行车去逛几家俱乐部、参观艺术展览或去夜店消遣，而不用焦急地等待出租车。骑自行车并没有看起来那么酷，有好几次我差点送了命，不过还是比开车好。”这些年来，拜恩自封为“自行车狂热者”。现在，无论去哪里他都带着自行车。他骑自行车去过达拉斯的摇滚音乐会，也曾骑行在菲律宾的大街上思索一部歌剧的素材。他曾在底特律的贫民区迷过路，也曾在伊斯坦布尔的拥挤小巷里骑行。

虽然拜恩赞美骑车带给他的快乐，但他骑行更主要的原因是：这能让他聆听这个城市。他把骑行描述为“城市偷听”，即他能听到城市中街道的哼唱。拜恩说：“在汽车里跟在气泡里没什么两样，你无法听到发生在车外的任何事情。但骑车时，就能借助空气的力量感受到人们在做什么，这就是一种连接。”

他的 SOHO 办公室紧挨着一条鹅卵石街道，街道两边高档服装店林立。当我在他的办公室外见到他时，他手里正拿着松饼和头盔。[1] 他带我走进大楼，先向上爬三段楼梯，再下到一个毫无人情味儿的工业用过道（这栋楼曾是个血汗工厂）。那天很热，他办公室的窗户大开着——大街上的声音飘进办公室里。拜恩说："我喜欢有一点嘈杂声，这提醒我此时正身处何处。"

拜恩是摇滚乐的传奇人物。他做"传声头像"乐队（Talking Heads）的主唱歌手长达 16 年，2002 年，这个乐队入选摇滚名人堂。但是，拜恩不只是一个唱过 *Burning Down the House*、*Heaven* 和 *Once in a Lifetime* 等这些经典流行歌曲的歌手，他还是位前卫的作曲家、视觉艺术家和骑行爱好者。1981 年，在唱片 *My Life in the Bush of Ghosts* 中，他与布莱恩·伊诺（Brian Eno）一起开创性地采用了采样技术。① 拜恩新写了一部关于伊梅尔达·马科斯（Imelda Marcos）② 的迪斯科歌剧，为纽约市设计了自行车车架，还改造了一个老旧的轮渡码头，以便这些金属管可以像教堂里的风琴一样进行演奏。拜恩说："我不是很在意我做的项目是否相关，我不会去想这个与以前的那个是否匹配。我只是抓住某个想法，然后按照它的指引前行。"

拜恩的这些想法都来自何处呢？他的回答很简单：城市。他把音乐的艺术源泉归功于城市嘈杂所带来的灵感。这就是拜恩

① 唱片的分层和混音技术，后来影响了嘻哈文化的发展。
② 传奇美女、菲律宾前第一夫人。——编者注

骑自行车去上班的原因，也是他把办公室窗户大开的原因。从罗德岛设计学院辍学到开始组建朋克乐队，他第一次发现了城市的创造潜力。拜恩搬到了曼哈顿，以便跟其他朋克乐队更近一些，因为那里的“电视”“金发女郎”等乐队正在重新定义摇滚美学。因此，“传声头像”乐队这个由学设计的学生组成的松散群体开始在曼哈顿东村的小酒吧表演，他们最初的一场表演是为 CBGB 酒吧的雷蒙斯乐队做暖场。拜恩说：“开始时我们的观众确实很少，也许只有二十几个人吧。我们只能靠卖给他们啤酒来赚钱。”由于这些酒吧大多数时候空空如也，拜恩和他的乐队才有机会苦学本领，训练歌喉。

拜恩说：“没有谁能在自己的地下室练就出高超的表演技能。大多数时候，你甚至不知道要表演什么。这就是为什么去那些地方对我们如此重要，因为那些地方是很包容的。”

在晚场演出结束后，拜恩经常骑着自行车在附近转一转，放松放松心情。有时，他会冒险去伊斯特河边的拉丁舞俱乐部。他说：“那里只有我一个白人，但我努力靠上前去欣赏这些热舞。对我来说，这里的一切都是那么新鲜。”也就是在那段时间，拜恩接触了费拉·库蒂（Fela Kuti）的音乐，并一下子就迷上了它。拜恩回忆说：“节奏感那么强烈，几乎令人醉倒。我只想把那种声音‘偷’到手。”拜恩不是到异族俱乐部闲逛，就是去画廊欣赏贾斯培·琼斯（Jasper Johns）的画作或者安迪·沃霍尔的“汤罐”（soup-can）作品——沃霍尔很早就是“传声头像”乐队的粉丝。民族音乐和渗透到闹市区的新思想混合在一起，这种城市混合体对拜恩早期的摇滚创作产生了巨大影响，他的创作过程在多数情况下都是无意识的。拜恩说："只要你去'看'和'听'一座城市，你的思维就会宽阔起来。你可能会说'我是因为看到某个人这样做才知道那是可能的'，但此后当你接受了新事物时，也许在并不太理解的情况下就能将其融入音乐。"

"传声头像"乐队是第一批融合各种外来影响的乐队。他们制作的音乐把世界各地的旋律和思想混为一体，而这正是成就"传声头像"乐队显赫地位的原因。① 朋克音乐在纽约开始流行，迪斯科节拍被解读成后现代艺术。最终，人们对哪些音乐可以共存有了新的思考。"毫无疑问，是城市成就了它，"拜恩说，"我音乐中的很多东西都是我第一次听到的，因为它们只是在街边表演的小把戏。但正是这些偶然因素对我产生了重大影响，它们以自然而然的方式出现在恰当的地方。"

对拜恩来说，城市就像一台混音器，每条街道就是一条混音带。由于城市存储了太多大多数人都未曾经历过的事情，因此，它激发了人们的想象力。当我们进行艺术创作时，自然而然地就会把这些新思想融入作品中。因此，朋克摇滚乐与流行绘画、古巴韵律和象征主义舞蹈艺术实现了完美结合。拜恩喜欢把城市比喻为一种"能源"，当他骑着自行车在城市里闲逛时，还不忘在兜里装个录音机。他说："你永远都不知道什么时候好想

① 受"传声头像"乐队影响的歌手和乐队包括：彼得·盖布瑞尔（Peter Gabriel）、保罗·西蒙（Paul Simon）和"吸血鬼周末"乐队（Vampire Weekend）等。

法会从你的脑袋里冒出来。城市不是只有文化一种东西，尽管那样说也有几分道理，但并不是全部。在一个充满生机的城市里，你从理发店、闹市中散步获得的东西，跟你从博物馆里获得的东西一样多。对于正在发生的任何事情，都要关注与聆听。接收体验到一切，城市就会改变你。”

稠密的人口和碰撞的思想，让城市成为永不枯竭的创造力来源

为什么城市会存在？这是一个极难回答的问题。不管怎么说，现代城市终归是一个生活成本高、危险，也不讨人喜欢的地方。交通高峰期的拥挤不堪、不计其数的乞丐、昂贵的房租、永远无法消灭干净的蟑螂，这些就是一个城市的缩影。空气污浊、垃圾遍地、公立学校几近崩溃，换句话说，城市生活着实不易。人们聚集在一起，但聚集是要付出代价的。

英国经济学家托马斯·马尔萨斯（Thomas Malthus）是关注城市成本的第一人，他在 1798 年出版的《人口原理》（*An Essay on the Principle of Population*）一书中写道：过多的人口必然导致短缺的出现。马尔萨斯因此得出结论：城市注定覆灭。城市持续扩大（伦敦的人口由 1800 年的 100 万增长到一个世纪后的 670 万）的后果就是“毁灭性战争、瘟疫和无法避免的严重饥荒”。密集的人口总会因资源稀缺而遭受灾难。马尔萨斯的《人口原理》也影响了查尔斯·达尔文。

马尔萨斯完全估计错了，今天的伦敦并没有到处充斥着饥饿的市民。尽管这位悲观的经济学家认为城市只不过是终将覆灭的社会实验，但现实却跟他的预测恰恰相反。城市不但没有绝迹，反而风光无限。[2] 城市的发展是现代生活的重要主题，世界各地都在上演着迁居潮：中国南方有工业新村，里约热内卢有日益扩大的贫民区。实际上，城市居民占多数的情况在历史上还是第一次。发达国家的城市居民数量要多得多，比如，美国的城市化率是81%。到22世纪，搬到城市居住的人口将超过人类历史上已搬到城市居住的人口的总和。

该如何解释全世界城市化进程的快速发展呢？马尔萨斯又错在哪里？在1988年的一篇文章中，经济学家、诺贝尔奖获得者罗伯特·卢卡斯（Robert Lucas）得出的结论是：城市的持续生命力是个根本性的悖论。卢卡斯在文章中说，依照“常规的经济因素来解释，城市就应该瓦解……生产理论中找不到任何城市存在的理由”。[3] 尽管经济学家会对城市生活的不利因素进行量化分析，比如昂贵的房价和暴力犯罪，但他们也一直在为寻找城市的优势而努力。

尽管卢卡斯给不出任何好答案（他认为，经济方程式毫无用处），但他赞同简·雅各布斯的观点。[4] 简·雅各布斯是位城市活动家，也是《美国大城市的死与生》（*The Death and Life of Great American Cities*）一书的作者。雅各布斯最初对城市的兴趣源于她想保护邻近的格林尼治村。当时，这些小村落经常遭到城市规划者的盘算，这些人想要“现代化”的城市景观，盘算着推倒老房子来建造由高层住宅和高架路构成的“超级街区”。这就是今天的“明日世界”（Tomorrowland）。随着洗碗机和电视等高科技产品进入家庭，家庭的私人领地已经发生了重大变革。因此，科学很快也会改变我们的公共空间，城市的衰退很快就会成为现实。

但是，雅各布斯对此并不认同。她在《美国大城市的死与生》一书的开篇就描述了第一波城市重建的不成功：

> 看看我们花的几十亿美元重建费都干了些什么吧：低收入地区成了犯罪和破坏公物行为频发的地区，人们心中充满了对社会的绝望，还不如本想取而代之的贫民窟；而文化中心却连家好书店都找不到。谁都对市中心避而远之，但盲流除外，因为除了这里，他们也没别的地方可去。不知源自何处又通向哪里的人行道上没什么行人，地铁掏空了城市。这根本不是对城市的重建，而是对城市的劫掠。[5]

现代城市规划的惨败促使雅各布斯研究老式的相邻地区的长处，并开始对哈德森大街延伸到格林尼治村的地区进行分析。雅各布斯对拥挤的人行道和街头自发表演的“芭蕾”做了比较。有在门廊玩耍的学生、闲聊的家庭主妇和吃完工作午餐返回办公室的人。锁匠与香烟铺的伙计在聊天，爱尔兰码头工人正在喝啤酒，住在白马旅馆的诗人就站在旁边。[6] 城市规划者一直以来都嘲笑这些邻近街坊的低效率，这就是纽约市的建造大师罗伯特·摩西（Robert Moses）想要修一条从 SOHO 办公室到格林尼治村的八车道公路的原因。但雅各布斯认为，不经意间的交流意义重大。在她眼里，城市不是一栋栋高楼大厦，而是一个空空的大容器，人们可以在这里彼此交流互动。城市不是一条天际线，而是一场舞蹈。

这些街边交谈确实有好处。按照简·雅各布斯的说法，哈德森大街的优势在于它鼓励“多样性交往”，为城市居民交流信息提供了便利。[①] 雅各布斯强调说，尽管城市可能会受到物资短缺的困扰，但人力资本却很丰富，有价值的创新会不断出现，比如新浪潮音乐。

这就是格林尼治村的意义所在，这里看起来好像落后于时代，因为它是为马车而不是汽车设计的。但是，雅各布斯坚持认为，从它的布局仍可以看到理想城市的影子。这个村庄的街区很小，行人很容易找到想去的地方。村中有很多老式建筑，19 世纪的房子随处可见。因此，房租很便宜，而便宜的房租能吸引到各种各样的居民。更重要的是，街道是混用的，公寓、零售店和饭馆彼此相邻。这就是说，一天当中的不同时间，各种各样的人会出于各种各样的原因走在大街上。结果就是，人们会不断地从他

① 她同样喜欢格林尼治村的老式建筑。雅各布斯有一句名言：“新观点需要老房子。”她的意思是：对于那些喜欢冒险的、有艺术气质的小型公司来说，比较新的房子（比如已规划好的郊区开发区）偏贵。“连锁商店、连锁饭店和银行都搬进了新式建筑。但是，邻近的酒吧、外国餐馆和典当行却都搬进了老式建筑。超市和鞋店通常偏爱新式建筑，但好的书店和古玩行却很少这样做。”换句话说，CBGB 和其他这类朋克摇滚俱乐部都选择留在曼哈顿最古老的街区，这并不是一种巧合。

人那里接收新思想，这些新思想又不停地碰撞。为了更好地说明人口稠密地区的真相，雅各布斯创造了一个很贴切的术语：知识溢出（knowledge spillovers）。

有趣的是，正是城市的极度杂乱，让知识溢出的数量无比巨大。因为城市促进我们与不同“社交距离”的人交往：我们会跟朋友一起参加晚会，也会跟陌生人在街边聊天。结果就是，我们开阔了眼界。

尽管对时间的消磨和浪费让城市里这些良性互动打了几分折扣（偶然的街边聊天会给我们带来什么呢？），但总的来说，回报是丰厚的。来看一下美国布兰迪斯大学经济学家亚当·贾菲（Adam Jaffe）进行的一项研究。[7] 由于每项新专利的申请都要引用过去的一些专利，因此，他对这种专利的引用情况进行了分析。贾菲发现，创新在很大程度上是受地域限制的：对同一城市的专利的引用次数差不多是其他城市的 10 倍。这就是说，发明者受到了相邻地域其他发明者的启发。这种逻辑并不仅仅适用于专利的引用，比如，拜恩并不是受某个远方音乐家的拉丁旋律的影响，实际上，是当地舞蹈俱乐部经常在街边播放这类歌曲，拜恩在街边听歌时受到了启发。**正是城市中稠密的人口以及不同思想之间的碰撞，让城市成为永不枯竭的创造力来源。**①

① 有意思的是，在连通性的问题上，城市跟大脑颇有几分相似。神经科学家马克·尚伊兹（Mark Changizi）已经证明，城市地域跟人的大脑皮质在结构模式上非常相似，它们的目的都是最大程度地保证信息的流动和交通的顺畅。换句话说，神经通路的作用就像是城市的道路。尚伊兹说：“当我们按比例对尺寸和功能进行放大时，城市和大脑似乎遵循着类似的行为法则。为了正确地开展工作，它们都必须有效地保持最大程度上的连通性。”

当我询问拜恩城市是否会影响到他的艺术创作时，他跟我讲了他近期巡演的事。他说："在我决定巡演前的几个月，我想在演出中加入一些舞蹈演员。我知道附近有几位舞蹈指导，而我恰巧就碰到了其中一位，所以我问她能否给我介绍几个舞蹈演员。她确实给我介绍了几个，然后这些人又给我介绍了更多，就这样，我就有了很多舞蹈演员可供选择。几天后，我就找到了想要的舞蹈演员，她们都很棒。但现在，我选舞蹈演员可能不会通过身边的朋友了。我可能会举办一场公开测试活动，并根据测试结果进行选择。但那很麻烦，我绝对不会那样做的，我宁可不用舞蹈演员。那是一件很丢脸的事，因为所有的舞蹈演员都很出色。"

城市的密度越大，创造力就越强

杰弗里·韦斯特（Geoffrey West）不吃午饭。[8] 他的医生说他有轻微食物过敏症——食物会让他恶心和昏昏欲睡。为了保持工作状态——凝视在纸上匆匆写下的方程式或窗外的不毛之地，韦斯特需要喝含咖啡因的茶，偶尔用甜饼干也能解决问题。他一头蓬乱的灰发，胡须也疏于修剪。很显然，韦斯特不屑于日常生活的基本需要：摄取食物、修剪胡须。有时，韦斯特还会嫉妒他的计算机，这台无声的机器不会饿，也不会发脾气，它需要的仅仅是一根电源线。

对韦斯特来说，从最本质的角度看世界是最迷人的。他喜欢把自己跟开普勒、伽利略和牛顿进行比较，因为他也是一位探寻基本法则的理论物理学家。但是，韦斯特所要破解的不是物理世界，他对外层空间、黑洞或弦理论不感兴趣。作为物理学家，韦斯特在斯坦福大学和洛斯阿拉莫斯国家实验室工作了几十年（他的专业是基本粒子行为），但在美国国会于 1993 年决定终止建造得克萨斯超导弹对撞机后，他离开了这一领域。韦斯特说："这个决定一开始让我很震惊，因为我本打算做很多很多重大的实验。"可是，韦斯特并没打算退休，所以他开始思考以后要做哪方面的研究。他说："我知道，物理学家最擅长的就是发现法则，我们擅长于把复杂事物搞明白。"

韦斯特开始寻找能用上他那套物理知识的某个领域，他最终选择了城市。对于这位物理学家来说，城市看上去就像是一个混乱系统，比如汽车喇叭声和拥挤的交通，但实际上，城市可能遵从数量有限的某些规则。韦斯特说："一直以来，一说到城市，我们就会想到市区、饭馆和博物馆等。我总觉得城市的含义不止这些，每一个城市都由一套隐性规则所支配。"

但是，韦斯特意识到还没有一个人从事寻找这些规则。在他看来，城市理论就像是开普勒之前的物理学，他戏称城市是一个连原理都还没有建立的研究领域。韦斯特说："有的仅仅是推断，是在讲故事，毫无严谨性可言。"如果让他提建议，告诉市长该如何管理城市，那么，他希望自己的建议是完全基于观察或实验，严格以事实为准。韦斯特厌倦了既有的城市推论，他要创造"城市科学"。

当然，在解决城市问题之前，即把简·雅各布斯的推断转化为可量化的学科，他需要数据，大量的数据。韦斯特与另一位放弃物理研究的物理学家路易斯·贝特恩考特（Luis Bettencourt）一起，开始到各个图书馆收集关于城市的统计数据。这两位科学家从美国人口普查网站上下载了大量数据，获得了有关德国基础设施的复杂信息，还花了几千美元买了一本载有中国各省市资料的厚厚年鉴（遗憾的是，这本书是中文的）。他们盯着一组令人眩晕的变量：法兰克福的电线长度、博伊西的大学毕业生人数、深圳人口的平均收入。他们对燃气站数量和个人收入水平、下水管的长度和谋杀案数量以及咖啡店数量和行人的步行速度这些数据进行汇总。

经过两年的仔细分析后，韦斯特和贝特恩考特发现：所有这些城市变量都可以用少数几个非常简单的方程式来描述。[9] 只要人们“聚集”在一起，也许是挤在公寓楼里，也许是在地铁车厢里，也许是在人行道上，这些法则就会自动出现。不管是纽约的曼哈顿，还是堪萨斯的曼哈顿，城市模式都是一样的。关于这项工作的重要性，韦斯特说：“我们发现的是关于每个城市所对应的常数。利用这些规则，我可以对日本某个 20 万人口城市的暴力犯罪数量、道路的表面积和平均收入水平进行非常准确的预测。对于这个城市，我一无所知。我不知道它位于何方，不知道它的历史，也不知道它出产什么，但是，关于这个城市，我可以告诉你很多。我能做到这一点的原因是，每个城市在本质上都是一样的，这也是这些方程式成立的原因。”

这些方程式的存在与哈德森大街的芭蕾舞有密切关系。雅各布斯只能推断城市互动的价值，而韦斯特认为他的方程式证实了她的理论。他把自己的数据描述成雅各布斯结论的科学版，因为它确定了城市空间的价值大小（见图 7-1）。韦斯特说：“我最喜欢的祝贺语是这样的，‘你已经做了应该是简·雅各布斯做的事情，只可惜她没有用到数学’。数字已经明明白白地告诉我们，当然她也聪明地预测到了，当人们聚到一起时，人均产出会增加很多。他们交流更多的想法，也产生了更多的创新思想。真正让人惊奇的是，这怎么能预测出来呢？但事情就这样不知不觉地发生了，每个城市都是如此。”

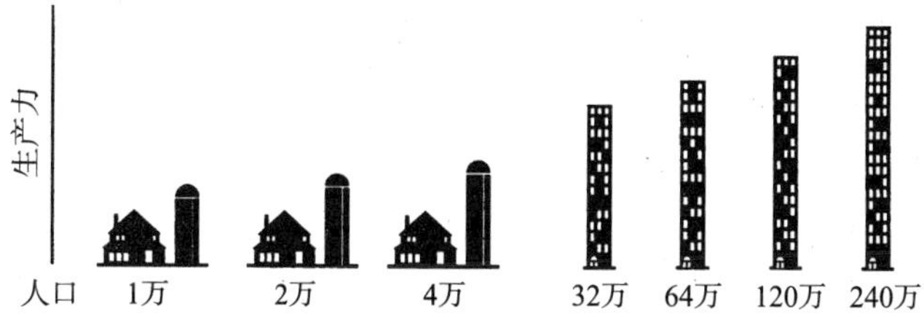

图 7-1　城市人口与生产力

注：城市的超线性增长特征是，城市越大，城市中的人均产出也越高。

根据韦斯特和贝特恩考特的方程式，城市中可测量的每个社会经济变量，从专利产出到人均收入，差不多都存在一个大小为 1.15 的指数。有趣的是，它是一个大于 1 的数。这就是说，相对于生活在 50 万人口的城市的人来说，生活在 100 万人口的城市的人发明的专利数及赚的钱要多 15%。对于生活在更大城市的人来说，他居住地区的饭馆数量要高出 15%，创造的商标也要多

15%。即便是教育水平、工作经验和 IQ 值，这种关系依然存在。韦斯特说："这个不寻常的方程式很好地解释了为什么人们愿意搬到大城市生活。因为一旦你把 5 万人口的城市里的人搬到 600 万人口的大城市里，我们能够测量的关于这些人的任何指标都突然变为原来的 3 倍。至于说这是哪个城市或者说你所谈论的是哪些城市，都无关紧要，因为规则都是一样的。"

韦斯特和贝特恩考特称这种现象为"超线性标度律"，这是一个很别致的说法：生活在大城市里的人，他们的创造力也更大。如果用图来表示超线性方程式，它看上去就像是爬向天空的过山车。陡峭的斜率归因于都市生活的正反馈循环——城市让每个人的成就更大，这又吸引更多的人来到这个城市，并如此这般良性循环下去。根据韦斯特的说法，这些超线性模式告诉我们：**城市是人类历史上独一无二的重要创造**。他说，正是思想激发了经济活力，开启了人们的智慧。一旦人们开始聚集在一起生活，他们就要建立可以重塑自我的领地。因此，依靠毛皮生意而建立的城市，有一天会诞生"华尔街"；塞纳河上用作军事用途的岛屿，终有一天会聚集一帮前卫的艺术家。韦斯特说："城市是永不枯竭的思想的源泉。为什么会如此呢？这些方程式揭开了谜底。当城市越来越庞大时，所有事物都开始加速。每个人的成就会更大，也更具变革精神。世界上没有任何事物可以跟城市相提并论。从生物学角度来看，城市完全是个异类。但是，不弄明白城市是怎么回事，你就无法理解现代生活。所有的新鲜事物都来自城市。"

在韦斯特和贝特恩考特发现了适用于所有城市的“超线性法则”后，他们却对那些无法用这些方程式来解释的事物产生了兴趣。尽管数学能够预测某个地区的大概成就，但它无法解释可能存在的偏离。正是这些微小偏离让人觉得布里奇波特不同于布鲁克林，新奥尔良不同于西雅图，奥斯汀不同于休斯敦。韦斯特说：“当我告诉人们我们发现的城市法则时，他们经常会问的第一个问题就是，这些偏离是怎么回事？如果每个城市都遵循同样的法则，为什么我所在的城市看起来如此特别？后来，我们被问烦了。于是，我们决定找出这个问题的答案。”

这两位物理学家的第一个发现是：这些差异是长期存在的。例如，布里奇波特不可思议的富有已经存在了至少 100 年，而新奥尔良的犯罪率则一直居高不下，奥斯汀的人均专利数一直以来都大大多于休斯敦。韦斯特说：“这时，我意识到这并非一个毫无意义的问题。这些偏离并非变化无常，或只是偶发的短期趋势。相反，这似乎是对城市自身的真实反映。”

另外，这些差异的长期存在，就意味着我们可以揭开隐藏在城市生活背后的相互关系。为什么克利夫兰总是这么穷？为什么圣莫尼卡创造了如此多的商标？我们已经发现了很多模式。例如，减少犯罪的最好办法就是吸引年轻大学毕业生到这里来。[10] 他们最惊人的一个发现源自普林斯顿大学心理学家马克·伯恩斯坦（Marc Bornstein）和海伦·伯恩斯坦（Helen Bornstein）主导进行的一项调查。20 世纪 70 年代初，两人开始测量世界各地几十个城市的行人行走的平均速度，他们调查的城市有日内瓦，也有耶路撒冷。这项调查本身并没有什么特别之处：他们先测量出约 18 米长的一段人行道，然后对随机选定的行人记录下他们走完这段路所需要的时间。有趣的是，这两位心理学家发现，人们的行走速度竟然与这个城市的人口数量密切相关：一个城市的人口越多，人们走得就越快。

当韦斯特和贝特恩考特这两位物理学家将这篇论文作为支持“超线性标度律”（密度加快速度）的证据时，他们还发现了另一个相互关系。行走速度与专利数量似乎也存在着一定的联系：如果某个城市里走路飞快的行人很多，那么，这个城市产生新思想的数量也更多（这两项因素在城市进行的测量中表现一致）。韦斯特和贝特恩考特试图用物理语言来解释这种奇怪的联系。他们将城市居民比喻为运动的粒子，这些粒子彼此碰撞并向不确定的方向运动。最有创造力的城市就是那些彼此碰撞最多的城市。

当然，这些人与人之间的“碰撞”——拥挤空间中人与人之间的摩擦，也会给人带来烦恼。我们并不总是想与地铁上的陌生人说话，或者与其他行人挤来挤去。尽管如此，韦斯特坚持认为所有发达城市都会让人有几分不舒服，因此，城市规划的目标就是找到这样一种方法：把人们的痛苦减小到最低程度，把他们彼此之间的互动发展到极致。哈德森大街的居民并不介意在街边彼此交谈，或者在买东西时跟商家聊天。正如雅各布斯指出的那样，她所在的曼哈顿地区的布局（不规则的栅栏和随处可见的褐石建筑），给人的感觉就不像是挤满了陌生人的大都市。它既有一种亲近感，又为目的明确的交往提供了便利，这就是它被称为“村”的原因。

可是，近几十年，美国很多迅速发展起来的城市，比如菲尼克斯和河滨市，却一直在追求另一种不同寻常的城市模式。这些城市一直在努力减少毫无意义的互动，也不再重视拥挤的公共空间和知识溢出，取而代之的是独栋住宅。但是，韦斯特和贝特恩考特指出，这种城郊的舒适感与很多城市指标的不佳表现紧密相关（一些经济研究发现，如果城市的密度翻番，它的生产率也将提高 28%）。例如，近 40 年，菲尼克斯的收入水平和创新能力都低于平均水平。韦斯特用他一贯的夸张语气说：“当你审视这些迅速发展的城市时，它们看起来就像是风景中的‘肿瘤’。它们的发展速度极快，但都是不可持续的发展，因为它们没有培育那些产生新思想必不可少的互动。在贫瘠的土地上，这些城市不可能永远发展下去。”

一个世纪以来，圣何塞都是一个极具创新精神的地方。韦斯特把长期表现不佳的菲尼克斯和圣何塞进行了对比。数据最有说服力：菲尼克斯的人均发明专利数在全美国排第 146 位，而圣何塞位列第 2。实际上，即便当圣何塞还是一个胡桃林和杏树林遍地的村庄时（且那时离它成为硅谷的中心还有几十年的时间），这个地区的人均发明专利数仍然十分可观。

韦斯特说：“它如此热衷于发明，其中必有奥秘。正是当地这种创意的文化，让硅谷在那个特别的山谷里成长起来。这不是历史或地理上的偶然，是数据道出了真相。当然，圣何塞地区为何一直都如此具有创新精神，这些方程式还不能回答你。它们能够告诉我们的是，硅谷是个极具创造力的地方，它的确是个另类。”

128 号公路的衰落和硅谷的兴起

128 号公路是波士顿一条半环形高速公路。这条公路以麻省格洛斯特渔港为起点，双车道，弯曲伸向波士顿郊区。20 世纪 50 年代初，这条高速公路成为美国高科技工业的代名词，大大小小的高科技公司散布在这条公路的两侧。1955 年，《商业周刊》称 128 号公路为“奇迹半圆”，而《福布斯》则称之为“美国的科技高速公路”。沃尔瑟姆镇和牛顿镇的情况尤其如此，这两个城镇的土地上很快就冒出众多工业园和带玻璃幕墙的办公大楼。到 1970 年，全世界 10 家最大的科技公司中有 6 家位于 128 号公路旁，包括 DEC（Digital Equipment Corporation）和雷神（Raytheon）。“马萨诸塞奇迹”已初见端倪。

当 128 号公路经历着第二次世界大战后的迅猛发展时，圣何塞还是个农业区，当地的主要产业是食品加工业。1956 年，当三极管的共同发明人、行为古怪的威廉·肖克利（William Shockley）在山景城创立肖克利三极管公司时，人们还颇感意外。肖克利曾打算在 128 号公路旁建立一家三极管公司，但波士顿的那些大公司对他的产品并不感兴趣。由于肖克利无法说服任何一位在贝尔实验室的前同事加盟他的新公司（谁也不愿意搬到加利福尼亚的农村），他只好从加州理工学院和斯坦福大学的毕业生中找人。遗憾的是，肖克利并不是一位成功的管理者。1957 年，8 位研究人员离开了他的公司。这帮自称“八叛逆”（Traitorous Eight）的离职工程师在圣何塞的某个车库里创立了仙童半导体公司。他们的第一批三极管产品就卖给了 IBM，到 1963 年，他们的年销售额已经超过 1.3 亿美元。几年后，其中两位工程师罗伯特·诺伊斯（Robert Noyce）和戈登·摩尔（Gordon Moore）离开仙童半导体公司，创立了自己的微电子公司，他们给公司起名为：英特尔（Intel）。①

到 20 世纪 80 年代初，在硅谷像英特尔这样的成功故事还有很多，比如苹果电脑、思科、甲骨文等。实际上，那些新发展起来的创业公司都相当有成就。到 1985 年，在硅谷的高科技公司工作的员工几乎是 128 号公路的 2 倍。在随后的几年里，西海岸的优势有增无减：Netscape、谷歌、奈飞（Netflix）和 Facebook 等互联网公司，在圣何塞周边地区如雨后春笋般成长起来。尽管 Facebook 是 2004 年 2 月在哈佛大学的宿舍里创立的，但马克·扎克伯格在同年夏天就把公司搬到了帕洛阿尔托。他认为这样更利于开展业务。波士顿地区的一大批老资格技术公司都倒闭了，比如 DEC 和王安电脑公司（Wang Laboratories）。仅仅不到

① “八叛逆”中 1/3 的成员后来创立了风险投资巨人克莱纳·帕金斯公司（Kleiner Perkins，即现在的凯鹏华盈，简称 KPCB），它是许多已成功的科技公司的初期投资人，这些公司包括亚马逊、美国在线（AOL）、康柏电脑、美国艺电（EA）、Genentech、谷歌、网景和 Sun Microsystems。

50 年的时间，圣何塞的胡桃林就变成了全世界的科技中心。

硅谷的惊人成就引出了一个有趣的问题：128 号公路为什么会发展至此？杜克大学工商管理学教授维维克·韦德瓦（Vivek Wadhwa）是这样说的：“在 1975 年，如果打赌哪个地区能统治科技产业的话，赌 128 号公路赢就是个很不错的选择。与其他地区相比，这里有着明显的优势。”而且，这一地区有不少研究型的名牌大学，比如麻省理工学院和哈佛大学，还有大量运营良好的科技公司。这些公司与美国国防部之间都签有巨额合同，它们因此控制了微电子芯片和电子产品的市场。

但是，仅有这种优势还不够，在统治了科技产业几十年后，波士顿的高科技产业最终崩溃了。主要原因就是 128 号公路的科技公司无法跟上圣何塞地区科技公司的创新步伐。加州大学伯克利分校城市规划学教授安娜莉·萨克森宁（AnnaLee Saxenian）在其富有洞见的著作《地区优势》（*Regional Advantage*）中对这两个地区在第二次世界大战后取得的成就进行了比较。[11] 她认为，到 20 世纪 70 年代中期，波士顿地区就已经落后加利福尼亚地区好几年了。

究竟是什么导致了这种创新上的差距呢？实际上，导致波士顿科技产业衰落的某些因素也正是波士顿的优势所在，至少在一开始时是这样的。萨克森宁在书中写道，几十年来，128 号公路都是由数量很少的几家大型公司主宰的（例如，仅 DEC 一家公司就有至少 12 万名雇员）。这些公司非常大，所以，它们中的大多数都能够实现自给自足。DEC 公司不只生产微机，还生产计算机所用的芯片，也设计这些芯片所用的软件。DEC 公司负责研发工作的副总裁戈登·贝尔（Gordon Bell）形象地将这家公司比喻为“一个巨大的实体，运转起来就像是地区经济的一个孤岛”。因此，波士顿的科技公司对保密工作非常重视：DEC 的科研人员不许跟王安电脑公司的科研人员谈论工作上的事，也不许跟 Lotus 的员工分享见解。这些公司严格执行竞业禁止条款和不泄密协议：一个公司的前员工禁止去竞争对手的公司工作，科研人员不许在同行评审的杂志上发表文章。这就是说，128 号公路公司的信息流动是纵向的，新想法和创新仅在公司内部转移。

对于 128 号公路的公司来说，垂直系统有利于保护它们的知识产权，但不利于创新。城市之所以拥有创造力，信息的自由流动是首功之臣，我们需要这种知识传播。城市中，在同一邮政编码区域内的人可以交流思想，一起共事。但是，128 号公路的情形则完全不同。虽然波士顿人才济济，但这些人才之间缺少互动——每家公司都是一个孤岛，这最终导致的结果就是：创新难觅。

波士顿科技产业的垂直文化与硅谷的水平互动文化形成了鲜明的对比。由于加利福尼亚地区的公司规模小、经验少，它们往往不得不在同一个项目上展开合作，或者共用工程师。这导致了交叉关系的形成，思科的研究人员会与甲骨文的员工交朋友，或者英特尔的创始人为苹果的年轻高管提供管理建议，这都是很正常的事（关于这些水平互动会如何引发洞见的瞬间，我们在前面已经讨论过了）。随着人们从一个项目跳到另一个项目，这种项目之间形成的网络常常导致员工的流动率居高不下。20世纪80年代，硅谷公司员工的平均任职年限不到两年。这与竞业禁止条款几乎没有在加利福尼亚实施过大有关系，这样，工程师和高管就能毫无限制地回到人才市场或为竞争对手公司工作。这就是说，圣何塞地区的产业体系不是以一个个单独的大公司为基础建立的。相反，专业化的网络和一帮相互交换知识的工程师是这个地区的显著特征。汤姆·沃尔夫（Tom Wolfe）在描述仙童半导体公司和英特尔创始人罗伯特·诺伊斯的传记中写道，正是那些非正式的“闲聊”成就了硅谷：

> 半导体行业的青年男女就像是圈内的兄弟会成员，他们下班后会直接冲去咖啡厅或酒吧喝酒、聊天、吹牛，或者讲些工作上的事情：模拟电路、磁泡记忆、脉冲串、无跳动触点、突发模式、踏步检验、P-N结、昏睡模式、衰老过程、RAM、NAK、MOS、PCM、PROM、PROM刻录等。交谈的话题包罗万象，数不胜数。[12]

这些发生在咖啡厅和酒吧的随意交谈是带来创新的重要引擎。简·雅各布斯一定看不惯加利福尼亚杂乱无序的郊区，但工程师们已经建成了他们自己的“格林尼治村”。他们没有在拥挤的人行道上偶遇，或者在石阶上聊天，取而代之的尽管不是哈德森大街的芭蕾舞，但也是一种“舞蹈”，而且这种“舞蹈”至关重要。

家酿计算机俱乐部是硅谷社交活动一个最好的例子。家酿计算机俱乐部于 1975 年春天在门洛帕克的一间车库里成立。一小撮“微机爱好者”在遍布硅谷的公告板上贴出了下面这份请柬：

> 你想自己制作一台计算机吗？如果是的话，你可能会乐意跟有同样兴趣的人聚一聚。交流信息，交流想法，在项目上通力合作，以及诸如此类的事情。

很快，车库就装不下他们了，于是，这家俱乐部搬到了斯坦福大学物理系的礼堂。尽管聚会是非正式的，但他们的活动基本上都按照固定的流程进行。会议从规划时段开始：每个人大声讲出自己的问题，对小道消息进行讨论，并分享他们未来的计划。然后是某个俱乐部成员呈现自己的最新发明。最后是自由交流时间，大家会在礼堂内四处走动，结识不认识的人。

这个工程俱乐部在硅谷的发展进程中发挥了重要作用。按照苹果公司联合创始人史蒂夫·沃兹尼亚克（Steve Wozniak）的说法，苹果公司一开始设计的电脑并不是便携式消费类产品，而是为了在家酿俱乐部进行炫耀。沃兹尼亚克在他的自传《我是沃兹》（*iWoz*）中说：“这些机器需要搬运到俱乐部，然后放到桌子上。我想给那儿的人留下深刻的印象。看哪！它只需要很少的芯片，还有一个显示屏，你可以在它上面敲些东西。那时，个人电脑的键盘和显示屏做得还不太好。苹果 I 的图纸可以自由获取，我甚至到别人家里帮助他们制作计算机。”[13]

这些业余时间参加聚会的工程师的友好协作和横向互动是

家酿俱乐部的突出特征。当沃兹尼亚克继续开发苹果 I 时，他也考虑了其他成员的反馈信息。他们会告诉他即将出现的微处理器，并帮助排除电路板上的故障；他们还会给出一些使用软盘驱动器以及跟供应商打交道的建议。按照沃兹尼亚克的说法，第一批苹果电脑上的创新完全依靠家酿俱乐部的文化，他说："今天，如果你想要制造一件价值 10 亿美元的产品，在开发阶段保守秘密是很自然的事情，因为有太多的人想把它偷走。如果我们一门心思地想开家公司并销售自己的产品，我们可能会坐下来说，好啊！我们必须选择最合适的微处理器，显示屏上能够显示的字符数也要刚刚好，等等。所有这些决策都是一家公司的惯常做法，如果我们也像他们那样，那么，我们的计算机就会跟他们的计算机一样多灾多难—— 一个方方正正的机箱，里面有开关和灯光，没有预置的显示终端。而这有可能使我们遭遇巨大的失败。"

但是，沃兹尼亚克制造的计算机则不同。他并没有像 128 号公路的公司那样设计一台计算机，而是吸取了家酿俱乐部的众多朋友的建议，造出一台并不昂贵的计算机：20 美元的微处理器，内存只有 4K。尽管这是一台能力有限的设备，但代表着在计算机可用性方面的重大突破。1976 年春天，沃兹尼亚克开始跟家酿俱乐部的另一位成员交流，这位工程师确信，以现有苹果电脑的套件为基础完全可以创立一家新型计算机公司，并直接把产品卖给客户。可是，沃兹尼亚克对此并不感兴趣：他在惠普公司有一份稳定的工作，并不想成为企业家。但是，这位有韧劲的工程师从不接受别人对他说"不"。几周后，沃兹尼亚克被说动了。于是，1976 年 4 月 1 日，史蒂夫·沃兹尼亚克和他那位家酿俱乐部的朋友共同创立了苹果电脑公司，这位朋友的名字叫史蒂夫·乔布斯。

特拉维夫，以色列的“硅谷”

现在已经是下午 4 点了，约西·瓦尔迪（Yossi Vardi）仍穿着睡衣睡裤，我们约好在他家见面。[14] 这是特拉维夫郊区的一处房子，坐落在大学旁一条宁静的街道上。昨天是法定假日，很显然，他一定回家很晚。他为自己的哈欠连天和家里的凌乱而感到不好意思，双手垂在略微凸起的肚子上。看上去，他好像随时都可能重入梦乡。

我跟瓦尔迪谈论的主题是以色列科技的高速发展，特别是特拉维夫郊区的技术发展。这里给人的感觉跟 20 世纪 70 年代的硅谷差不多，充斥着年轻企业家和他们各种各样的商业计划。在这里，耕种西红柿的农田和成片的橄榄树林正在迅速转变为办公园区。据统计，2008 年，以色列共吸引了近 20 亿美元的风险资本，即对具有快速发展潜力的小公司的投资（风险投资被普遍认为是最好的创新手段之一，钱总是围着好点子转）。这就意味着一个仅有 700 万人口的国家吸引到的风险投资数额已经相当于法国和德国得到的风险投资数额的总和。作为地中海一个仅相当于美国佛蒙特州大小的弹丸之地，以色列的人均风险投资额差不多是美国的 3 倍，是西欧国家人均风险投资额的 30 倍。

但是，以色列并非天生就是一个科技中心，过去它并没有孵化出多少成功的创业公司。20 世纪 90 年代，以色列以军工产品和农产品闻名于世，它生产先进的雷达系统，也出口鳄梨。瓦尔迪说："那时，以色列几乎就没有民生技术的投资。没人谈论以色列的软件、微电子芯片或电池，人们谈论的是滴灌技术。"可是到了 2009 年，以色列在纳斯达克上市的公司数量已经超过了加拿大。谷歌公司前CEO埃里克·施密特（Eric Schmidt）说，在企业家的心目中，以色列是除美国之外最好的地方。微软公司前 CEO 史蒂夫·鲍尔默（Steve Ballmer）认为"微软是一家美国公司，也可以说是一家以色列公司"，因为微软很多重要的研发工作都是在特拉维夫进行的。（例如，Kinect 的设计工作大多都是由以色列工程师承担的。）过去 10 年里，以色列在高科技领域创业成功的公司数量已经超过了日本、印度、韩国和英国。[15]

瓦尔迪就是这一技术繁荣中心的核心人物，他帮助投资了 70 家科技公司，有 12 家公司成功上市。谷歌公司联合创始人谢尔盖·布林曾说过："如果说以色列存在互联网泡沫的话，瓦尔迪就是泡沫。"[16] 20 世纪 70 年代中期，瓦尔迪还在以色列政坛崭露头角，从 1996 年 11 月开始才进入科技领域。当时，瓦尔迪和他的大儿子艾瑞克发布了第一款基于 Windows 的在线聊天软件。瓦尔迪说："这都是我儿子的主意，我那时对互联网究竟是什么几乎一窍不通。"但不管怎么说，瓦尔迪看到了在线聊天的潜力并决定投资这类创业公司。他回忆说："我们在 11 月发布了这款软件，没想到它立刻就火了起来。几个月后，会员数量就上升到 10 万。我觉得有些不可思议。这是个全新的工具，并且有

10 万人在使用它！此后的发展势头丝毫未减。到 1997 年 7 月，我们的会员数已经达到了百万；9 月，200 万；12 月，600 万。我没见过比这更火爆的事情。而且，看不到一丝停下来的意思。当我们发展到比美国在线的聊天软件规模还大时，他们收购了我们。”收购价超过 4 亿美元。

近年来，瓦尔迪是打造以色列科技领域的重要人物。卖掉 ICQ 的新闻上了以色列所有报纸的头版，但瓦尔迪没有陶醉在突如其来的兴奋中，他要打造一个硅谷真正的竞争对手。他开始涉足手机公司、搜索引擎、社交网站和太阳能发电站等领域。可是，正如瓦尔迪提到的，这种成功几乎是在不可能的情况下取得的。就拿不利因素来说吧：以色列的周围到处与敌对国家毗邻。国家的防务支出占 GDP 约 10%，这在发达国家中已是最高水平。以色列几乎没有什么自然资源且战乱不断，近 20 年又接收了 150 万外来移民。

但是，以色列把所有这些不利条件都变成了财富。以色列是个小国，土地面积小，人口也少。瓦尔迪说：“就国家来说，小也有小的优势。在以色列，人与人之间的社交网络非常简单，大家彼此都很熟悉。如果你与某个人不熟，你们之间可能只隔了一个人，而且你很容易就能找到他们。在发达国家中，以色列的人口密度居第二位，且 91% 的人口都生活在都市，这是有利条件。”以色列社会网络的亲密性意味着人们的想法能够以极快的速度传播，知识溢出永不停息。就拿瓦尔迪来说吧，他认为自己那些有关创业公司的信息，都是在跟别人闲聊时获得的。他说：

“通常情况是这样的，一个朋友跟我提起了他的朋友，而他的那个朋友有个好点子。然后，我跟别人说起这个好点子，而这些人也认为这个点子不错。也许他们也会跟其他人说起这个点子，但在别人知道它之前，我们已经有了投资计划，这就是这一过程总能奏效的原因。”

瓦尔迪说的是一种很特别的社会连接关系。大多数人都会有 4～7 个关系密切的好朋友，也就是社会学家说的“强连接”。不管在哪种文化环境下，也不管人口特征如何，人们拥有的“强连接”数量都大抵如此。这就是说，我们天生就受限于跟他人建立深层关系。毕竟，我们与朋友在白天打电话聊天和见面的时间就那么点。

但是，对于弱连接关系或只是偶尔才会碰到的那些人来说，却另当别论。弱连接关系的数量在不同人之间的差异很大，并且深受文化和地域的影响。有些人搭建的熟人关系网络巨大无比，比如瓦尔迪。有一次，我看见瓦尔迪为了接一个固定电话把正在接听的手机中断，然后又为了发送一封简短的电子邮件把两个电话都暂时放到一旁。他一年差不多要参加 50 个会议，会议主题也千差万别。瓦尔迪很少拒绝别人邀请他参加的社交活动，他说：“我每天的主要工作就是建立新的连接关系。我觉得这样的连接关系越多越好。”

毫无疑问，断开这些偶然建立的弱连接很容易。但为什么熟人的多少如此重要呢？我们跟这些人很少碰面，他们的影响似乎也无关紧要。实际上，弱连接是创造力的重要因素之一，这就是鼓励每个人扩大社交圈的城市更具创新力的原因，特拉维夫和圣何塞就是很好的例子。普林斯顿的社会学家马丁·吕夫（Martin Ruef）对企业家私人关系的重要性进行了研究。[17] 他对斯坦福商学院的 766 名毕业生进行了访谈，这些毕业生都已经创办了自己的企业。吕夫最感兴趣的是这些人的社交网络结构。他发现，大多数企业家的交际圈相对较窄，他们也许有很多好朋友，但这些朋友可能都来自同一个地方，并且兴趣也一致。他们不是与各种不同公司的人建立弱连接关系，而是与身边的人建立连接关系。这毫不奇怪：我们所有人天生都是“自我隔离”的，更愿意跟与我们相像的人待在一起。①

并非每个企业家的社交网络都如此狭窄。实际上，吕夫发现有一小群这样的企业家：他们拥有大量的弱连接关系，善于在各种场合结交新朋友。这些企业家并不是总跟同事和好朋友待在一起，他们的社交网络宽广且多姿多彩，意想不到的互动随时可

---

① 社会学家将这种失败归因于“类我原则”（self-similarity principle）。2001 年，保罗·英格拉姆（Paul Ingram）和迈克尔·莫里斯（Michael Morris）在哥伦比亚大学对一些企业高管展开了一项研究。研究人员将这些企业高管邀请到一家鸡尾酒酒吧，鼓励他们结识不认识的人。毫无疑问，大多数高管都说他们最初的目标是结识“尽可能多的人”和“扩大他们的社交网络”。但不幸的是，结果并非如此。借助电子设备暗中对参与实验的人进行观察，英格拉姆和莫里斯能够跟踪人们相互间的每一次互动。他们发现，人们倾向于跟自己相像的人互动，因此，投资银行家会与其他投资银行家聊天，生意人与其他生意人交谈，会计师与其他会计师互动。而来这个酒吧的学生并不会跟不认识的人互动，而是跟与自己有相似背景的人交谈，这就导致他们狭窄的社交圈子继续向更狭窄的方向发展。按照英格拉姆和莫里斯的说法，本次实验中唯一成功的交际高手是酒吧里的调酒师。

能发生，并富有“信息熵”（informational entropy，用混乱程度定义的系统具有熵，拥挤的人行道就是最好的例子）。这些企业家能在会议上跟新结识的人聊天，在本地的咖啡馆里也可以跟不认识的人聊上几句。换句话说，他们跟约西·瓦尔迪一样，总是不停地与各种各样的人互动。

然后，吕夫又从创新的角度对每位企业家进行了分析。他计算了每位企业家申请专利的数量，并对他们的行为进行了跟踪研究。他对每位企业家研发的产品的原创性进行了评估，如果某位企业家“进入了一个无人触碰的市场定位”或创造了一种新的营销方法，就给他一些奖励分。然后，他把创新排名与每位企业家的社交网络结构进行了对比分析。结果出人意料：与由好朋友构成的那些小网络企业家相比，弱连接关系众多的熵网络企业家的创新能力增加了 3 倍。这些人不会拘泥于陈规，不会提出人云亦云的俗套主意，反而会创造出能带来可观效益的新概念。

吕夫的数据多少有些让人疑惑。一般来说，我们认为企业家是具有创造力的人。如果某个人有一个创立新公司的好点子，我们会断言这个人天生就比其他人更有创造力。这就是我们把比尔·盖茨、理查德·布兰森和奥普拉·温弗里看作偶像的原因。但吕夫的分析却告诉我们，仅把注意力放在个人身上并没有抓住创新的根本。实际上，如果单枪匹马作战的话，我们根本无法产生最具创造力的思想。相反，这些最具创造力的思想来源于我们的社交圈，来源于我们结识的那些给我们启迪的每一个人。

弱连接关系的巨大力量同样可用于解释以色列突飞猛进的科技发展。正像瓦尔迪所说的那样，以色列人的社交关系加速了这个国家的创新步伐：不相熟的人交流知识就会产生新知识。例如，在美国在线并购 ICQ 后，出现了年轻毕业生涌入科技领域的热潮，每个人都做着发财梦。瓦尔迪说："突然之间，几乎每个年轻人都想要创办一家公司，即便他们对互联网公司知之甚少。尽管这些新想法大多数都不是什么好点子，而且大多数公司很快就倒掉了，但竞争对每个人来说都非常有意义。随着大量新人的涌入，我们在很短的时间里就形成了一个高科技社区。这就意味着我们都能从彼此那里学到一些东西。"ICQ 的真正好处在于，它将一小组强连接转化为可以随意伸展的弱连接网络。

当然，以色列并不是吸引风险投资的唯一地方。几十年来，无数的城市都在尝试复制硅谷模式，努力（但经常劳而无功）创造能诞生像谷歌和苹果这类公司的地区。那么，以色列这个劣势多多的小国是怎样成长为充满生机的高科技孵化器的呢？特拉维夫的弱连接关系是怎么让那里的企业家有了源源不断的新想法的呢？

瓦尔迪的回答让人颇感意外：军事。以色列是个非常小的国家，它从来都没有能力支撑一个长期存在的庞大军队。于是，以色列国防军（IDF）只能完全依靠他们的预备役部队，大多数 55 岁以下的以色列男人每年都要在部队服务几周。

尽管很多以色列人都抱怨这种义务服务，因为人们一直认为这会影响到国家经济的生产率。不过现在，越来越多的人认识到，它是一个至关重要的创新源泉。瓦尔迪说，预备部队的存在使整个国家形成一个巨大的弱连接网络，这些军人每年都可以跟部队里的其他人重新熟络起来。他们必须跟各种各样的人交往，而不能仅仅跟关系密切的好朋友相处。瓦尔迪说："这跟两所学校合并刚一个月的情形有些相像，你会跟碰到的人闲聊。人们之所以觉得以色列是个小国家，预备役义务发挥了巨大作用。"仅仅以色列国防军一个机构就造就了 ICQ、Check Point 软件和 NICE Systems 三家成功的科技公司，社交网络功不可没。

更重要的是，以色列人的社交网络跟邻里之间相处良好的城市街区颇有几分相像。简·雅各布斯对哈德森大街的赞美也同样适用于特拉维夫。这些地方都找到了将人力资本发挥到极致的方法，让那里的居民不得不彼此交往。

互联网无法取代城市

20 世纪 90 年代末，互联网行业极为红火，很多技术狂热派人士都预测城市很快将不复存在，因为城市是模拟时代的产物。既然网络世界里既有电子邮件又有视频聊天，为什么还要在陌生人中牺牲生活品质呢？便宜的宽带将终结昂贵的房租，而人与人之间的互动完全可以通过光纤电缆上传输的 0 和 1 来实现。

然而，这种关于城市的悲观预测并没有成为现实。实际上，数据告诉我们，城市从来没有像今天这样价值尽显。①哈佛大学经济学家爱德华·格拉泽（Edward Glaeser）一直致力于研究互联网对“面对面交流”的影响。有意思的是，他发现网络世界反而强化了这种沟通带来的好处。至少从城区房子的租金和参加行业会议的人数来看确实如此。格拉泽说：“在现代生活中，一个人思维敏捷、有创造力显得尤为重要。我们如何才能做到思维敏捷呢？即便在当今这个技术时代，我们也只有跟聪明人在一起才能实现思维敏捷。这就是我们不惜千金也要住在曼哈顿、剑桥或硅谷的原因。印刷机没有削弱城市的重要性，互联网也不会。”[18]

我们再来看看密歇根大学的一项研究：研究人员把几个小组的人集中在一起，让他们玩一种颇有难度的合作游戏。然后，他们将完全相同的难题分配给另外几个小组，唯一的差别在于，这几组人必须用电子邮件和即时信息系统进行沟通。面对面沟通的小组很快就找到了问题的答案，也找到了精巧的合作方式。相比之下，以电子方式进行沟通的小组拼足了劲儿进行互动。尽管他们交流的信息量大体一样，但面对面沟通的小组进行的非同寻常的交流并没有出现在这些小组中。结果，他们没能找到问题的答案。[19]

---

① 还是看看硅谷延续至今的活力吧。人们以为高科技公司更偏爱远程办公，但事实并非如此。尽管办公室的租金很贵，科技公司仍然扎堆在硅谷。这是因为世界上最棒的创新者们知道，互动的最好方式还是“面对面”。

哈佛医学院的研究人员艾萨克·科哈尼（Isaac Kohane）在2010年进行的研究也得出了类似的结论。[20] 科哈尼的问题很简单：身体的邻近性是如何影响科研质量的？为了研究这个问题，他分析了35 000多篇经过同行评议的论文，并画出了每个论文合著者确切的地理位置图（按照科哈尼的说法，一帮大学生花了好几年时间才完成这项工作）。通过大量数据分析，相关关系已经非常清晰：如果用引用数量作为论文质量高低的评判标准，那么，如果合著者相距更近，他们论文的质量也更高。实际上，最好的论文往往都是那些彼此相距不到10米的科学家共同创作的。而最差的论文则是相距1千米以上的合著者的产物。科哈尼说："如果你想让人们有效地合作，这些发现已经明确地告诉我们，一定要设立有利于促进人们面对面互动的建筑和设施。"换句话说，我们最重要的新思想并不是来源于屏幕。从某种程度上说，它们是从闲聊中产生的，是共用同一个办公场所的许许多多的科学家共同创造出来的。

这并不是说我们应该摒弃互联网。相反，技术的局限性反而会促使我们重新思考在线互动的本质。我们必须牢记的是，新兴的数字式互动并不会让我们从正式的连接关系或在现实世界进行的模拟式交谈中分心。Twitter自有它的用途，但它无法替代哈德森大街的芭蕾舞，就像Facebook上弱连接关系无法取代现实生活中的弱连接关系一样。互联网的主要作用是效率最大化和寻找信息的便捷性，但有一项工作它做得还不够完美：意外发现新事物的才能。有时，对于那些最重要的思想，我们甚至都不知道自己需要它。

这又让我们想到了城市的永恒力量，只有在城市里，我们才能不断感受到意外和新奇。当我们在拥挤的人行道上散步时，会碰到不期而遇的人，并因此得到某些问题的答案，这些问题我们甚至连想都没想过。知识无处不在。如果互联网会成为创造力的加速器，那么，我们设计的网站就要像最富有创新力的城市一样，不仅要与朋友建立连接关系，比如在博客上匿名评论，或者用我们感兴趣的算法对世界进行过滤；还必须对不认识的人和不熟悉的思想持开放态度。互联网具有极大的创造潜力，它不仅富含新奇和独创性，还遍布乐意分享成果与思想的人。我们现在需要的，就是一个能将我们在现实世界中聚拢在一起的虚拟世界。

城市的重要性恰好证明人们迫切需要分享彼此的思想。不管这种分享发生在哈德森大街、挤满工程师的酒吧，还是预备役部队的训练场，信息交流才是关键所在。有趣的是，这种“城市舞蹈”无法预先设计舞蹈动作，也无法自上而下地进行控制。相反，**城市的创造力总是与自由相伴而生，也离不开人口密集街区的固有嘈杂**。

通过对城市与企业进行对比，杰弗里·韦斯特给出了一个清晰的解释。首先，城市和企业看起来颇有几分相像。两者都汇聚了一大群人，这些人在其所属的物理空间内互动。两者都包含基础设施和人力资本，城市的市长就如同企业的 CEO。

实际上，城市和企业有着本质上的区别：城市几乎永远存在，而企业的寿命却很短。韦斯特指出，凶猛的飓风无法摧毁新奥尔良，巨大的原子弹也无法把广岛从地图上抹去。相比之下，当今企业的平均寿命只有45年。[21]并非只有小型企业才如此脆弱，道琼斯指数中最初的12家企业现在只剩下2家；每过10年，《财富》500强企业中就会有20%消失。

那么，显而易见的问题就来了：为什么企业如此短命？在花费25 000美元购买了超过85 000家企业的统计数据之后，韦斯特和贝特恩考特发现：与城市的生产率不同，企业的生产率并不随着规模的增大而增大（见图7-2）。实际情况恰恰相反：随着企业员工数量的增加，人均利润呈下降趋势（城市为超线性增长，而企业为亚线性增长，大约是0.9）。韦斯特解释说，人均产出下降的根本原因在于创新的减少。这些企业没有借鉴城市中随意交往的好处，反而限制了这些能带来新想法的互动。它们画地为牢，并建立层级式组织结构。它们不让员工放松下来，因此，灵感也就消失得无影无踪。它们禁止交谈，不容许有不同意见，不让员工通过社交网络建立广泛的联系。它们并不是最大限度地激发员工的创造性，而是一门心思想着并不那么重要的效率。

毫无疑问，有益新思想的缺乏将导致利润的减少，这才是真正的风险。大型企业也因此更容易受市场波动的影响。现在的企业都不得不把一大笔钱花在员工身上——间接运营成本随企业规模的扩大而增加，因此，由于企业的适应性差，即便很小的扰动也可能引发企业的巨大损失。韦斯特说："华尔街的观点认为，企业永远不能停止成长。但是，数据的亚线性特征却告诉我们，这样的成长实际上没什么好处。"

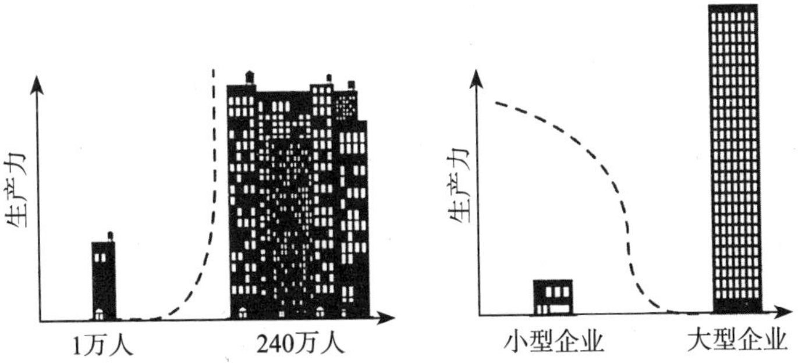

图 7-2　城市生产力与企业生产力的对比

注：城市的人均生产力随着城市规模的增长而快速增长，而企业的情形则恰好相反。

韦斯特认为，企业无法长久生存的现象恰好反衬出城市的真正力量。企业是由一些高薪管理者采用自上而下的方式进行管理的。与之不同，城市是不讲规矩的地方，它们在很大程度上并不受政治家和规划者的左右。他说："想象一下一个城市的市长是多么力不从心吧，市长无法告诉人们住哪里、做什么或与谁交谈。城市是无法被驾驭的，这恰好就是它们如此生机勃勃的原因。在城市里，普通人彼此相遇，彼此分享想法。正是这种自然发生的互动和数不清的不期而遇，让城市充满了生机。"

韦斯特和贝特恩考特曾在圣塔菲研究所这家智库工作过。在谈到圣塔菲研究所时，韦斯特认为这里的情形也同样如此。这家研究所本身就是公共区域、老式长沙发和小型办公室的有机组合，咖啡间总是最拥挤的地方。韦斯特说："圣塔菲研究所的核心就是偶然相遇。没有预先安排好的会议，有的只是一些不经意的聊天。它跟一座小城市颇有几分相像（也有点像皮克斯——每个人都必须使用同一个卫生间）。”当我去拜访这家研究所时，我和韦斯特在大厅里碰到了小说家科马克·麦卡锡，他的大部分写作都是在这里完成的。在长达45分钟的谈话过程中，这位物理学家和这位小说家谈到了无腮鱼、编辑流程，还有趋同进化。在罗列从圣塔菲研究所获得的新想法之前，韦斯特说：“正是诸如此类的瞬间，让这种地方极不寻常。①看似我们只是在这里闲侃，在浪费时间，也许是的。但所有重要的发现也都是在这样的时刻获得的。”

这就是城市的作用：拥挤的地方促使我们互动。城市能让我们想出很多点子，如果仅靠我们自己的话，估计是做不到这一点的。城市让我们跟陌生人交谈，否则，我们是不会搭理这些人的。这一过程并不总是愉快的（人们搬到郊外就是这个原因），是必不可少的。韦斯特和贝特恩考特的超线性方程为这种不寻常的过程进行了量化分析：只要人们与其他人共走一条人行道，就肯定会出现一波创新的浪潮。有时，这些偶遇会启发某个人发明一项新专利，或者以不同于以往的方式思考某个老问题。有时，偶遇会引导一个人顺着马路来到一家拉丁舞俱乐部，在那里，他会听到某种从未听过的旋律。正是人与人之间的摩擦产生了这些火花。

---

① 圣塔菲研究所关注的重要前沿思想包括涌现、生物学标度、混沌理论和量子宇宙论。

第 8 章

“模仿”成就创新的开始
莎士比亚是如何成为天才戏剧家的

IMAGINE
How Creativity
Works

没有人是一座孤岛。

约翰·多恩（John Donne）

几年前，杜克大学统计学家戴维·班克斯（David Banks）发表了一篇题为《天才集中诞生的问题》(*The Problem of Excess Genius*）的文章，问题本身很好理解：天才在时间和空间上并不是随机分布的。相反，他们在某个地域成群出现，就是班克斯所说的天才“非均匀聚集”。在文章中，班克斯引用了公元前 440—公元前 380 年的雅典的例子。在此期间的雅典出现了数不胜数的天才：柏拉图、苏格拉底、伯里克利（Pericles）、修昔底德、欧里庇得斯、索福克勒斯（Sophocles）、埃斯库罗斯（Aeschylus）、阿里斯托芬（Aristophanes）和色诺芬（Xenophon）。而西方文明基本上就是由这些思想家创造的，他们都在同一时期生活在同一座城市。再看一下 1450—1490 年的佛罗伦萨。在短短几十年的时间里，这座总人口不到 5 万的城市诞生了众多名垂千古的艺术家：米开朗琪罗、达·芬奇、吉贝尔蒂（Ghiberti）、波提切利（Botticelli）和多纳泰罗（Donatello）。

究竟是什么导致了创造力的井喷？①班克斯很快就排除了通常从历史角度进行的解释，比如所处时代的和平与繁荣的重要作用。因为雅典那时正经历着与斯巴达之间的残酷战争，而佛罗伦萨也因为黑死病损失了近一半人口。班克斯同样否定了“范式”这一假说，即天才集中诞生于某场重大的思想革命。在班克斯看来，这种解释的问题在于，对于那些没有孕育天才爆发式成长的所有范式转变而言，它都无法给出解释。班克斯在文章中写道：“天才集中诞生的问题是我能想到的最重要的问题之一，但对这一问题的研究却没有取得丝毫进展，这一现象仍然是一个未解之谜。”

当然，我们对此也并非一无所知。尽管我们可能永远都无法知晓雅典如何孕育了柏拉图，也不知道佛罗伦萨因何而成为艺术天才的摇篮，但对天才集中诞生的问题，我们却可以一探究竟，因为它并不是偶然事件。

“莎士比亚神话”诞生于良好的文化环境

莎士比亚来到伦敦的时间差不多是 16 世纪 80 年代中期，那时，伦敦的戏剧行业如日中天。[1] 仅新剧场就有十几家，很多剧场每周会开放 6 天，上映各种各样的演出。平均来说，每个晚上大概有 1% 的伦敦市民会去看演出，而每个月至少看一次演出

① 对于创新在某个地域突然爆发的现象，音乐家布莱恩·伊诺发明了一个绝佳的词：场天才（scenius），即“社区型天才”。

的市民超过 1/3，戏剧行业既竞争激烈（至少有十几家不同的公司），又渴求新的人才。因此，尽管莎士比亚几乎没有任何戏剧方面的经验，但他还是撇下妻子和两个年幼的孩子，只身前往伦敦闯荡。

莎士比亚新家所在的地区，恐怕是人类有史以来最密集的聚居区了，差不多有 20 万人拥挤在泰晤士河旁一块仅数平方千米的地方。实际上，人们对空间的需求太过强烈，以至于不得不把新房子建在坟场上，墙体都由骨头垒成。前所未有的人口聚居的高密度带来很多问题，如暴力和瘟疫随时可能发生。但也有经济上的好处：这座城市的工资水平比英国其他地方高出大约 50%。（也就是说，在 16 世纪，韦斯特和贝特恩考特的超线性方程同样适用。）因此，伦敦不断吸引着像莎士比亚这样的年轻人前来淘金。据估计，到 1590 年，伦敦半数以上人口的年龄未超过 20 岁。

剧场正处在漩涡的中心，即处在最拥挤的城市中最拥挤的区域。这些新剧场大多建在伦敦郊区，与妓院、监狱和疯人院毗邻。这里的地皮便宜，而离市区远一点也是剧院之福，因为它们的运营基本上不会受什么限制。莎士比亚的第一个雇主可能是罗斯剧场，一家索斯沃克的新剧场，石膏墙上面铺着茅草屋顶。尽管罗斯剧场的场地直径仅有 14 米大小，却能容纳近 2 000 名观众，其观众密度是普通剧场的 3 倍。

1587 年，罗斯剧场引进了克里斯托弗·马洛（Christopher

Marlowe）的新剧《帖木儿大帝》（*Tamburlaine the Great*），此时的莎士比亚来伦敦还没多长时间。它是一部史诗剧，剧中满是横冲直撞的马车、活灵活现的大炮和以假乱真的血。故事情节简单，是关于一个斯基台牧羊人后来成长为威震一方的国王的故事。马洛因此开创了一种新的被称为“无韵诗”的戏剧写作方式：按长度而不是按韵律分行。通过这种新的文学形式，马洛在整个戏剧里都采用自然的讲话方式，它让剧场远离了诗歌（马洛对“押韵技巧”痛恨至极），转而走向人物叙事的路子。

对易受影响的莎士比亚来说，《帖木儿大帝》对他启发很大。马洛的作品既通俗易懂，又意义深远，他向莎士比亚传达了舞台究竟需要何类剧本的信息：把一切尽在意料之中的道德剧转化成口语化的通俗剧，并保持主题的永恒性。这已是超越一般消遣的大众娱乐。

但对莎士比亚来说，遇到这样一位跟自己有相似经历且已创作出他想要创作的那类戏剧的剧作家，难免有几分尴尬。马洛也出生于1564年，他的父亲是小镇上的一名普通百姓。不过马洛享有一项莎士比亚未曾得到的特权：他受过大学教育。16世纪80年代初，马洛拿到了剑桥大学的全额奖学金，而莎士比亚却没有福气迈入大学的校门。（这项奖学金意在鼓励“穷学生学有所长，比如能做诗文”。）马洛决定专修文科，并花费大量时间翻译奥维德和维吉尔的作品。

从《帖木儿大帝》中，莎士比亚一定看出了教育的重要作用。马洛从一系列大众历史书中借用情节，并通过波斯和土耳其等国家的资料丰富他的作品。因此，他的剧本中随处可见关于后宫、宴会和非洲老国王的知识。马洛创作的一个重要素材来源是地理学家亚伯拉罕·奥特柳斯（Abraham Ortelius）的一部极其昂贵的手稿。马洛买不起这本书，但没有关系：剑桥大学有两本。

莎士比亚要怎么跟马洛竞争？他没去过藏书无数的大学图书馆，也没接受过大学教育。（1592 年，剧作家罗伯特·格林就曾谴责莎士比亚是没有文化的“暴发户”。）莎士比亚并没有在剑桥大学翻译罗马史诗，而是做了很多年演员，从表演中学习戏剧。他似乎注定要去演别人写的剧本，可能自己永远都写不出能留存下来的东西。

但是，时代成就了莎士比亚。由于实行一系列新的制度和政策，伊丽莎白一世时期的英国可谓是年轻剧作家发展事业的理想之地。首先，这是一个剧场风靡的时代：人们对舞台剧的痴迷是史无前例的。因此，像莎士比亚这样的新生代作家有机会写作并积累写作经验。

可是，在伦敦市民蜂拥至各个剧院的同时，他们也创造了一种新的文学文化：书籍已成为公众交谈中的一个重要组成部分，而这主要得益于 16 世纪英国公民识字率的猛增。自古希腊以来，还从来没有哪个城市里有如此众多的读者。历史学家估计，1510 年，会阅读的英国公民不到 1%，而到莎士比亚闯荡伦敦时，公民的识字率已接近 50%。

其他国家的情况却并非如此。例如，在信奉天主教的法国，政府调查显示：1686—1690 年，超过 75% 的国民不会写自己的名字。关于识字率上的巨大差距，有一种解释是，像英国这样的新教徒国家注重文本解释。由于宗教改革鼓励大家读书，因此，这极有助于一个新的图书市场的建立。在伊丽莎白一世统治期间，出版的图书就超过 7 000 种。到 1600 年，考文特花园周边地区差不多有 100 家独立的出版商，甚至连当地的居民都抱怨街道上散发着难闻的墨水味。最终结果就是知识加速了民主化进程，莎士比亚及和他同时代的作家得以接触到数不胜数的新故事和旧文本。这些剧作家不需要剑桥大学或牛津大学——他们有书店。

事实证明，识字人群的扩大对莎士比亚早期的事业发展至关重要。1587 年，即莎士比亚开始创作他的第一部戏剧的那一年，同样来自斯特拉特福德的儿时玩伴理查德·菲尔兹（Richard Fields）已经成了一位出版商，并出版了拉斐尔·霍林谢德（Raphael Holinshed）的《英格兰、苏格兰和爱尔兰编年史》（*Chronicles of England, Scotland and Ireland*）。莎士比亚买不起这本书，但菲尔兹允许莎士比亚把他的书店当作图书馆，这位年轻的剧作家可以想借什么书就借什么书。不久之后，莎士比亚就开始从《英格兰、苏格兰和爱尔兰编年史》中发掘故事情节，寻找可以与《帖木儿大帝》一争高下的故事。他从亨利六世着手，那是一个微小的猜忌就能让英国宫廷分崩离析的时代。欲望与鲜血、爱与复仇、谋杀与阴谋是这个时代的主旋律。莎士比亚找到了他的创作主题。

1592 年，莎士比亚的戏剧在罗斯剧场一经首演就获得巨大成功，伦敦市民饶有兴致地观看舞台上呈现的他们自己的历史。更让人兴奋的是，舞台上的英国国王是由一位平民扮演的。此后更是一发而不可收，莎士比亚从马洛那里了解到，观众喜欢血腥的故事情节。所以，他描写的场景多是剑与剑的决斗以及它们造成的刺伤。到历史三部曲完成之时，莎士比亚已成为伦敦最受欢迎的剧作家之一。

可是，莎士比亚才刚刚出道。实际上，《亨利六世》深受《帖木儿大帝》的影响，18 世纪的学者甚至认为那里的大多数台词都有马洛作品的影子。仅仅是机械地模仿几个角色并不能让莎士比亚成名，因为这些人物完全没有莎士比亚后期作品中的那种灵性。如果这些就是让莎士比亚出名的全部作品，那么，我们今天将不会知道莎士比亚是谁，也没有人会记得他的作品。这并不是说莎士比亚不是一位有天赋的年轻剧作家，而是说，他要通过努力才能成为天才。

文化发挥着至关重要的作用。莎士比亚常被看作另类天才（他的作品超越了历史），但实际上，他的成长跟他所生活的那个时代密不可分。伊丽莎白一世统治下的英国文化让莎士比亚成了一名剧作家，让他从简单模仿马洛开始慢慢成长为人类历史上最伟大的剧作家。换句话说，莎士比亚的成长经历告诉我们，文化是获得创造性成就的决定性因素。

遗憾的是，文化也常常阻碍我们前行。我们不仅没有扩展集体想象的空间，更让艺术家和发明家也难以创新。我们反对创新，也不欢迎先锋派，甚至无法释放自身的天赋。

但我们偶尔也会有把握正确的时候——偶然遭遇一次完美的文化交汇，人们以新的方式进行创造。于是，人才辈出的时代出现了。如此众多的人才不断涌现，以至于人们很难想象这样的历史还会重现。让我们来看一看伊丽莎白一世统治下的英国吧。那是一个“把握正确”的时代，作家们的创作潜力得以充分发挥。莎士比亚身边到处都是天才的身影：不仅有马洛，还有本·琼森（Ben Jonson）、约翰·弥尔顿、沃尔特·罗利爵士（Sir Walter Raleigh）、约翰·弗莱彻（John Fletcher）、埃德蒙·斯潘塞（Edmund Spencer）、托马斯·基德（Thomas Kyd）、菲利普·悉尼（Philip Sidney）、托马斯·纳什（Thomas Nash）、约翰·多恩、弗朗西斯·培根（Francis Bacon）。尽管这些人中的大多数都没有什么特殊的背景，但他们却创造出了一种新的文学，今天我们仍能感受到他们的影响。

莎士比亚的巨大成就与这种文学上的繁荣有着必然的联系。只要看看他的藏书就不难理解这一点：他的书架上一定摆满了各类图书。如果说柯勒律治是博览群书的最后一人，那么，莎士比亚就是第一人。[①] 他的书架上不但有文雅小说《罗密欧与朱丽

① 在《暴风雨》中，男主角普洛斯帕罗（Prospero）说：“书斋便是我广大的公国。”

叶的悲剧历史》(*Tragicall Historye of Romeus and Juliet*)、《十日谈》(*Decameron*)和《七日谈》(*Heptameron*)，还有流行的各种浪漫故事（莎士比亚对意大利通俗小说特别着迷）。他学习奥维德和普鲁塔克的作品，同时从历史书籍中汲取营养，他创作的戏剧中的国王台词就直接引自《英格兰、苏格兰和爱尔兰编年史》。流行读物和街头文学一直都是莎士比亚的创作资源。莎士比亚既读英国前辈埃德蒙·斯潘塞和乔叟的作品，也读约翰·多恩等年轻诗人的诗作手稿。而对于那些剧作家同行们，莎士比亚则像间谍一样时刻盯着他们。莎士比亚研究托马斯·沃森（Thomas Watson）的十四行诗，把罗伯特·格林（Robert Greene）《潘朵斯托》(*Pandosto*)中的故事改编到自己的作品中。（实际上，几乎莎士比亚的所有故事情节都是根据其他故事改编的。）他从未停止从马洛那里“偷”些东西。

但是，莎士比亚并不仅仅是阅读这些素材并对其中精彩的部分进行模仿，而是把这些内容转化为自己的东西，并巧妙地把它们融合在剧本中。有时，这种文学方法也给莎士比亚带来麻烦。同行接二连三地指责他有剽窃行为，他自己也常常怀有负罪感，至少以当时的标准来看是这样的。但这些责备忽视了一点：莎士比亚正在开创一种新的创作方法，使得所有能想到的资源都对他的艺术有所贡献。对莎士比亚来说，创造行为与这种联结行为密不可分。

本·琼森对莎士比亚有一个广为人知的评价：“他不属于一个时代，而是属于所有的时代！”从某种意义上来说，琼森是对的：《麦克白》、《李尔王》和《暴风雨》都是不朽的艺术作品。不是我们读懂了这些戏剧，而是这些戏剧读懂了我们。尽管莎士比亚同时代有许许多多伟大的文学天才，但没有人能够超越他。

然而，琼森对莎士比亚的认识也有不准确的地方。因为在很多方面，这位艺术家都只属于他那个时代，只有在16世纪末期的伦敦才能诞生莎士比亚。但问题的关键并不在于莎士比亚的“偷”，而是长久以来第一次出现“值得一偷”的东西，且没有人阻止他那样做。莎士比亚似乎也知道这一点：他深深地懂得，他的天分源于他周围的文化。《哈姆雷特》中一段著名的台词发生在主人公给演员们训话和提供建议时。哈姆雷特鼓励他们把“时代”表达出来，将他们的环境因素转化为“形式与力量”。对莎士比亚来说，艺术与他周围的一切都是密不可分的，因此，他才会借用其他故事情节、读意大利浪漫故事并倾听观众的反馈。当然，莎士比亚是天资过人的剧作家，但仅有天赋是不够的。莎士比亚属于所有的时代，但只有那个时代才能造就他。①

思想越分享越有价值

1990年，经济学家保罗·罗默（Paul Romer）提出了一种新的经济增长理论。[2] 尽管他的理论建立在一套深奥的方程式的基础上，但其核心非常简单：思想是用之不竭的资源。从古到

① 可悲的是，英国文学最有创造力的繁荣期非常短暂：1642年，清教徒强行关闭了公共剧院。

今，经济学总是立足于物质世界的稀缺性这一特征上，但罗默指出，思想是“非竞争性产品”。当知识从一个人传播到另一个人那里时，知识并没有减少或受损。越普及的思想越有价值，对知识的应用将带来回报的增加和越来越多的创新。罗默说：“这一理论的基本核心就在于，物品和思想之间存在巨大的差异。当我们分享物品时，物品的价值会减少。买二手汽车用不了多少钱，因为它已被其他人用过了。但思想却并非如此，我们分享思想却无损于思想的价值，思想不存在固有的稀缺性。”

罗默的理论与创造力紧密相关。这个理论实际上是在告诉我们：越来越多的信息共享基本上是一件好事。罗默说：“思想的特点是，它们天生就会激发出新的思想。这就是便于思想共享的地方往往更有成效且更具有创新性的原因，美国的硅谷或者伊丽莎白一世时的英国就是最好的例子。当思想被共享时，成功的机会不是简单的相加关系，它们相乘。”[3]

当然，问题是如何创造这种乘数文化。城市天生就是鼓励信息分享的地方，这里的人们彼此间不得不互动，但是，最具创新精神的城市也需要其他条件的配合。正像罗默说的那样，尼日利亚最大的海港城市拉各斯人口众多，人们彼此之间有大量的摩擦，但这种摩擦并没有促使人们发明出新的专利，它只产生了持续的交通拥堵。海地首都太子港的贫民窟是世界上最稠密的居住区，但这种稠密也没有激发出当地居民的潜力，而是孕育出了疾病和犯罪团伙。罗默说：“不要对城市的力量过于迷信，这一点很重要。当然，人们居住在一起，且可自由地交流信息，这终归是一件好事。但这还不够，还需要建立一套正确的规则和习惯，确保这些人能从彼此的互动中获得好处。同时还要建立相关的制度和法规，以确保这种人口聚集的高密度的成本不超过收益。大街上的脏水任何时候都不会给我们带来有用的东西。”

罗默将这些社会概念称为元思想，即那些支持其他思想的想法。罗默认为，正是这些元思想成就了文化的创造力。在学术演讲中，罗默曾向大家展示过一张照片，照片的内容是一群在街灯下挤成一团的几内亚儿童。开始时，人们并不清楚这些孩子在做什么，也不知道他们为什么在夜晚聚集在一起。但罗默随后指出了照片上的课本、笔和计算器，并告诉大家这些孩子正在做家庭作业。尽管这些学生中的多数都已经有实力为自己买一部手机，但他们的家里还没用上电，这就是他们不得不在大街上学习的原因。按照罗默的说法，这张照片说明了元思想的重要性。由于几内亚的腐败和价格管控，大多数家庭仍没有连上电网。这个国家连 19 世纪的技术都没有用起来。

元思想不仅可以用来解释我们的社会缺陷，还能用来解释我们的成就。就拿天才辈出的这些时代来说吧。长期以来，人们一直想当然地认为这些突然出现的繁荣仅仅是历史的偶然，并不值得认真研究。人们总以为那些时期也许只是遗传因素产生的不同寻常的现象，或是统计上的偶然结果。所以，我们根本不应该费心去模仿那个时代。但事实并非如此。看看那些定义了一个时代的元思想，我们终究会明白为什么有些文化比另外一些文化更具有创造力。天资随处可见，唯一的问题是，我们是否在利用它。

看一下伊丽莎白一世时代的英国吧。尽管这一时期确实存在知识的溢出和城市中的摩擦，但仍不足以解释莎士比亚以及同时代其他艺术家的兴起。更重要的是，英国并非只是简单地自上而下地解放创造力，他还首创了一系列元思想，正是这些元思想带来了创造力的井喷，将拥挤的伦敦变成众多天才的福地。

16 世纪英国发展的第一个重要的元思想是对规则的善意忽视。在伊丽莎白一世当政时期，对剧作家审查的放松达到了前所未有的程度。1581 年，伊丽莎白一世设立了“宫廷娱乐主事”一职，负责管理剧院演出。尽管政府声称对所有言论都具有严格的监督权，但作家很少会因为越界而受到惩罚。有了这种新的表达自由，莎士比亚就可以在他的剧作中批评政府，比如他在《李尔王》中对不公平的强烈控告：

> 披上锦袍裘服，便可以隐匿一切。罪恶镀了金，
> 公道的坚强的枪刺戳在上面也会折断；
> 把它用破烂的布条裹起来，一根小小的稻草就可以戳破它。

这是一位无畏作家创作的剧本片段。莎士比亚知道，即使他的剧本确实冒犯了女王的审查官，他也不会被扔进地牢——莎士比亚所在的那个社会不会像对待犯人一样对待作家。对他的惩罚仍会围绕文字展开，他可能会被要求在下一版中对剧本进行修订，或从已印刷的版本中把不合适的内容删掉。这种宽容的态度鼓励剧作家去做一些创造性的尝试，看看有多少真言能逃脱处罚。正像莎士比亚发现的那样，答案是“很多”。

那一时期另外一个至关重要的元思想就是关于知识产权的观念。尽管伊丽莎白一世时代关于版权的规定少之又少（莎士比亚可以随意从其他作家那里“偷”故事或内容），但还是创立了关于发明创造的新规则。16世纪60年代，英国政府开始准许硬肥皂、玻璃瓶、书写纸等诸如此类产品的先行者独家“垄断生产”。尽管专利制度在开始设计时的目的是吸引有技能的外国人，但很快就发展成为一个重要的新文化观念：思想是有价值的。弗朗西斯·培根宣称，女王将要为任何对国家有用的发明颁发专利证书。仅仅保护物品的财产权已经显得不够完整，政府还要保护知识产权，这样人们才有动力进行发明创造。创造力在历史上第一次成为具有潜力的财富之源。①

在伊丽莎白一世时的英国，也许最重要的元思想就是教育的普及。16世纪，大家齐心致力于对中产阶层家庭中男孩的教育，这些孩子可能是砖瓦匠、羊毛商人或者农场主的儿子。伊丽莎白一世的家庭教师罗杰·阿谢姆（Roger Ascham）曾对这种现代趋势总结道：“所有男人都希望他们的孩子能说拉丁语。”而莎士比亚的传记则告诉我们，尽管他做手套生意的父亲没什么文化，威廉（约翰·莎士比亚用这一名字作为他的签名）7岁时就被送往斯特拉特福德的语法学校。这所学校承诺让绝大多数男孩接受教育，即便他们的父母又穷又没有文化。（为了确保入学机会均等，从牛津大学毕业的校长不能接受学生的钱财。）尽管莎

① 此时，“innovation”（创新）这个词被收录为英文词语。“innovation”来自拉丁语“innovatus”，大意是“更新”。

士比亚的学习生活异常枯燥，除了死记硬背和体罚别无其他，但这是一个极为难得的机会。一个做手套生意的乡野民夫的儿子就能拥有学习知识的机会，这在几十年前是不可想象的。那时，只有少数特权阶层才有这样的待遇。

莎士比亚并不是从备受关注的公共教育中受益的唯一作家。克里斯托弗·马洛是个鞋匠的儿子，他也接受了语法学校的教育，并获得了全奖。埃蒙德·斯潘塞（一位伦敦布商的儿子）和约翰·多恩（一位铁器商的儿子）也获得了同样的机会。罗伯特·格林（这个人后来羞辱莎士比亚说他没有大学学位）虽然是来自诺维奇贫苦家庭的孩子，但他通过努力也从剑桥大学取得了学位。

教育的发展使得伦敦的文学人才猛增，积累了一大批有潜力的剧作家。[①] 对莎士比亚来说，所有这些同龄人和竞争者，在他的成长过程中发挥了至关重要的作用。这些人告诉他什么是可能的，而他向这些人展示了该怎样做。

---

① 必须指出的是，这些“大学派才子”代表了人口统计上的一个新类别。这些精英大学以前从未向来源如此庞杂的学生敞开过大门，现在却准许依靠奖学金的平民与贵族学生平起平坐。这些中产阶层毕业生中的大多数都要去教堂工作。因此，这些对上帝毫无兴趣的人突然发现他们几乎没什么选择，而且也没有先行者供他们仿效。（正像史蒂芬·格林布拉特说的那样：“英国 16 世纪的教育制度把当时的社会制度远远地甩在了后面。”）这些受过教育的人们已不把商业世界放在眼里（这是他们父辈努力的结果），而宫廷又不是他们能够涉足的地方，剩下的就只有剧场了。这是唯一能够横跨两个不同社会领域的地方。剧院在绝大多数时间里都是为公众演出的（标准票价 1 便士），但很多剧院每年也会去宫廷为女王演出几个星期。

在 T. S. 艾略特撰写的一系列关于伊丽莎白时期文学的文章中，他曾试图找出创造力井喷的奥秘。大多数评论家称之为“莎士比亚神话”，认为莎士比亚是个另类，哪种解释都不适合他。但艾略特把眼光从这位作家身上移到了别处，他认为，16 世纪的伦敦诞生了如此众多的诗人，而这位历史上最伟大的剧作家跟马洛和琼森一样，都在同一个女王的统治下创作，这绝非偶然。艾略特认为，这些艺术家的运气不错：他们所处的文化环境有利于艺术创作。他们都接受了传统教育，又能从其他创作者那里“偷取”创意；他们懂拉丁语，但用母语写作；他们既要追求剧本剧情的错综复杂，又要考虑票房因素。结果，伊丽莎白一世时期的作家能够充分发挥他们在文学上的优势，把一个好时机造就成了一个人才辈出的时代。艾略特这样写道：“伟大的时代也许并不需要产生比我们这个时代还要多的人才，但几乎不存在对人才的浪费。”[4]

释放孩子们的想象力，创造力是永不过时的技能

新奥尔良创新艺术中心（NOCCA）坐落于密西西比河河岸。[5]尽管这所公立高中与法国区的纪念品店仅隔了几个街区，但这里没有游客，只有猎枪店、时髦的咖啡馆和街角的酒吧。校园旁边有一条货运铁轨和废弃的工厂，整个区域仿佛笼罩在过去的影子里：糖果仓库、磨坊，这里还是霍默·普莱西（Homer Plessy）被逮捕的地方。如果沿着那条铁轨走到克劳德大街，然后跨过小河向东，你会到达低九区（Lower Ninth Ward），那里的房屋仍能

看到卡特里娜飓风留下的高水位痕迹。[1]

公共汽车大约在下午 1 点到达，学生们从四面八方赶到这所艺术学校。NOCCA 招收的学生有的来自这座城市的贫困郊区，有的来自富裕地区；有的来自庞恰特雷恩湖畔的沼泽小镇，也有的来自杰斐逊郊区。有些孩子开车从西面 150 千米外的巴吞鲁日赶到这里，这些学生上午在“常规学校”（他们对除 NOCCA 之外的所有学校的称谓，心里对它们却有几分厌倦）上学，下午就赶来这里上艺术课。

自 1973 年建校以来，NOCCA 的毕业生中出了很多了不起的艺术家：温顿和布兰福德·马萨利斯（Wynton & Branford Marsalis）、温德尔·皮尔斯（Wendell Pierce）、特伦斯·布兰查德（Terence Blanchard）、安东尼·麦凯（Anthony Mackie）、小亨利·康尼克（Harry Connick Jr.）和特龙博内·肖蒂（Trombone Shorty），等等。2010 年，98% 的 NOCCA 毕业生考上了大学。虽然其中的大多数上的是像图兰大学或路易斯安那州立大学这样的地方大学，但也有学生考入纽约大学、加州大学洛杉矶分校、西北大学、奥柏林大学和库伯联盟学院。这些学生中的 80% 都拿到了奖学金，平均数额超过 99 000 美元。也就是说，尽管 NOCCA 一年的运营成本不超过 500 万美元，但毕业班获得的奖学金总能超过 1 200 万美元。

---

① 卡特里娜飓风发生后，NOCCA 校区被美国路易斯安那国家警卫队用作物资转运场长达 9 个月。

NOCCA 的 CEO 凯尔·韦德伯格（Kyle Wedberg）带领我参观了校园。尽管天气很热，韦德伯格仍穿着笔挺的西装。在参观的过程中，他向我介绍路过的这些学生：变调管风琴演奏者、写十四行诗的学生，还有一个室外舞蹈的排练组。韦德伯格说："这里的很多孩子都来自很差的学校。他们中很多人的家庭都有这样或那样的不幸，一些学生放学后还要出去打一份夜工。这些学生通常是拿不到名校的全额奖学金的，不过几年 NOCCA 的学习经历让他们可以想去哪儿就去哪儿。"

NOCCA 是怎样做到这一点的呢？一切都从新生的筛选开始。每个系都有自己的选拔赛，要求申请者展示他们的才艺。在大多数情况下，他们的才艺都未经过系统的训练，比如自学的小号演奏者或者从未上过表演课的演员。但这些都无关紧要：老师寻找的是潜力，而不是已经展现出的出类拔萃。

一旦被 NOCCA 接收，学生们就进入一种初看起来有些老套的教育模式。这所学校采用"师徒制"：学生通过实践进行学习（NOCCA 的每位老师都是很棒的艺术家）。孩子们每天下午早早来到学校，狼吞虎咽地吃完免费派发的苹果和格兰诺拉燕麦条，然后直奔教室。有趣之处在于接下来发生的事情。学生们并不是坐下来听老师的满堂灌输（NOCCA 的很多房间根本就没有椅子），他们不再关注课本，也不去做有助于在标准考试中取得高分的各种练习。实际上，通常高中所做的那些事，这里的学生一件也不做。

相反，学生们把时间都花在了“创造”上面：他们拿起乐器、速写本或穿上道具服装，然后开始工作。校园里到处都是富于想象力的活动，有的学生在院子里演奏爵士乐，一群孩子在过道上画画；雕塑室里一股潮湿的泥土味，皱皱巴巴的废纸塞满了创作室外的垃圾桶。韦德伯格说：“在所有方面，我们都落后了时代 120 年。从某种意义上来说，职业教育似乎很不受尊重，教孩子们做些有创造性的事已不符合时尚了。相反，教育变成了灌输知识和考试。我倒不是反对灌输知识和考试，我只是觉得记忆不应该成为我们重视的唯一一种思维模式。”韦德伯格停下来用他的领带擦了擦额头上的汗，然后向我靠近一步，好像要跟我透露一个秘密似的。他对我说：“当我们拘泥于考试时，也就是按现有模式进行教学时，就是在向学生传递错误的思想。一般的学校会告诉他们，创造力不是个好主意，那就是在浪费时间。我想不出比这更糟糕的思想了。”

斯基德摩尔学院（Skidmore College）的一些心理学家近期对几十所小学进行了调查研究。[6] 当询问这些学校的老师是否希望教室里的孩子们更具有创造力时，每位老师都说“是”。但是，当要求这些老师对他们自己学生的众多个性进行评价时，与创造性思维相关的特征（例如自由表达）往往跟那些“最不受欢迎的学生”联系起来。这些善于做白日梦和即兴表演的学生也许更富有想象力，但他们也很难教，在标准考试中更难得高分。因此，他们在日常学习中往往得不到关注和鼓励。研究人员这样总结令他们伤心的数据：“好学生的评分值与创造力负相关，差学生的评分值与创造力正相关。”

也就是说，**自我表现并不是常规学校的教学目标，创造性过程往往被看作课堂教学的失败。**韦德伯格说："每个人都认同创造力是 21 世纪的关键技能，但我们并不向孩子传授这种技能，反而对死记硬背式的学习如此痴迷，以至于一定要让他们记住古代某场战争爆发的确切年份。但在今天，这种学习太缺乏价值了。那些要记的东西，你完全可以用智能手机去查！如果我们的毕业生想在现实世界中立于不败之地，他们就必须能够有所创造。我们是一所职业学校，但我们最关心的才能是创造力。"

尽管 NOCCA 鼓励青少年训练他们的想象力，但最新的事实告诉我们，尽早开始这一过程至关重要。[7] 在一个研究项目中，研究人员对两类幼儿园中 4 岁大的孩子的智力发展进行了研究，一类幼儿园强调自由玩耍，而另一类传统的幼儿园则重视培养语言和计算能力。一年后，以玩耍为主的幼儿园的孩子在各项关键认知能力上都取得了高分，比如自我控制、注意力分配、工作记忆。（所有这些能力总是跟学术成就和在现实世界中所获得的成就高度相关。）按照这些研究人员的说法，玩耍的好处在于它的高度认真。当孩子们玩得开心时，他们是最专注的。实际上，受控研究的结果非常令人信服，实验不得不提前终止。因为在玩耍活动中已经取得如此好的效果后，仍旧让孩子们留在那些传统的幼儿园里似乎就有些不道德了。研究人员这样写道："自由玩耍往往看起来平淡无奇，但实际上至关重要。"

韦德伯格知道，NOCCA 的大多数毕业生并不会成为职业艺术家。吹萨克斯的那个男孩也许成了一位销售员，只想跳踢踏舞的那个小姑娘却成了一名设计师。尽管如此，这些学生仍会带着重要的才能离开学校，即那种发展自身天赋的能力。这些学生每天都要花 5 小时进行创造性活动，他们因而懂得了是什么让他们拥有特长，并敢于挑战、失败，再挑战；他们也懂得了该如何仔细分析难题和应对批评。（NOCCA 每节课的一个标志性特点就是批评环节，此时学生可以对别人的工作进行建设性批评。）学生将学会如何管理自己的时间以及在困难中如何坚持下来。韦德伯格说：“每个孩子都将获得自我鞭策的能力，我们将告诉孩子们究竟是什么成就了‘了不起’。”

也许这正是 NOCCA 项目型课程的最重要之处：把孩子们扔到创造过程的残酷现实当中。（请记住米尔顿·格拉泽的格言：艺术就是工作。）不管是玩爵士乐还是写诗，如果想要获得成功，就必须学会如何坚持再坚持，学习如何努力坚持，直到把事情做好。伍迪·艾伦（Woody Allen）有一句名言：“80% 的成功来自出席。”NOCCA 教给学生的就是一次又一次地“出席”。

近年来，心理学家对坚持与创造性成就之间的关系进行了研究。[8] 他们发现，坚持做下去的能力，也就是专业术语为“坚毅”的一种人格特质，是成功最重要的预报因子之一。宾夕法尼亚大学的心理学家安杰拉·达克沃斯（Angela Duckworth）是心理特质研究最重要的开创人之一，她说：“我敢打赌，没有一个人能不依靠坚毅就大获成功。没有人的才能出色到无须努力工作的程度，只有坚毅能让你做到这一点。”达克沃斯发现，坚毅程度能够预测全美国拼字比赛的获胜者或特种部队新兵训练营的新兵能否毕业，甚至是“为美国而教”（Teach for America）这一项目的教师成果如何。（在大多数情况下，个体之间的差异很大程度上源于坚毅，而不是智力和 IQ 值。）达克沃斯说：“是坚毅帮助你把自己的潜力充分发挥出来，因为即便是最聪明、才华最出众的人仍然需要实践。如果你是一位小提琴演奏者，那么，就是坚毅在帮助你坚持练习，尽管练琴并不好玩。如果你是个小说家，一定是坚毅帮你最终写完了第一篇小说。随后，又是它让你对这部小说改了又改，使它臻于完美。”

NOCCA 的职业化方法有助于培养学生坚毅的品质，学生将学会如何一心一意地追求目标，为热情做出牺牲。老师会要求学生付出努力，因为根据他们的个人经验，只有付出更多，才能取得创造性的成功。大多数人可能觉得艺术学校缺少坚毅的特性，NOCCA 的一位管理人员说：“他们觉得我们只是让学生们瞎玩。”但实际上，学校正在培养对学生们来说最重要的心理素质。在一次绘画课堂上，我看到有位老师正在仔细分析某个初级班学生的作品。（NOCCA 按专业水平而不是年龄或年级分班。）在评论这幅色彩鲜艳、表现宁静生活的作品时，那位老师说：“立意不错，但还没有把这个想法完全表现出来。你的涂色应该轻描淡写，可你涂得太满了。这本该是一幅漂亮的画，你还需要多下功夫。”这个 15 岁的孩子也给我们上了另一堂“坚毅”课，他将再次领悟到：获得创造力并不容易。

当然，NOCCA 并非适合所有人。有些学生对艺术创作或舞台表演不感兴趣，有些青少年则不愿意把大量的时间花费在这里或来回的路上。无论如何，NOCCA 的指导原则是，创造力是可以传授的，而我们的孩子就是仍未开发出的创造力宝库，这套方法是值得普遍推广的。虽然教育改革的焦点通常是针对学习差的那些学生，但我们不能因为担心这些学生掉队就忽视追求卓越的重要性。韦德伯格说：“我们的目标就是创造一批才华横溢的人才。即便在那些常规学校，我们的大多数学生也会表现不凡，他们的成绩一定不错，也能考入大学。但是，我们不应该满足于此。我们应该坚信，他们一定能把自己的潜力展现出来。因为当卓越变得唾手可得时，仅仅追求优秀是无法让我们感到满意的。”

不只是艺术学校在培养出众的人才。高技术高中（High Tech High，简称 HTH）是位于圣迭戈的一所特许中学，2000 年由当地一帮技术高管创立，为了解决熟练工人短缺的问题。这所学校对美国海军废弃的一处设施进行了翻建，把一座宏伟、坚固的仓库改造成阁楼式的教室。跟 NOCCA 一样，HTH 也强调通过实践学习。也就是说，每名学生都需要在上课时间完成大量项目。（这些孩子不画画，也不弹吉他，他们与废金属和程序代码打交道。）这所学校的 CEO 拉里·罗森斯托克（Larry Rosenstock）快言快语，他说：“人们看似好像已经完全理解了某个基本理念，但实际上，要真正做到却需要很长一段时间。约翰·杜威（John Dewey）说得极为精辟，‘理解源于行动’。当孩子们消化某种信息或者某个人说的话时，他们并不是在学习。只有在进行创造时，他们才是在学习。此时，他们并没有意识到自己正在工作，却在你的引导下全力付出。”[9] HTH 以前的项目包括制造人力潜艇和差不多能把足球踢出十几米远的机器人。HTH的一个艺术班曾花 200 美元在 eBay 上买了一台旧的香烟售卖机，并利用几周时间对其进行翻新，以便用它来售卖学生们的画作。这台机器现在就摆放在学校的大厅里。

尽管 HTH 最初因强调完成项目的重要性而招致批评，有些人认为学生需要更多的课堂教学。但不管怎么说，这些学生取得的成绩却是不容置疑的。每位 HTH 毕业生都考上了大学，85% 以上的学生都能从四年制大学里毕业。而且，差不多 1/3 的毕业生属于第一代大学生（HTH 通过随机抽签的方式录取学生，从整个圣迭戈地区招收新生）。罗森斯托克说：“**孩子们在不断变化的世界中长大，我们无法通过教学确保孩子们能通过未来的考试。但我们知道，创造的能力一定是取得成功的最重要因素。创造力是永不过时的一种技能。**”

NOCCA 和 HTH 这类学校告诉我们：想象力如此重要，我们绝不能小瞧它。当孩子们可以尽情创造时，他们就能够练就各种了不起的才能，而这些才能是在现实世界中获得成功必不可少的因素。他们不是学习如何通过标准化考试，而是学习如何应对复杂的世界并诉诸创意，学习如何在不同的专业之间搭建起桥梁并对他们的初步方案进行改进，这些才能不是一个下午就能教会的。在这个世界上，没有培养独创性的教科书，也没有培养发散性思维的教案。才能只能被发现：孩子们必须通过实践学习。

麻省理工学院的心理学家劳拉·舒尔茨（Laura Schulz）主

持的一项最新研究证明了这一点。[10] 实验时，给 4 岁大的孩子一个带有 4 根管子的玩具。这个玩具的有趣之处在于，每根管子的功能都不同。比如，一根管子能发出短促的尖叫声，而另外一根管子能变成一面小镜子。

实验中，一名科研人员把这个玩具拿给第一组孩子看，并声称她是在地板上恰巧看到的。当她向孩子们展示这个玩具时，她“无意”拽动了其中一根管子，并让其发出短促的尖叫声。她假装十分惊讶地说：“嘿！你们看见了吗？我再来试一下！”将玩具展现给第二组孩子的方式则完全不同，科研人员的做法跟普通的老师一样，并没有假装很意外的样子。她对孩子们说，她收到了一个新玩具，想把这个玩具的玩法展示给大家看。然后，她意图明确地让这个玩具发出短促的尖叫声。

示范结束后，两组孩子都可以把这个新玩具拿来玩。正如预料的那样，所有的孩子都会拽动第一根管子，并为玩具发出的短促的尖叫声开心不已。但随后，有意思的事情发生了。当第二组孩子很快就对这个玩具失去兴趣时，第一组孩子仍在乐此不疲地玩着玩具。他们并不满足于这种短促的尖叫声，而是开始琢磨其他管子，并找到了这个玩具中的全部奥秘。按照这些心理学家的说法，两组孩子的不同反应起因于不同的教学行为。如果直接跟孩子们讲解操作说明，告诉他们需要知道的一切，那么，他们就几乎不可能再去进行自我探索，因为好奇心是脆弱的。

好学校都会把“自由玩耍”看作课堂体验中必不可少的组

成部分。所谓“自由玩耍”，就是孩子们根据自己的兴趣进行创造和探索。不管这个学生是在写诗还是在焊接计算机电路，或者用蜡笔随意地写写画画，都属于“自由玩耍”。此时，孩子只需要在乐趣的指引下为创新付出努力。即便 NOCCA 和 HTH 的这些学生将来不从事艺术工作，也不主修计算机科学，他们也绝不会忘记以青少年艺术家和科学家的身份所学到的东西。

在 NOCCA 的最后一天，我在学校的礼堂里待了好几小时。此时的礼堂里，500 名学生兴奋异常，他们正在做着演出前的准备。在这个间歇日里，学生们表演内容的变化之快更是让人意想不到。尽管表演以某个人演唱勃拉姆斯的作品开始，但很快就变成诗歌朗诵和爵士乐吉他演奏。还有展示油画作品的幻灯片和视频集锦，有人在背诵麦克白的长篇独白，还有一帮人在表演《西区故事》的片段。唯一贯穿的主线是孩子们在舞台上的饱满热情。当表演结束时，我跟一位跳舞的学生蒂法尼聊了聊，结果大出我所料。我问她将来是否打算做个专业舞蹈演员。她回答说：“可能不会。我热爱跳舞，跳舞给我带来太多的快乐。但舞蹈演员赚不到多少钱，我想赚钱。”我接着问蒂法尼是否认为练习跳舞对将来也有好处，是不是在正规学校上学会更好。她说：“噢，不是这样。我在这里并不只是学习如何跳舞。因为我们总在跳舞，所以你到我们班上来看的时候就会这样认为。但事实并非如此，实际上，我真正在学的是如何去表达一些东西。”

造就更多天才的 4 个元思想

有哪些是我们需要接受的元思想呢？我们怎样才能培养出更多的人才呢？这似乎是一件不可能完成的任务，复制已逝去的黄金时代似乎注定是徒劳的，但事实并非如此。现在，我们已经知道该制订怎样的对策，从而达到提高集体创造力的目的。事实也已经告诉我们，创造一个人才辈出的时代不是不可能的。唯一的区别是，我们创造出来的天才是运动员。

棒球统计学先驱比尔·詹姆斯（Bill James）指出，现代美国最擅长制造体育明星。[11] 因此，像堪萨斯的威奇托这样的城市，虽然在规模上仅相当于伊丽莎白一世时代的伦敦，但每过几年就能诞生一名专业运动员。想一想这是多么不可思议吧：威奇托的中学每过几年就会诞生像巴里·桑德斯（Barry Sanders）和盖尔·赛耶斯（Gayle Sayers）这样能在世界最高水平的赛场上与他人竞技的天才运动员。他们极富创造力的运动天赋就值数百万美元。

但其他领域却没有出现这种人才辈出的景象。威奇托没能培养出几个才华横溢的作家、画家、爵士乐音乐家或发明家。詹姆斯认为，这主要缘于美国文化在对待运动员上的一些特殊之处。首先，运动员在年轻的时候就被激励着练习打棒球和参加 Pop Warner 联赛①。因此，不仅孩子们可以发展才能，教练也可

① 美国的青少年体育组织，参与者要先满足一定的学业要求才有资格加入。——编者注

以根据他们的天赋找到好苗子。其次，不断对取得好成绩的运动员唱赞歌。获胜的运动队总能获得奖励和亮相的机会，当地报纸也会对他们进行大量的报道。最后，在这些有天赋的运动员成长过程中的每个阶段，都有相应的培养制度：少年棒球联赛（Little League）、全美大学体育协会（NCAA）和大联盟等。他们既是万众瞩目的对象，又有天价合同在身。

因此，造就更多的天才是有可能的，过去的事实也证明了这一点。但现在的问题是，我们的社会能否像培养运动员那样，以同样的效率造就创造性人才，而这决定着我们的未来。

创造力的新发现

4 个元思想：

1. 教育。
2. 人的混合。
3. 乐意冒险。
4. 对创新的奖励。

我们需要认真考虑的第一个元思想是教育。预测下一个天才来自何处是不可能的，但人才辈出的时代总是与新型教育机会的出现相伴而生。没文化的卖货郎的儿子上了大学，甚至手套生意人的儿子也能进入图书馆，都属于这种情况。就像伊丽莎白一世时期的英国一样，我们要确保每个孩子都有成功的机会。通过关注和奖励，我们已经在培养天才运动员方面做得相当棒。但是，太多的同龄人却不得不去那些退学率很高的次等学校。他们的想象力永无机会展现，这种对潜能的浪费让人触目惊心。

可是，仅仅让表现差的孩子走进教室或者提高他们的考试成绩是不够的，还必须确保这些同样有才能的孩子茁壮成长，建立培养他们的制度，就如同培养最好的四分卫和跳投手那样。像 NOCCA 和 HTH 的管理人员那样，我们必须找到这些既有动机又有潜力的学生，然后给他们提供用于发现和发明的工具。韦德伯格说：“只要你把专注力放在你的才能上，一些不同寻常的事情就会发生。这里的学生彼此之间既有鼓励也有挑战，而最令我兴奋的时刻，就是我在看见孩子们对他们自己的表现也感到惊讶时。他们的表情让人觉得他们好像不敢相信自己竟然能做得那么好。”

如果不能给孩子提供最好的教育，我们至少应该鼓励他们自由想象。**这就是第二个元思想：人才辈出的时代总是与新型的“人的混合”相伴而生。**数据最具有说服力，按照美国专利局的最新数据，移民发明的专利数是非移民发明的专利数的 2 倍。[12] 这就是获得大学学位的移民每增加 1%，就会带来专利增加 15% 的原因。（近年来，移民发明人的专利申请已经超过全美国专利申请的 1/4。）这些新移民创办公司的速度也奇快，自 1995 年以来，52% 的硅谷公司都是由他们联合创立的。① 只有这些拥有好

① 近年来，移民给美国带来了最需要的技能和利益。2010 年，在美国授予的全部工程博士学位中，以短期签证学习的外国学生占 60% 以上。（相比之下，人文科学和社会科学的博士学位则大多数都由美国学生获得。）工程博士学位蕴含的价值巨大。根据美国劳工部的数据，在科学和技术领域工作的美国人中的 5% 贡献了全美经济持续增长的 50% 以上。

点子的人可以自由迁徙，我们才能从中受益。

伊丽莎白一世时代的英国就经历了一场前所未有的人口混合。这种混合的部分原因是城市人口密度的增加，因为更多的人从英国各地蜂拥至伦敦。但这一时期还有一些标志性特征：国际贸易的兴起和自由进出这个国家的商人阶层的出现。加州大学洛杉矶分校英国文学和历史学教授罗伯特·沃森（Robert Watson）说："你会发现，这一时期人与人之间碰撞的数量和类型都急剧增长，更多的人见到了他们以前从未见过的人。"[13]

这些新"碰撞"的结果之一就是英语中新词汇的暴增。有些词汇来源于城市的街巷，因为这些刚来伦敦的人还在用他们的方言和当地的习惯用语，但大多数新词汇来自国外。沃森说："真正推动语言发展的似乎是生活在英国的那一大群会讲多语种的居民。你可以跟他们学法语、拉丁语、希腊语和德语。他们在另一个国家自然也会遇到各种新鲜事物，还不得不把那些外国说法放到英语中。"结果，这一时期的作家可以用各种各样的表达方式来描绘他们心目中的世界。比如，莎士比亚就很好地利用了这一点，他在自己的文学作品中运用词汇的能力无人能及，他能灵活运用 25 000 个不同的词汇。稍微跟他能比肩的是约翰·弥尔顿，可弥尔顿能运用的词汇还不到莎士比亚的一半。莎士比亚作品内容的丰富性与他在语言上的丰富性是分不开的，而语言的丰富性又离不开他身边的那些移民。

鼓励富于创造力的人彼此碰撞，不是到 16 世纪才有的事，而是一个经久不衰的好主意。实际上，这种互动太重要了，任何看似微小的改变都能产生巨大的影响。通过竞业禁止条款，有约束力的合同会禁止员工跳到竞争对手那里工作。必须感谢的是加利福尼亚的相关法律，因为所有竞业禁止条款在加利福尼亚州都是无效的。结果，硅谷的工程师可以跳到任何一家有竞争关系的公司，也可以从一家有竞争关系的公司跳过来。从长期来看，这将导致横向互动和弱连接关系的增多。根据美联储近期进行的分析，雇员在加利福尼亚州公司间的自由流动，对硅谷的发展起到了非常重要的作用。更重要的是，我们要承担干预社交网络带来的不良后果。跟莎士比亚所处的时代情况类似，我们当然也渴望生活在新词汇层出不穷的时代。

第三个至关重要的元思想就是乐意冒险。也许是给小企业发放贷款，也许是给年轻的科学家分配科研经费，无论如何，我们都要鼓励那些有机会获得成功的人。大多数企业家都会失败，多数科研经费也会花在那些毫无结果的实验上（莎士比亚也写了大量不成功的作品）。但是，那些失败恰恰是这一系统运转良好的标志，说明我们正在为新思想的诞生提供机会。在与约西·瓦迪的谈话中，这位特拉维夫的创业先锋再三强调一个犹太词语“chutzpah”（意思是胆量）的重要性，他说：“没有胆量就不会有创造力。坚信自己拥有一个改变世界并且能赚大钱的想法需要巨大的胆量。除非你相信这一点，否则你永远也成不了企业家。”

胆量之所以如此重要，与新思想的特性不无关系：它们本来就是不确定的。安娜莉·萨克森宁认为，在硅谷最成功的企业家中，大多数都有过至少一次创业失败的经历。但失败并不妨碍他们再次创业，再失败，再创业。NOCCA 的情况也是如此：这所学校的学生总会被鼓励去冒险，接受可能面对的难堪。当我迈进戏剧课老师西拉斯·库珀（Silas Cooper）的教室时，门上悬挂的一面旗子赫然映入眼帘，上面写着："欢迎失败"（FAIL BIG）。

试图阐明鼓励冒险的重要性的一种方法就是比较两家研究机构不同的研究策略。一家机构是美国国家卫生研究院（National Institutes of Health，简称 NIH），它是世界上最大的生物医学资金提供者。另外一家机构是霍华德·休斯医学研究所（Howard Hughes Medical Institute，简称 HHMI），致力于"打破知识疆界"的大型非营利组织。NIH 以极其理性的方式对申请基金的建议书进行评估，专家团队会对每一份建议书进行分析和打分，确保项目从科学的角度来看是站得住脚的，并且需要大量预先研究出的成果进行支持。他们的目标是不浪费纳税人的钱——毕竟谁都不希望投资失败。

相比之下，HHMI 则以支持前卫项目而闻名。实际上，它明确表示鼓励研究人员"冒险、探索未经证明的方法及未知的世界，即便这意味着不确定性或可能失败也在所不惜"。HHMI 关心的是由哪些科学家承担研究工作，而不是具体的实验。（HHMI 不要求对未来要进行的研究提交详细的建议书，却更看重研究人员过去的研究经历。）有创造力的科学家，应能执着于他们的思想，而无须向专家小组证明他们的想法是正确的。有时，最有希望的实验也未必证据充足。

几年前，麻省理工学院和加州大学圣迭戈分校建立的经济学家小组分别对 NIH 和 HHMI 支持的实验室进行了数据分析，想看看哪种资金投放策略更有效。[14] 经济学家努力控制每一个可能的变量，例如外部奖学金和毕业生的质量。然后，他们对 NIH 和 HHMI 研究人员的产出进行了对比。

数据清楚明白地告诉我们，在整个生物医学领域，更倾向于冒险的 HHMI 所支持的研究项目取得了最重要、具有创新性且有影响的成果。尽管 HHMI 跟 NIH 研究人员的资历在他们第一次申请资助时不相上下，但 HHMI 研究人员发表的常被引用的论文数和获奖数分别是 NIH 研究人员的 2 倍和 6 倍。他们被引进到科学词库中的新关键词也更多，而科学词库正是独创成果的标志。

当然，坏消息是这种创新是有代价的。这些数据表明，HHMI 研究人员发表的从未被引用过的论文数量也要多出 35%（这些论文属于彻头彻尾的失败品）。数据分析告诉我们这样一个道理：这些科学家之所以在研究上能取得好成绩，不是因为他们更聪明、更有创造力或者更有钱；相反，他们的成功源于他们不惧失败的性格。

比尔 · 詹姆斯在体育方面也得出了类似的结论。他认为，美国社会已经找到评估运动员潜力而不仅仅是成就的方法。他说："我们投资那些有可能取得好成绩的运动员，而不是简单地把钱送给那些已经成为世界级高手的人。"当然，并不是所有这些愿望都能变成现实。有些选拔可能就选了个废物，很多花费不菲的运动员的表现令人失望。（换句话说，运动员的选拔跟科学基金评估研究项目非常类似。）尽管如此，专家团队仍旧认为这种方法是必要的，因为它鼓励年轻运动员投身于体育运动，并投入大量获得成功所必不可少的时间和精力。把赌注押在潜力上总是有风险的，但这是刺激人才辈出的唯一途径。这就是我们需要更多的基金会和政府投资机构，他们愿意仿照霍华德·休斯医学研究所和专业运动队的勇敢模式的原因。

最后一个非常重要的元思想就是对创新的奖励。发明家应该从他们过去的发明中获取利益，但是，我们也要鼓励"借用"和"改造"的文化。自伊丽莎白一世于 16 世纪末开始授予专利以来，这种紧张局面就不曾消失过。专利是一种重要的源动力，亚伯拉罕·林肯就曾说过，专利制度就是"为天才之火添上利益之油"。但是，专利也让其他发明者很难对这种创新做进一步改进。因此，英国政府于 1601 年开始撤销那些不受公众待见的专利，比如玻璃瓶和淀粉等。女王发现，思想并非天生稀缺。当然，思想不受束缚并不意味着它们应该免费，而仅仅意味着要价格公道。

事实并非如此。近年来，美国的创造力因大量不明确的专利规定和再次呼吁的著作权延期而受到损害。我们先来说说专利。2004—2009 年，侵犯专利权的诉讼增加了 70%，所需缴纳的许可费却提高了 650%。很多这类诉讼都是由所谓的“专利流氓”引发的，这些“专利流氓”可能是个人，也可能是公司，他们大量购买专利，然后急切地寻找可能存在的侵权行为，尽管他们无意使用这些专利发明。再来说说著作权保护的期限：1790 年通过的美国第一部著作权法规定，著作权的保护期限是 14 年。[①] 但自 1790 年以来，美国国会已经将著作权保护期限延长了 11 次，现在一般的保护期限是 95 年。保护期延长带来的问题是：不鼓励创新，阻止人们重做或翻新旧东西。关于对知识产权的保护，总会有强有力的商业团体进行游说，1998 年的《版权保护期限延长法案》被戏称为“米老鼠保护法案”。但我们别忘了，公众领域不存在游说。这就是我们应该常想想年轻的莎士比亚从马洛、霍林斯赫德和基德那里借用过来的东西的原因（如果莎士比亚在今天进行创作，他的戏剧将遭受无休止的诉讼）。无论是混音和音乐小样唱片，还是在圣何塞车库里鼓捣小玩意儿的工程师，我们必须确信的一点是：人们可能被他人的工作成果所鼓舞，公众正是源源不断的创造力的来源。

鲍勃·迪伦对此做了最好的诠释。在他的自传体回忆录《像一块滚石》中，迪伦一再表示他的创作过程就是爱与偷的过程。这一过程从他发现如“穿过骨头抚摸你”般的某种声音或歌声开始，然后，他会尝试将这种声音进行拆解，以便弄清楚其中的奥秘。例如，当迪伦还是纽约一名年轻的作曲家时，他

---

① 路易斯·海德（Lewis Hyde）认为，美国开国元勋心中都有一个根深蒂固的理念：几乎所有创造出来的成果都应归公。

就通过记住那些影响他的人和歌曲来学习音乐创作。他研究罗伯特·约翰逊（Robert Johnson）、伍迪·格思里（Woody Guthrie）以及大量英国民谣，仔细琢磨其中的音乐旋律。（迪伦在其回忆录中说："我能够飞快说出所有这些歌曲，就好像这些睿智、诗一般的词语本就属于我一个人似的。"）[15] 但是，迪伦并不是简单地抄袭这些曲调，而是进行细致的研究，这才是他的创造性方法的核心。也就是说，学一首老歌就意味着他很快就要创作出一首新歌。关于一次早期录音过程中的这种体验，迪伦是这样描述的：

> 我没有多少原创歌曲，我只是对已有的蓝调民谣进行组合，在这里或那里加上原创的内容，也就是闪现在我头脑中的任何东西——再加上标题就好了。

正因为如此，在迪伦最初的70首作品中，从《答案在风中飘荡》（*Blowin' in the Wind*）到《时代正在改变》（*The Times They Are A-Changin'*），每首作品都有其他音乐家作品的影子。尽管摘掉这些歌曲的剽窃标签很容易（从现行的著作权标准来看，有些歌曲确实构成侵权），但迪伦却能将民间的音乐素材打造成流行的名作。诗人T. S. 艾略特说得非常好："不成熟的诗人模仿，成熟的诗人剽窃。"若以21世纪的标准来衡量，迪伦也是个成熟的诗人，他就是个以"偷"制胜的音乐家。

这些都是过去一直在发挥着作用的元思想，是它们激发出了那些剧作家和发明家的才能。它们是释放非常规创造力的常规性策略。但是，这些元思想还不完整，甚至要不断地进行补充、完善。

罗默指出：“我们并不知道下一个关于如何支持新思想产生的重大思想究竟是什么。”这就是坚持寻找在未来可能出现的有效的元思想的主要原因，这些元思想可能是制度、态度，也可能是法规，它们将帮助我们变得更有创造力。而我们也需要对“创新”进行创新。

创新将会变得越来越难，这是一个令人不安的现实问题。除非我们选择正确的策略和变革，除非我们建立更多像 NOCCA 这样的学校并完善专利制度，除非我们为增加城市密度做出努力，除非我们像鼓励年轻的足球明星一样鼓励年轻的发明者，否则，我们就不可能找到我们迫切需要的答案。现在，我们应该创立一种不会妨碍我们前行的文化。

对人才辈出的年代进行的研究，为我们找到了一种衡量自己的方法。我们可以从过去那些有关创造力的故事中学习，从造就了莎士比亚、柏拉图和米开朗琪罗等天才的另类社会中学习。然后，我们应该对着镜子审视自己。我们建立的是哪一种文化？这个世界上的思想能相互关联吗？我们是否乐意为勇于冒险者提供资金支持？我们的学校培养的是创造型人才吗？小商贩的孩子能成长为给女王写剧本的剧作家吗？总之，我们必须为天才的成长创造条件。

结　语

玩创造力的魔术，想象永远都有其神秘之处

IMAGINE

How Creativity Works

1981 年夏天，两位勤奋的魔术师佩恩和特勒在文艺复兴式的环形道上做生意，表演一套哄小孩子的把戏。他们的着装很逗：黑色紧身衣、紫色天鹅绒斗篷、人造革背心以及绳子做成的腰带。他们穷困潦倒，心烦至极，厌倦了在马路上的生活。

当两位魔术师被绝望的情绪包围时，新想法从路旁的小餐馆里悄然产生。在等待上餐时，特勒想练一练他的“杯子和球”魔术，这是古罗马魔术师最早开始表演的一种经典戏法：在 3 个杯子下面放 3 个小球。然后，魔术师通过一系列消失和调换手法，让这几个球消失又出现。当观众确信他知道球在哪里时，球就会在别的地方出现。佩恩说：“全世界都在玩这种戏法。如果你看到一个家伙在某个街头卖艺中不停地忙活，他很可能就是在表演这种戏法。”

但特勒正在用餐，他没有把魔术箱带在身上。因此，他只能利用眼下能找到的东西：揉成团的餐巾纸当球，透明的塑料水杯当杯子。就在戏法表演到一半时，灵感出现了。尽管他能追踪纸团从一个杯子被移到另一个杯子，但特勒意识到错觉依然存在。他说："眼睛可以看到球的移动，但你的内心却无法理解。即使有人看出其中的奥秘，这个戏法仍然可以继续，因为你仍然不能真正地掌握它。"由于特勒的手移动得太快，观众还是无法真正理解这个戏法，即便杯子透明，纸团也能被看见，这些都无所谓。

佩恩和特勒把这种"杯子和球"的新玩法收入他们的流动演出节目单中。结果，一下子就火了起来。之后不久，他们就开始在《莱特曼秀》（*The David Letterman Show*）节目中用透明杯子进行表演，纽约场的演出票也销售一空。在此后的几十年时间里，佩恩和特勒成为全世界最成功的魔术师。他们现在在拉斯维加斯有自己的剧场，在赌场街附近还有一个秘密仓库，这是他们开发新魔术的地方。特勒说："我再也不用到餐馆想主意了。"但是，出名并没有抑制他们的创新精神：佩恩和特勒仍旧会揭秘他们自己的魔术。例如，佩恩经常在特勒表演期间就把魔术的奥秘告诉观众："这只不过是一根看不见的绳！"他也可能会说："这只不过是面镜子！"按照这两位魔术师的说法，他们的"魔术揭秘"要追踪到那顿在路边小餐馆的晚餐。特勒说："从一定程度上来说，透明玻璃杯的这个简单想法就代表了我们正在努力的方向。我一直喜欢自己'杯子和球'的魔术，因为即便你把这个魔术揭秘，什么也不隐藏，这个魔术仍旧可以继续表演下去。实际上，是错觉显得更有意义，因为你知道自己头脑中是怎么想的。这些玻璃杯和餐巾纸没什么特别之处。魔术来自你的头脑。"

创造力就像是魔术。我们总算能够看到想象的来源了：由电细胞组成的巨大网络，是它让我们不断地在已有的思想之间建立新的连接关系。可是，这一认识却让这种连接本身更为惊叹。洞见时刻可能来源于右脑的某个回路，但是，因洗个热水澡而产生新思想的快感，不会因此受到丝毫影响。即便我们可以追踪神经递质的变化，或者测量步行速度与专利数量之间的关系，或者对社交网络的影响定量化，这一过程的奇特性依然存在。想象永远都有着神奇之处。

不过，魔术不应该妨碍我们在获得创造力上的努力。现代科学告诉我们：上天赋予我们前所未有的创造优势，这一元思想对我们每个人都是实用的。人类第一次有可能弄明白想象的工作机制。我们不再相信神话和迷信，转而思考多巴胺和分歧，还有右脑和社交网络。这种自我认识极具价值，因为我们已经开始确定创造力背后的促进因素，能确保在恰当的时间用正确的方式进行思考，我们已经在充分利用存在于我们头脑中的这一神奇工具了。（知道每个思想来自何处，恐怕是最重要的元思想了。）而如果想提高创造力，就必须把这种研究成果应用到我们自身的生活当中。想象力远超出我们对它的设想。

想象过程起始于大脑，尽管人们长期以来都以为想象不过是件很单一的事，但实际上，它是一种形式多样的才能。有时，我们需要洗个热水澡让自己放松下来；有时，我们需要兴奋剂的帮助；有时，我们需要放空自己；也有时，我们需要避开已知的东西。你喜欢哪种思考方式，就可以使用哪种思考方式。

但是，大脑不是唯一的源头。我们现在已经知道，创造力在人们聚在一起时也能涌现出来。当与他人合作时，应该找出最佳的 Q 值，就像百老汇歌剧《西区故事》幕后的那些艺术家一样。头脑风暴可能让人感觉很舒服，但是，建设性批评却能收到更好的效果。每家企业都要学习皮克斯对厕所的设计，一个迫使员工彼此互动的空间就好像他们生活在一个拥挤的城市里一样。然后，还要正确地理解每个人的元思想，这样才不会妨碍集体想象，并对人才辈出持欢迎态度。

但我们也必须承认：创造过程从来不是轻轻松松的，无论我们掌握了多少关于神经元、城市和莎士比亚的知识，我们的发明总是伴随着不确定性和意外事故，建立新连接关系的脑细胞会屡建奇功。关于想象的科学知识不适合做成漂亮的演示文档，也不适合用小标题逐条总结。（如果创造力如此不费力，毕加索也就不会为世人所知了。）尽管已进行了众多科学研究和严谨的实验，我们最重要的智能仍旧是最为神秘的。

神秘之处就在于，尽管想象被我们每日所处的世界所激发，不管激发出的是它的瑕疵还是美丽，我们仍可以有所超越，去想象那些仅存于头脑中的事物。我们会注意到不完美并完善它，瑕疵反倒为完美创造了条件。因此，普通拖把变成了速易洁拖把，叮砰巷成就了鲍勃·迪伦，老套的悲剧造就了《哈姆雷特》。每个创新故事都不同，每个创新故事也相同。以前我们对创造力一无所知，现在多少知道一些了。而从本质上来说，它仍旧跟魔术几乎没什么两样。

注 释

前 言

1. 速易洁团队于2009年4月5日在牛顿马萨诸塞州Continuum总部接受作者采访。而后，哈里·韦斯特在2010年1月21日接受作者电话采访。

第 1 章

1. 要了解迪伦 1965 年的英国巡演，D. A. 潘尼贝克（D. A. Pennebaker）的纪录片《不要回头》(*Don't Look Back*）仍然是最重要的作品。与《像一块滚石》创作有关的其他有价值的作品包括：Greil Marcus's *Like a Rolling Stone: Bob Dylan at the Crossroads* (New York: Public Affairs, 2005); *The Bob Dylan Encyclopedia*, by Michael Gray (New York: Continuum, 2008); and *No Direction Home*, by Robert Shelton (New York: Ballantine Books, 1987)。
2. Nat Hentoff, "Interview with Bob Dylan", *Playboy*, February 1966.
3. 马克·比曼于2008年4月10—12日在西北大学接受作者的个人访谈。
4. 参见罗杰·W. 斯佩里（Roger W. Sperry）于1981年8月发表的诺贝尔演讲。
5. Jonathan Schooler, Stellan Ohlsson, and Kevin Brooks, "Thoughts Beyond Words: When Language Overshadows Insight," *Journal of Experimental Psychology*

122(1993): 166–183.

6. 乔纳森·斯库勒于2008年4月6日接受作者的电话采访。

7. John Kounios et al., “The Prepared Mind: Neural Activity Prior to Problem Presentation Predicts Solution by Sudden Insight,” *Psychological Science* 17 (2006): 882–980; Mark Jung-Beeman et al., “Neural Activity Observed in People Solving Verbal Problems with Insight,” *Public Library of Science—Biology* 2 (2004): 500–510.

8. 鲍勃·迪伦于1966年2月20日接受加拿大广播公司的马丁·布龙斯坦的电台采访。

9. 亨托夫的采访。

第 2 章

1. 拉里·温德林于2009年2月2日在3M总部接受作者的个人访谈。

2. Simone Sandkiiler and Joydeep Bhattacharya, “Deconstructing Insight: EEG Correlates of Insightful Problem Solving,” *PLoS ONE* 3.

3. Annette Bolte, Thomas Goschke, and Julius Kuhl, “Emotion and Intuition: Effects of Positive and Negative Mood on Implicit Judgments of Semantic Coherence,” *Psychological Science* 14 (2003): 416–422.

4. Carlo Beverberi et al., “Better Without (Lateral) Frontal Cortex? Insight Problems Solved by Frontal Patients,” *Brain* 128 (2005): 2882–2890.

5. Holly White and Priti Shah, “Creative Style and Achievement in Adults with Attention-Deficit/Hyperactivity Disorder,” *Personality and Individual Differences* 50 (2011): 673–677.

6. Mark Turner, editor, *The Artful Mind: Cognitive Science and the Riddle of Human Creativity* (Oxford: Oxford University Press, 2006), 107–110.

7. David Hume, *An Enquiry Concerning Human Understanding* (1777; reprint Oxford: Oxford University Press, 2001), 11.

8. Mary Gick and Keith Holyoak, "Analogical Problem Solving," *Cognitive Psychology* 12 (1980): 306–355.

9. Shelley Carson, Jordan Peterson, and Daniel Higgins, "Decreased Latent Inhibition Is Associated with Increased Creative Achievement in High-Functioning Individuals," *Journal of Personality and Social Psychology* 85 (2003): 499–506.

10. 马库斯·赖希勒于2009年5月18日接受作者的电话采访。

11. Virginia Woolf, *To the Lighthouse* (1927; reprint Boston: Mariner Books, 2005), 163.

12. Beato, Greg, "Twenty-Five Years of Post-It Notes," The Rake.May 2005.

13. Jonathan Smallwood, Jonathan Schooler, and Todd Handy, "Going AWOL in the Brain: Mind Wandering Reduces Cortical Analysis of External Events," *Journal of Cognitive Neuroscience* 20 (2008): 458–469.

14. Michael Sayette, Erik Reichle, and Jonathan Schooler, "Lost in the Sauce: The Effects of Alcohol on Mind Wandering?," *Psychological Science* 20 (2009): 747–752.

15. Ravi Mehta and Rui Zhu, "Blue or Red? Exploring the Effect of Color on Cognitive Task Performances," *Science* 323 (2009): 1226–1229.

第 3 章

1. Stan Smith, editor, *The Cambridge Companion to W. H. Auden* (Cambridge: Cambridge University Press, 2005), 22–25; Richard Davenport-Hines, *Auden* (New York: Pantheon, 1996), 185–187.

2. 厄尔·米勒于2008年4月2日接受作者的采访。

3. 米尔顿·格拉泽分别于2009年3月20日和21日接受了作者的电话采访。

4. 有关海德格尔关于揭秘思想的简易摘要，参见：Mark Wrathall, *Heidegger and Unconcealment: Truth, Language, and History* (Cambridge: Cambridge University Press, 2010)。

5. Joseph Forgas, "When Sad Is Better Than Happy: Negative Affect Can Improve the Quality and Effectiveness of Persuasive Messages and Social Influence Strategies," *Journal of Experimental Social Psychology* 43 (2007): 513–528.

6. Modupe Akinola and Wendy Mendes, "The Dark Side of Creativity: Biological Vulnerability and Negative Emotions Lead to Greater Artistic Creativity," *Personality and Social Psychology Bulletin* 34 (2008): 1677–1686.

7. Nancy Andreasen, "Creativity and Mental Illness: Prevalence Rates in Writers and Their First-Degree Relatives," *American Journal of Psychiatry* 144 (1987): 1288–1292.

8. 南希·安德烈亚森于2009年12月10日接受作者的电视采访。

9. Hagop Akiskal and Kareen Akiskal, "In Search of Aristotle: Temperament, Human Nature, Melancholia, Creativity and Eminence," *Journal of Affective Disorders* 100 (2007): 1–6.

10. Janet Metcalfe, "Feeling of Knowing in Memory and Problem Solving," *Journal of Experimental Psychology* 12 (1986): 288–294; Janet Metcalfe and David Wiebe, "Intuition in Insight and Noninsight Problem Solving," *Memory and Cognition* 15 (1987): 238–246.

第 4 章

1. 布鲁斯·阿道夫于2009年5月3日在纽约的美国历史博物馆接受作者采访。

2. David Blum, "A Process Larger Than Oneself," *The New Yorker*; May 1, 1989.

3. 马友友于2011年1月10日接受作者的电话采访。

4. Charles Limb and Allen Braun, "Neural Substrates of Spontaneous Musical Performance," *PLoS ONE* 3 (2008).

5. Aaron Berkowitz and Daniel Ansari, "Generation of Novel Motor Sequences: The Neural Correlates of Musical Improvisation," *Neuroimage* 41 (2008): 535–543.

6. 米奇·瓦内斯于2009年5月16日在毛伊岛接受作者采访。

7. J. Craig and Simon Baron-Cohen, "Creativity and Imagination in Autism and Asperger Syndrome," *Journal of Autism and Developmental Disorders* 29 (1999): 319–326.

8. 克莱·马索于2009年5月16—19日在毛伊岛接受作者采访。

9. 乔舒亚·芬克于2010年3月3—4日在好莱坞接受作者采访。

10. Bruce L. Miller, "Emergence of Artistic Talent in Frontotemporal Dementia," *Neurology* 51 (1998): 978–982.

11. Ullrich Wagner and Jan Born, "Sleep Inspires Insight," *Nature* 427 (2004): 352–355.

12. Denise Cai et al., "REM, Not Incubation, Improves Creativity by Priming Associative Networks," *PNAS* 106 (2009): 10130–10134.

13. Allan Snyder, "Savant-Like Skills Exposed in Normal People by Suppressing the Left Fronto-Temporal Lobe," *Journal of Integrative Neuroscience* 2 (2003): 149–158.

14. Allan Snyder, "Explaining and Inducing Savant Skills: Privileged Access to Lower Level, Less-Processed Information," *Philosophical Transactions of the Royal Society* 364 (2009): 1399–1405.

15. E. Paul Torrance, "A Longitudinal Examination of the Fourth Grade Slump in Creativity," *Gifted Child Quarterly* 12 (1968): 195–199.

16. Darya Zabelina and Michael Robinson, "Child's Play: Facilitating the Originality of Creative Output by a Priming Manipulation," *Psychology of Aesthetics, Creativity, and the Arts* 4 (2010): 57–65.

第 5 章

1. 唐纳德·李分别于2009年11月28日和2009年12月14日在卡尔佛城接受作者采访。

2. 阿尔菲厄斯·宾厄姆于2009年12月12日接受作者的电话采访。

3. Karim Lakhani, "The Value of Openness in Scientific Problem Solving," *Technology and Operations Management*.

4. Jeff Howe, "The Rise of Crowdsourcing," *Wired* (June 2006): 81–89.

5. Dean Keith Simonton, *Origins of Genius: Darwinian Perspectives on Creativity* (*Oxford: Oxford University Press, 1999*).

6. 迪安·基思·西蒙顿于2010年2月18日接受作者的电话采访。

7. Lile Jia, Edward Hirt, and Samuel Karpen, "Lessons from a Faraway Land: The Effect of Spatial Distance on Creative Cognition," *Journal of Experimental Social Psychology* 45 (2009): 1127–1131.

8. William Maddux and Adam Galinsky, "Cultural Borders and Mental Barriers: The Relationship Between Living Abroad and Creativity," *Journal of Personality and Social Psychology* 96 (2009): 1047–1061.

9. Ruth Handler, *Dream Doll: The Ruth Handler Story* (New York: Longmeadow Press, 1995), 3.

10. Zadie Smith, "That Crafty Feeling," *Believer*, June 2008.

11. Stanislas Dehaene, *Reading in the Brain: The New Science of How We Read* (New York: Penguin, 2009).

第 6 章

1. Benjamin Jones, "The Burden of Knowledge and the 'Death of the Renaissance Man': Is Innovation Getting Harder?" *Review of Economic Studies* 76 (2009): 283–317.

2. Brian Uzzi and Jarrett Spiro, "Collaboration and Creativity: The Small World Problem," *American Journal of Sociology* 111 (2005): 447–504.

3. 关于皮克斯历史的最好资料是：David Price, *The Pixar Touch* (New York: Vintage, 2009), and Karen Paik, *To Infinity and Beyond!: The Story of Pixar Animation Studios* (New York: Chronicle Books, 2007).阿尔维·雷·史密斯于

2010年4月28日接受作者的电话采访。

4. 埃德·卡特姆尔于2010年5月1日接受作者的电话采访。

5. 阿尔维·雷·史密斯于2010年4月28日接受作者的电话采访。

6. 埃德·卡特姆尔在当时的文章中富有表现力地阐述了这个观点："How Pixar Fosters Collective Creativity," *Harvard Business Review,* September 2008.

7. Thomas Allen, *Managing the Flow of Technology* (Cambridge: MIT Press, 1977).

8. Serguei Saavedra, Kathleen Hagerty, and Brian Uzzi, "Synchronicity, Instant Messaging and Performance Among Financial Traders," *PNAS* 108 (2011): 5296–5301.

9. 作者于2010年3月30—31日访问了皮克斯。

10. Alex Osborn, *Your Creative Power* (New York: Broadway Books, 1948).

11. Keith Sawyer, *Group Genius* (New York: Basic Books, 2007), 61.

12. David Taylor, "Does Group Participation When Using Brainstorming Facilitate or Inhibit Creative Thinking?" *Administrative Science Quarterly* 3 (1958).

13. Charlan Nemeth et al., "The Liberating Role of Conflict in Group Creativity," *European Journal of Social Psychology* 34 (2004): 365–374.

14. Charlan Nemeth and Margaret Ormiston, "Creative Idea Generation: Harmony Versus Stimulation," *European Journal of Social Psychology* 37 (2007): 524–535.

15. James Stewart, *Disney War* (New York: Simon and Schuster, 2005), 408.

16. Paik, *To Infinity and Beyond!,* 212.

17. 作者于2010年2月15日访问了W+K总部。

第 7 章

1. 作者于2009年6月2日访问了SOHO办公室。

2. *World Urbanization Prospects,* 2009 *Revision,* United Nations.

3. Robert Lucas, "On the Mechanics of Economic Development," *Journal of Monetary*

Economics 22 (1988): 3–42.

4. Jane Jacobs, *The Death and Life of Great American Cities* (New York: Vintage, 1992 [1961]).

5. Ibid., 4.

6. Ibid., 66–68.

7. Adam Jaffe, M. Trajtenberg, and Rebecca Henderson, "Geographic Localization of Knowledge Spillovers as Evidenced by Patent Citations," *Quarterly Journal of Economics* 108 (1993): 577–598.

8. 作者于2009年2月2日以及4月4—6日访问了圣塔菲研究所。

9. Luis Bettencourt et al., "Growth, Innovation, Scaling and the Pace of Life in Cities," *PNAS* 104 (2007): 7301–7306.

10. Marc Bornstein and Helen Bomstein, "The Pace of Life," *Nature* 259 (1976): 557–559.

11. AnnaLee Saxenian, *Regional Advantage: Culture and Competition in Silicon Valley and Route* (Cambridge: Harvard University Press, 1996).

12. Tom Wolfe, "The Tinkerings of Robert Noyce," *Esquire,* December 1983.

13. Steve Wozniak, *iWoz: Computer Geek to Cult Icon* (New York: Norton, 2007).

14. 约西·瓦尔迪于2010年5月25日在特拉维尔接受作者采访。

15. 有关以色列科技潮的精彩总结，参见：Dan Senor and Saul Singer, *Start-up Nation: The Story of Israel's Economic Miracle* (New York: Twelve, 2009)。

16. Ibid., 202.

17. Martin Ruef, "Strong Ties, Weak Ties and Islands: Structural and Cultural Predictors of Organizational Innovation," *Industrial and Corporate Change* 11 (2002): 427–449.

18. 爱德华·格拉泽于2010年4月10日接受作者的电话采访。

19. Elena Rocco, "Trust Breaks Down in Electronic Contexts but Can Be Repaired by Some Initial Face-to-Face Contact," *Proceedings of the SIGCHI Conference on*

Human Factors in Computing Systems, 496–502.

20. K. Lee, J. Brownstein, R. Mills, and Isaac Kohane, "Does Collocation Inform the Impact of Collaboration?" *PLoS ONE* 5 (12).

21. Arie de Geus and Peter Senge, *The Living Company* (Cambridge: Harvard Business School Press, 1997).

第 8 章

1. 我的关于莎士比亚及其时代的推荐书籍有：Stephen Greenblatt, *Will in the World: How Shakespeare Became Shakespeare* (New York: Norton, 2004); Marjorie Garber, *Shakespeare After All* (New York: Anchor, 2005); James Shapiro, *A Year in the Life of William Shakespeare:* 1599 (New York: Harper Perennial, 2006); and Peter Ackroyd, *Shakespeare: The Biography* (New York: Anchor, 2006)。

2. Paul Romer, "Endogenous Technological Change," *Journal of Political Economy* 98 (1990): 71–102.

3. 保罗・罗默于2010年3月25日接受作者的电话采访。

4. T. S. Eliot, *The Sacred Wood and Major Early Essays* (1920; reprint New York: Dover, 2000), 36.

5. 作者于2011年2月12—14日访问新奥尔良。

6. Erik Westby and V. L. Dawson, "Creativity: Asset or Burden in the Classroom?," *Creativity Research Journal* 8 (1995): 1–10.

7. A. Diamond et al., "Preschool Program Improves Cognitive Control," *Science* 318 (2007): 1387–1388.

8. Angela Duckworth, "Grit: Perseverance and Passion for Long-Term Goals," *Journal of Personality and Social Psychology* 92 (2007): 1087–1101.

9. 作者于2011年2月22日访问圣迭戈。

10. E. B. Bonawitz et al., "The Double-Edged Sword of Pedagogy: Teaching Limits Children's Spontaneous Exploration and Discovery," *Cognition* 120 (2011): 322–330.

11. Bill James, "Shakespeare and Verlander," *Slate,* March 30, 2011.

12. J. Hunt and M. Gauthier-Loiselle, "How Much Does Immigration Boost Innovation?," NBER Working Paper no. 14312.

13. 罗伯特·沃森于2011年3月18日接受作者的电话采访。

14. P. Azoulay, J. Graff Zivin, and G. Manso, "Incentives and Creativity: Evidence from the Academic Life Science," NBER Working Paper no. 15466.

15. Bob Dylan, *Chronicles* (New York: Simon and Schuster, 2004), 240.

译者后记

创造力真是神奇，有的人天生就有创造力，有的人经过训练也能成为创新高手。可是，创造力什么时候会出现，究竟是怎么出现的，长久以来，人们都无法对这些问题给出圆满的答案。

大脑是创造力产生的生物学基础，大脑里有两个组织与创造力息息相关。一个是位于右脑的前颞上回，尽管人们对前颞上回的确切功能知之甚少，但灵感的出现却常常伴随着前颞上回活跃程度的显著提升。另一个重要的大脑组织是背外侧前额叶皮质，它负责冲动抑制。成年人的这部分组织会对冲动自动产生抑制作用，但有的人却因为这部分组织受损而“因祸得福”地成了有名的艺术家。

这并不是说创造力就是天生的。对于艺术家来说，“台上10分钟，台下10年功”仍是百试不爽的真理。尽管那些出色的爵士乐即兴演奏家自己也说不清楚究竟是怎样做到即兴表演的，但是，勤学苦练一定为创造力的产生打下了坚实的基础。

在社交网络日益发达的今天，再出现一个牛顿、爱迪生估计已是难上加难。单兵作战已被团队合作所取代，那么，建立一个什么样的团队才能更有创造力呢？事实证明，一定是那种熟人与不熟悉的人混合的团队，即其中的弱连接所碰撞出来的新思想更加弥足珍贵。比如，百老汇最受热捧的歌剧都是由这样的团队创作出来的。

城市是个让人又爱又恨的地方。拥挤的交通、节节攀升的生活成本，让很多人从大城市逃离到小城镇甚至乡村。但不可否认的是，城市的创造力远远大于乡村。当不同类型的认识或者不认识的市民混杂在一起并相互摩擦时，最容易产生创造力的火花。城市也有高下之分，伊丽莎白一世统治时期的伦敦和今天以色列的特拉维夫都是人才辈出、创造力无限的城市典范。美国的128 号公路之所以被硅谷取代，文化环境的差异就是最主要的原因。尽管一家公司完全与城市搭不上边，但也可以人为地设计出一个便于大家碰面和聊天的“第三空间”，让公司也能够得到城市固有的好处。

探究“创造力是什么”是一件很有趣的事情。但是，敢于在实践中大胆地想象，想出更多的好点子、好方法，才是最有意义的。这是迄今为止我翻译完成的第 9 本书，整个翻译工作历时一年多，遇到过不少困难，但朋友们的鼓励让我坚持到了最后。许多好朋友都无私地奉献了他们宝贵的时间，与我共同讨论翻译中碰到的问题，并提出很多有价值的建议。在这里，我要向这些朋友们致以深深的谢意：赵凤山、葛丛梅、马加、高晓兰、杨振海、张新莲。如果这本书能给读者带来一些益处的话，有他们一半的功劳。

译稿中一定存在翻译表达不准确的地方，欢迎广大读者批评指正。

未来，属于终身学习者

我们正在亲历前所未有的变革——互联网改变了信息传递的方式，指数级技术快速发展并颠覆商业世界，人工智能正在侵占越来越多的人类领地。

面对这些变化，我们需要问自己：未来需要什么样的人才？

答案是，成为终身学习者。终身学习意味着永不停歇地追求全面的知识结构、强大的逻辑思考能力和敏锐的感知力。这是一种能够在不断变化中随时重建、更新认知体系的能力。阅读，无疑是帮助我们提高这种能力的最佳途径。

在充满不确定性的时代，答案并不总是简单地出现在书本之中。“读万卷书”不仅要亲自阅读、广泛阅读，也需要我们深入探索好书的内部世界，让知识不再局限于书本之中。

湛庐阅读 App：与最聪明的人共同进化

我们现在推出全新的湛庐阅读App，它将成为您在书本之外，践行终身学习的场所。

- 不用考虑“读什么”。这里汇集了湛庐所有纸质书、电子书、有声书和各种阅读服务。
- 可以学习“怎么读”。我们提供包括课程、精读班和讲书在内的全方位阅读解决方案。
- 谁来领读？您能最先了解到作者、译者、专家等大咖的前沿洞见，他们是高质量思想的源泉。
- 与谁共读？您将加入优秀的读者和终身学习者的行列，他们对阅读和学习具有持久的热情和源源不断的动力。

在湛庐阅读App首页，编辑为您精选了经典书目和优质音视频内容，每天早、中、晚更新，满足您不间断的阅读需求。

【特别专题】【主题书单】【人物特写】等原创专栏，提供专业、深度的解读和选书参考，回应社会议题，是您了解湛庐近千位重要作者思想的独家渠道。

在每本图书的详情页，您将通过深度导读栏目【专家视点】【深度访谈】和【书评】读懂、读透一本好书。

通过这个不设限的学习平台，您在任何时间、任何地点都能获得有价值的思想，并通过阅读实现终身学习。我们邀您共建一个与最聪明的人共同进化的社区，使其成为先进思想交汇的聚集地，这正是我们的使命和价值所在。

浙江省版权局图字：11-2023-338

图书在版编目（CIP）数据

鲍勃·迪伦写不出歌儿了 /（美）乔纳·莱勒著；简学，邓雷群译．— 杭州：浙江科学技术出版社，2024.1

ISBN 978-7-5739-0930-5

Ⅰ.①鲍… Ⅱ.①乔… ②简… ③邓… Ⅲ.①科学知识—普及读物 Ⅳ.①Z228

中国国家版本馆 CIP 数据核字（2023）第 229178 号

书　　名　**鲍勃·迪伦写不出歌儿了**
著　　者　[美] 乔纳·莱勒
译　　者　简　学　邓雷群

出版发行　**浙江科学技术出版社**
地址：杭州市体育场路 347 号　邮政编码：310006
办公室电话：0571－85176593
销售部电话：0571－85062597
E-mail:zkpress@zkpress.com
印　　刷　天津中印联印务有限公司

开　　本	880mm × 1230mm　1/32	**印　　张**	10.5
字　　数	302 千字	**插　　页**	1
版　　次	2024 年 1 月第 1 版	**印　　次**	2024 年 1 月第 1 次印刷
书　　号	ISBN 978-7-5739-0930-5	**定　　价**	99.90 元

责任编辑　余春亚　　**责任美编**　金　晖
责任校对　张　宁　　**责任印务**　田　文